D1998202

Anton Grabner-Haider

Die großen Ordensgründer

Anton Grabner-Haider

Die großen Ordensgründer

marixverlag

FSC
Mix
Produktgruppe aus vorbildlich
bewirtschafteten Wäldern und
anderen kontrollierten Herkünften

Zert.-Nr. SGS-COC-1940
www.fsc.org
© 1996 Forest Stewardship Council

Es ist nicht gestattet, Abbildungen und Texte dieses Buches zu scannen, in PCs oder auf CDs zu speichern oder mit Computern zu verändern oder einzeln oder zusammen mit anderen Bildvorlagen zu manipulieren, es sei denn mit schriftlicher Genehmigung des Verlages.

Alle Rechte vorbehalten

Copyright © by Marix Verlag GmbH, Wiesbaden 2007
Covergestaltung: Thomas Jarzina, Köln
Bildnachweis: akg-images GmbH, Berlin
Satz und Bearbeitung: C&H Typo-Grafik, Miesbach
Lektorat: Jürgen Werlitz, Augsburg
Korrekturen: Kerstin Groß, Mainz
Gesamtherstellung: GGP Media GmbH, Pößneck
Printed in Germany

ISBN 978-3-86539-921-2

www.marixwissen.de
www.marixverlag.de

Inhalt

Vorwort

Orden sind kirchliche Gemeinschaften von Frauen und Männern, die in besonderer Weise dem Evangelium Jesu folgen wollen. Sie leben daher die drei »evangelischen Räte«, nämlich den strikten Gehorsam gegenüber den Vorgesetzten, die Armut an persönlichen Gütern und den Verzicht auf sexuelle Beziehungen. Von Orden (*ordo* = Ordnung) im strengen Sinn können wir erst seit dem Mittelalter sprechen, doch diese beerbten das frühe Mönchtum der Kirche, das bis zu den Anfängen des Christentums zurück reicht. Daher werden die Verbindungen zum Mönchtum des Ostens und des Westens ausführlich dargestellt.

Die christlichen Klöster und Orden sind ein wesentlicher Teil der europäischen Kultur, sie haben das religiöse, geistige und wirtschaftliche Leben durch lange Zeitepochen nachhaltig geprägt. So haben sie in der spätantiken Kultur Teile des Bildungsgutes weitergegeben und entfaltet, freilich ist Vieles verloren gegangen. Im Mittelalter haben die Klosterschulen neben den Domschulen und den Palastschulen (*scholae palatinae*) die Bildung getragen, dort wurden die sieben freien Künste, die Philosophie und die Theologie gelehrt.

In den Schreibstuben der Klöster wurde der größte Teil des alten europäischen Bildungsgutes von unzähligen Mönchen und Nonnen mit der Hand abgeschrieben und verbreitet, bis zur Zeit der Erfindung des Buchdrucks. Die Klöster waren die Zentren der mittelalterlichen Heilkunst und mit den Heilkräutern aus den Klostergärten wurde die ganze Bevölkerung im Umland versorgt. Die wissenschaftliche Medizin der Antike war freilich weitgehend verloren gegangen.

Nun waren die Klöster über lange Zeit hin auch Zentren der Wirtschaft, mit Feldbau und Gartenbau, mit Viehzucht, Handwerk und Handel. Sie waren durch den regelmäßigen wie überregionalen Austausch der Klöster untereinander zumeist wirtschaftlich innovativer als die weltlichen Herrschaften der Grafen, Fürsten und Könige.

Durch die Reformation wurden viele Klöster aufgehoben, es kam in den katholisch gebliebenen Ländern zu einer Neuorientierung des Ordenslebens. Vor allem der neu gegründete Orden des Jesuiten prägte über 300 Jahre die Kultur und die Politik der Gegenreformation und der Barockzeit. Im Barock erreichte die Kultur der Klöster ihren Höhepunkt, es wurden prächtige Neubauten und kunstvolle Kirchen, vor allem von italienischen Künstlern, ausgeführt. Die Klöster waren damals Zentren der Musik, der Malerei, der Baukunst, des Theaters und der spirituellen Bildung.

Einen Einbruch in diese Kultur brachten die Französische Revolution und als deren Folge die Säkularisation von Kirchengütern. Denn nun wurden viele Klöster und Orden aufgelöst und ihr Besitz ging an die weltlichen Fürsten über. Doch bald wurden neue Orden und Kongregationen für Männer und Frauen gegründet, die sich den veränderten Bedürfnissen der Zeit stellten. Nun entstanden die großen Orden der Schulbildung, der Armenpflege, der Krankendienste sowie der Glaubensmission in fremden Ländern und Kontinenten.

Nach dem tiefen Einschnitt, den die beiden Weltkriege im 20. Jahrhundert markieren, haben die Orden begonnen, sich wiederum neu zu orientieren. Das II. Vatikanische Konzil (1962–1965) hat diese Entwicklung aufgegriffen und klare Vorgaben für die Reform und Neuorientierung der Klöster erstellt. Gleichzeitig sind neue Formen des gemeinschaftlichen religiösen Lebens entstanden und weiterhin im Entstehen, die so genannten Säkularinstitute und Movimenti der Gegenwart.

In diesem Buch werden die Ordensgründer nicht nur erratisch in ihrem Lebensweg und Ideen zur Darstellung gebracht, sondern versucht, ihre Ordensgründungen auch kulturgeschichtlich einzuordnen und auf diesem Hintergrund verständlich zu machen. So finden der Leser und die Leserin nicht nur Stichworte im Sinne eines Ordensgründerlexikons, sondern auch längere Ausführungen zu den Anfängen des christlichen Mönchtums in Ägypten, Palästina und Syrien, über dessen Ausbreitung in der Ostkirche und dann vor allem in der Kirche des Westens. Auch der Kultur des Mönchtums in Mittelalter und Neuzeit ist ein eigenes Kapitel gewidmet, und da die Frauen bei den Ordensgründern bis in die jüngste Vergangenheit eindeutig unterrepräsentiert sind, biete ich im Kapitel über die Ordensgründerinnen im 19. und 20. Jahrhundert zusätzlich einen kleinen Überblick über bedeutende Ordensfrauen in der Geschichte des Mönchtums. Das Buch wird mit einer gerafften Darstellung der so genannten Säkularinstitute und der religiösen Bewegungen (*movimenti*) der Gegenwart und einigen Überlegungen zur Zukunft der Orden abgeschlossen. Diese Überlegungen verstehen sich als Problemanzeige zur Frage, wie die spirituellen Leitideen und einige der Lebensformen der Orden und Klöster auch in einer postmodernen Zeit gelebt werden können.

Danken möchte ich Herrn Kardinal Dr. Christoph Schönborn (Wien), der mir wertvolle Informationen über die »Movimenti« in Österreich zur Verfügung gestellt hat, sowie Pater August Janisch vom Stift Rein bei Graz, der mich auf wichtige Literatur zur gesamten Thematik aufmerksam gemacht hat.

Graz, Ostern 2007 *Anton Grabner-Haider*

Einleitung:

Auf den Spuren Jesu – zurück zu den Anfängen!

Die Orden und Klöster haben ohne Zweifel die christliche und europäische Kultur durch fast 1600 Jahre entscheidend mitgeprägt. Dabei haben sie eine Vielfalt an Lebensformen, Denkweisen und Glaubensüberzeugungen entfaltet. In der Frühzeit waren es Wanderlehrer und Einsiedler sowie Gruppen von gottgeweihten Mönchen und »Jungfrauen«, die asketisch lebten und ganz dem göttlichen Willen folgen wollten. Auch die frühe Jesusbewegung bestand schon aus solchen Wanderasketen, die ihren sesshaften Zeitgenossen ein damals erstrebenswertes, alternatives Lebensmodell vorführten.

Es waren vielfach marginalisierte Personen, soziale Außenseiter, die durch den großen Druck der Steuern und die Ausbeutung durch die Reichen wirtschaftlich nicht mehr weiterkonnten und daher aus ihren gesellschaftlichen Bezügen ausbrechen mussten. Deren Verzicht auf entfaltete Sexualität und die Weitergabe des Lebens war auch ein Protest gegen eine sozial ungerechte Welt und Gesellschaft. Sie dagegen lebten in einer engen Beziehung zu Gott, bei dem sie sich als ihrem Schöpfer geborgen fühlten. Zeitweise verzichteten sie auf Essen und Trinken, auf Schlaf und eben auch auf Sexualität, um dieser ihrer Gottheit näher zu sein.

Diese frühen Wanderasketen übten sich im Gebet und im einfachen Leben, viele von ihnen waren wohl Ekstatiker. Sie folgten den Empfehlungen des Wanderlehrers Jesus von Nazaret, der aus ihrer Sicht zu Demut, Armut und sexueller Enthaltsamkeit aufgerufen hatte. Aus diesen Wertvorgaben wurden später die so genannten »evangelischen Räte«, die das Leben der Mönche und Nonnen entscheidend prägen sollten. Der Begriff Mönch bezeichnet ursprünglich den als Einzelnen Lebenden (griech. *monachos* = der Einzelne), Nonne lautet sich vom lateinischen *nonna* her und bedeutet Mutter und Großmutter.

Diese Wanderasketen lebten schon bald in losen Verbindungen und fluktuierenden Gemeinschaften, andere wiederum verbanden sich zu dauerhaften Lebensgemeinschaften, die im Osten anfänglich den Regeln des griechischen und im Westen jenen des römischen Hauses folgten. So entstanden die ersten christlichen Klöster in Ägypten, in Palästina und in Syrien. Zu den gottgeweihten Mönchen und Jungfrauen kamen viele Menschen aus den Dörfern und Städten, um sich bei ihnen Rat zu holen, von Krankheiten geheilt zu werden und göttlichen Segen zu erbitten, da die Ansicht allgemein verbreitet war, dass diese Personen dem Göttlichen besonders nahestanden.

Nach dem Vorbild dieser frühen Klöster entstanden später viele religiöse Gemeinschaften und Orden (*ordo* = kirchliche Ordnung), in denen sich Männer und Frauen getrennt den Aufgaben der Glaubensverkündigung, Bildung und Sozialhilfe verschrieben haben. So haben die Gründer der kirchlichen Ordensgemeinschaften das christliche Leben nachhaltig und bleibend geprägt. Sie haben große Gemeinschaften geschaffen, die durch viele Jahrhunderte den Glauben gelebt und die Nächstenliebe in organisierter Form verwirklicht haben. Sie haben unterschiedliche Formen der Spiritualität und des geistlichen Lebens angeregt und damit auch das Leben der Laienchristen bereichert.

Viele dieser Ordensgründer werden in der Kirche als Heilige verehrt, nämlich als Vorbilder des guten und gelingenden Lebens. In der katholischen Kirche und in den Ostkirchen gelten sie als Fürsprecher bei Gott, die den Gläubigen göttliche Gnadenkraft vermitteln können. In sehr unterschiedlichen Zeitepochen haben sie die Nöte ihrer Mitmenschen und Mitchristen deutlich erkannt und haben Hilfsorganisationen für den Dienst an den Kranken, den Armen und den Außenseitern aufgebaut. Stets lebten sie in einer intensiven Liebesbeziehung zu Gott, zu Christus, wie auch zu Maria oder zu anderen Heiligen.

Die Anfänge der Orden gehen, genau betrachtet, schon auf die frühe Jesusbewegung zurück. Jesus wählte nach dem Zeugnis der vier Evangelien aus seinen Anhängern so genannte Wanderlehrer und Wandercharismatiker aus (Mk 6,7-13), die mit ihm von Ort zu Ort und von Dorf zu Dorf zogen, um dort die Botschaft vom Reich Gottes zu verkünden. Die meisten seiner Anhänger lebten jedoch sesshaft bei ihren Familien in Dörfern und unterstützten die Wanderlehrer mit Nahrung und Unterkunft.

Diese Zweiteilung setzte sich in vielen frühchristlichen Gemeinden fort. Auch dort gab es Gruppen, die wandernd unterwegs waren und das Evangelium von Jesus Christus verkündeten, neben den vielen sesshaften Christen in den Städten und Dörfern. Die Missionare der Botschaft Jesu waren mehrheitlich Männer, weil dem Zeugnis von Frauen in der antiken Gesellschaft weniger Wert beigemessen wurde. Und doch beteiligten sich auch Frauen an der Glaubensverkündigung und auch manche verheiratete Paare waren als Missionare unterwegs. Es ist möglich, dass Jesus selbst schon Paare als Wanderprediger ausschickte. Sicher wissen wir aber von frühchristlichen Gemeinden, etwa denen des Paulus, dass Paare missionarisch tätig waren (Röm 16,3).

Diese Wanderlehrer, aber auch die so genannten Propheten und Ekstatiker wurden als Eliten des christlichen Glaubens angesehen. Zu ihnen zählten alle Personen, die in ekstatischen Visionen den gekreuzigten Jesus als auferstandenen Christus gesehen hatten. Als die Ortsgemeinden größer wurden, gaben sie sich feste Leitungsstrukturen, mehrheitlich mit den Funktionen der Presbyter, Episkopen und Diakonen. Von da an traten die missionierenden Propheten und Prophetinnen häufig in ein Konkurrenzverhältnis zu den Leitern der sesshaften Ortsgemeinden. Diese versuchten fortan, das prophetische Element ein wenig zurückzudrängen.

Bereits im 2. Jahrhundert n. Chr. bildeten sich in den christlichen Gemeinden zwei verschiedene Gruppen von Christen, nämlich die *Klerikerchristen* und die *Laienchristen*. Jenen, die in der Gemeindeleitung tätig waren und im Gottesdienst Funktionen ausübten, nannten sich bald Kleriker, da sie glaubten, von Gott ein besonderes Los (*kleros*) zugeteilt bekommen zu haben. Zu ihnen gehörten Episkopen, Presbyter und Diakone, die im Gottesdienst eigene Plätze um den Altar zugeteilt bekamen. Das christliche Volk (*laos* = Volk) bildete demgegenüber die viel größere Zahl der Laienchristen. Sie wurden von den Klerikern im Glauben und in der Moral unterwiesen und finanzierten mit den Erträgen ihrer Arbeit die Gemeinden.

Schon früh kristallisierte sich über die Gruppe der Laienchristen und Kleriker hinaus eine dritte Gruppe von Gläubigen heraus, die das prophetische Element der frühen Gemeinden weitertrugen. Sie bildeten formell noch keinen eigenen Stand, waren aber in ihrer Wertschätzung deutlich von den Laienchristen abgehoben. Zu diesen Personen gehörten die Witwen, die nach dem Tod ihrer Ehemänner nicht mehr heirateten, sondern in kleinen Gemeinschaften in Familienhäusern lebten. Zu ihnen gehörten auch die so genannten »Jungfrauen« (griech. *parthenoi*, lat. *virgines*), die in verschiedenen Altersgruppen ehelos zusammenlebten. Von ihnen wurde angenommen, dass sie der christlichen Gemeinde göttlichen Segen bringen.

Diese ehelosen Frauen wurden auch als Vorbilder des guten Lebens in der Nachfolge Jesu geschätzt. Den Witwen unter 40 Jahren wurde von den Gemeindeleitern empfohlen, noch einmal zu heiraten und Kinder zu erziehen. Die Witwen über 40 sollten unverheiratet bleiben, um sich besonderen sozialen Diensten widmen zu können. Gemeinschaften unverheirateter Männer sind in den frühen christlichen Gemeinden nicht nachweisbar. Die Pastoralbriefe im Neuen Testament empfehlen, dass der Bischof und wohl auch die Presbyter und Diakone verheiratet sein und Kinder erziehen sollten, aber nach dem Tod ihres Ehepartners nicht mehr heiraten (1 Tim 3) sollten. Hier sind aber keine einheitlichen Regelungen für alle frühen Gemeinden zu erkennen.

In manchen Regionen wurde den Leitern der Gottesdienste empfohlen, ähnlich wie den jüdischen Priestern beim Tempeldienst, eine Zeitlang vor dem Gottesdienst auf sexuelle Betätigung zu verzichten, da angenommen wurde, dass dann die Gebete der Presbyter, Episkopen und Diakone Gott wohlgefälliger seien. So finden sich schon im 3. Jahrhundert in Schriften Appelle an kirchliche Funktionsträger, zeitweise sexuell enthaltsam zu leben oder gleich gar nicht zu heiraten. Eine spanische Bischofsynode in Elvira befahl zu Beginn des 4. Jahrhunderts erstmalig den Presbytern und Bischöfen in Spanien, überhaupt auf Sexualität zu verzichten, und begründete dies mit dem entsprechenden Verhalten jüdischer Priester vor dem Tempeldienst. Doch diese Vorgaben konnten lange Zeit nicht allgemein durchgesetzt werden.

Nun wurde von den Klerikern die zeitweilige Askese (griech. *askesis* = Verzicht) als Verzicht auf Essen und Trinken, auf Schlaf und Sexualität auch den Laienchristen empfohlen. Die Theologen verfassten Schriften über die »Jungfräulichkeit« (*De virginitate*), in denen sie ausführten, dass die asketischen Männer und Frauen dem Göttlichen näher seien als die verheirateten und sexuell aktiven Christen. Gewiss war Jesus von Nazaret durch den Asketen und Täufer Johannes in seine Berufung eingeführt worden, doch Jesus lebte nach dem Zeugnis der Evangelien nicht asketisch. Er aß und trank reichlich und ließ sich von Frauen in der Öffentlichkeit salben und zärtlich berühren.

Wenn man der gängigen, aber gar nicht so unproblematischen Deutung des archäologischen Befundes am Toten Meer trauen darf, hatte sich im Judentum schon 150 Jahre vor Jesus in Qumran eine Gemeinschaft gebildet, in der ein Teil der Mitglieder unverheiratet und asketisch lebte. Diese Gemeinschaft soll ihre Lebensweise als Protest gegen die griechische Kultur im Land und gegen den Hohenpriester aus der Sippe der Hasmonäer verstanden haben. Bildete Qumran tatsächlich eine Frühform von klösterlichen Gemeinschaften, bildet diese einen Vorläufer zu der Lebensform, die im 2. Jahrhundert n. Chr. auch Jesusjünger und Christen in Syrien, Palästina und Ägypten wählten? Einige von ihnen lebten allein als Asketen (*monachoi* = Einzelne = Mönche), andere lebten in Gruppen zusammen (*koinoi* = Gemeinsame, *bios* = Leben, daher Koinobiten oder Zönobiten, Gemeinsam Lebende oder Zusammenlebende). Sie alle aber wollten das Evangelium Jesu in besonderer Weise verwirklichen.

Aus diesen frühen asketischen Gruppen und Gemeinschaften entwickelten sich später die verschiedenen kirchlichen Orden. Die Namen der frühen Gründer sind uns nur zum Teil bekannt, doch gerade die späteren Gründer werden von diesen Lebensgemeinschaften hoch geschätzt und verehrt. In diesem Buch sollen die wichtigsten Ordensgründer in den verschiedenen Zeitabschnitten der Kirchen übersichtlich dargestellt werden. Dabei wird auf das kulturelle Umfeld geachtet, in dem die verschiedenen Orden und religiösen Gemeinschaften entstanden sind und in dem sie ihre segensreichen Tätigkeiten ausgeführt haben.

1. »Neues im Osten« – Von Eremiten, Anachoreten und Koinobiten

Zur Entstehung des christlichen Mönchtums

Die Anfänge des eigentlichen christlichen Mönchtums liegen in der Wüste. In Syrien und Palästina entstanden im 3. Jahrhundert in unwirtlichen Gegenden und Einöden die ersten geistlichen Gemeinschaften, die das christliche Mönchtum begründeten. Doch war dies keine christliche Neuerfindung, wie sich mit Blick sowohl auf zeitgenössische jüdische als auch griechische Einrichtungen vergleichbarer Art zeigt. Zudem gab es selbst im Christentum schon früher asketische Bewegungen, deren Prinzipien und Ideale im Unterschied zu den so genannten Wüstenvätern aber nicht weiterwirkten.

So beschrieb der jüdische Philosoph Philo von Alexandria im 1. Jahrhundert n. Chr. eine asketisch ausgerichtete christliche Gruppe der »Therapeuten« in Ägypten. Ihre Mitglieder lasen regelmäßig die Heiligen Schriften der griechischen Bibel (Septuaginta), verfassten Gesänge und Hymnen an Gott und Jesus Christus und lebten in Meditation. Sie verzichteten auf Sexualität und Fleischgenuss, tranken keinen Wein und lebten vegetarisch. Bei ihren gemeinsamen Mahlzeiten verharrten sie im Schweigen, danach lasen und meditierten sie die Texte der Heiligen Schriften.[1]

Ab dem 2. und 3. Jahrhundert sind uns christliche Briefe über die »Jungfräulichkeit« überliefert, die aus Syrien und Palästina stammen. Darin ist von asketischen Gruppen die Rede, die in ihrer Lebensform noch den frühchristlichen Wanderlehrern glichen. Sie zogen von Dorf zu Dorf und predigten das Evangelium von Jesus Christus, sprachen außerdem Fürbitten für die Bewohner und heilten die Kranken. In diesen Kreisen hatte sich eine Ethik der zwei Vollkommenheitsstufen gebildet. Die erste und niedere Stufe bildeten die verheirateten Laienchristen, welche Kinder groß zogen und in den verschiedensten Berufen arbeiteten. Die zweite und höhere Stufe bildeten die asketischen

Männer und Frauen, die um des »Himmelreiches« willen ihre Sippen und Familien verließen.

Das engelsgleiche Leben

Bald wurde diese asketische Lebensform das »engelgleiche Leben« genannt, weil gelehrt und geglaubt wurde, dass die Engel als Geistwesen ganz ohne Sexualität lebten. Diese asketischen Gruppen hießen die Enkratiten (griech. *enkrateia* = Enthaltsamkeit), denn sie verzichteten auf Ehe und Familie, zeugten und gebaren keine Kinder und verweigerten die Weitergabe des Lebens. Wahrscheinlich war mit dieser asketischen Lebensform auch ein Protest gegen die als ungerecht empfundene Lebenswelt der antiken und spätantiken Kultur verbunden. Für die Enkratiten war die Sexualität zwischen Männern und Frauen eine Folge des »Sündenfalls«, da im Paradies – so las man die Texte in Gen 1-4, wo erst nach der Vertreibung aus dem Paradies von der Zeugung der ersten Menschenkinder, Kain und Abel, berichtet wird – Adam und Eva sexuell enthaltsam gelebt hätten.

In ihren Schriften, z. B. in den so genannten Thomasakten, warnten diese Asketen vor den Gefahren der Sexualität, denn sie sei immer mit dem Wirken böser Dämonen verbunden. Diese leibfeindlichen Christen rieten vom Erleben der Sexualität, von Ehe und Familie und von der Kinderzeugung ab. Mit ihrer Lebensform unterbrachen sie die Weitergabe von Leben bzw. überließen diese anderen Mitchristen. Gegen diese asketischen Gruppen mussten viele Theologen in der Folge die Notwendigkeit und Heiligkeit der Ehe betonen, denn hätte sich der Enkratismus zur allgemeinen christlichen Lebensform entwickelt, wären die Christen – dies zu Ende gedacht – letztlich ausgestorben. Doch auch in den entstehenden Großkirchen gab es eine hohe Wertschätzung der ehelosen Lebensform, was viele Schriften der Theologen und Kirchenväter zeigen. Auch sie lehrten, dass ehelose Männer und Frauen näher bei Gott und Christus seien als verheiratete Laienchristen.[2]

Im syrischen Christentum waren wandernde Einzelasketen sehr angesehen. Sie erhielten von den sesshaften Mitchristen durchaus Unterstützung und wurden mit Kleidung und Nahrung versorgt. Sie spendeten den Laienchristen den göttlichen Segen und konnten viele Krankheiten heilen. Jene Wanderasketen aber standen schon früh in einem Gegensatz zu den Bischöfen in den christlichen Gemeinden. So schrieb Johannes Cassianus, der Wandermönch müsse den Kontakt mit den Bischöfen und mit den Frauen meiden. Viele dieser Asketen standen eine Zeitlang auf Steinsäulen, um göttlichen Segen auf die Menschen herabzuflehen. Die Menschen pilgerten zu ihnen, um die Vergebung ihrer Sünden oder die Heilung von Krankheiten zu erbitten.

Erste Wohngemeinschaften

Andere Asketen wie Antonios von Ägypten lebten dagegen bald in Wohngemeinschaften zusammen. Sie zogen in die Wüste oder an den Rand der Wüste, errichteten dort regelrechte Asketendörfer, die untereinander in Beziehung lebten, und waren davon überzeugt, durch die asketische Lebensform das Bürgerrecht im »Reich Gottes« zu bekommen. Zuerst waren es vor allem Männer, die solche asketische Gemeinschaften bildeten, doch schon früh sind auch weibliche Asketinnen bekannt und Gemeinschaften von gottgeweihten Jungfrauen entstanden. In den Städten und größeren Siedlungen gab es schon seit langem Wohngemeinschaften von nicht verheirateten Frauen, die bei Familien oder Sippen wohnten. Diese Häuser der gottgeweihten Jungfrauen standen unter der besonderen Aufsicht der Bischöfe, die für ihren ehrenwerten Ruf zu sorgen hatten. Wie beliebt diese Häuser waren, zeigt sich am Beispiel der Schwester des Theologen Gregorios von Nyssa. Sie beschloss im Jahr 339, im Alter von gerade einmal zwölf Jahren, allein zu leben und nicht zu heiraten. So gründete sie eine Lebensgemeinschaft von Jungfrauen, die in Jesus Christus ihren »Bräutigam« sahen.

Zu Beginn des 4. Jahrhunderts bildete der Asket Pachomios in Tabenissi (ägypt. Hain der Isis) in Oberägypten eine Gemeinschaft von Mönchen. Er wurde damit zum Begründer des gemeinschaftlichen (koinobitischen) Mönchtums. Den Mönchen um Pachomios schlossen sich Männer aus verschiedenen Motiven an: Einige flüchteten vor der schweren Landarbeit, andere entzogen sich der großen Steuerlast im späten römischen Imperium, wieder andere waren wirtschaftlich verarmt und konnten nicht mehr weiter. Sie alle fanden hier einen Ort der Zuflucht und Geborgenheit, einen Ort neuer Lebenschancen.

Selbst Menschen der oberen sozialen Schichten traten zu dieser Zeit in diese asketischen Gemeinschaften ein. Kaiser Valens hatte dies den kurialen Familien zwar im Jahr 365 verboten, da er die Wirtschaftskraft und die aus sozialen Verpflichtungen resultierenden Leistungen der adeligen Familien und Sippen benötigte. Der Trend war jedoch auch durch Gesetze nicht aufzuhalten.[3]

Das Mönchtum im Osten

Ab dem 4. Jahrhundert verbreitete sich das asketische Mönchtum vor allem in Syrien und Ägypten. Besonders Männer neigten dazu, den Verlockungen des weltlichen Lebens zu entsagen, vielleicht, weil sie damit viele leidvolle Erfahrungen gemacht hatten. Auf jeden Fall gab es eine Reihe Vorbilder für diesen Schritt in das asketische Leben: Jesus selbst, der in die Wüste gegangen war, um Gott nahe zu sein; Moses, der Prophet; Elija oder Johannes der Täufer. Den Asketen ging es entschieden darum, moralisch vollkommen zu sein, wie Jesus es im Evangelium empfohlen hatte. Später war von den drei »evangelischen Räten« die Rede, nämlich von der Empfehlung zur Armut, zum Gehorsam und zur sexuellen Enthaltsamkeit.

Die frühen Mönche übten sich im Fasten, sie verzichteten zeitweise auf Schlaf und lebten im Gebet und in der Meditation. Sie wollten ihre Seele von Schuld reinigen, befleißigten sich der regelmäßigen Bibellektüre und lernten Bibelsprüche sowie Psalmen auswendig. Ihren Unterhalt erarbeiteten sie sich durch Hilfsdienste in der Landwirtschaft, zum Beispiel bei Arbeiten in Obstgärten. Diese Asketen nannten sich früh »Freunde Gottes« und vermittelten in diesem Selbstverständnis den anderen Laienchristen göttliche Gnadenkraft und die Vergebung der Sünden. In Ägypten wurden sie bald »Anachoreten« genannt, weil sie aus dem Niltal in die höher gelegene Wüste aufgestiegen waren (griech. *anachoresis* bedeutet Aufstieg in höhere Regionen). Viele dieser Mönche flohen aus dem dicht besiedelten Niltal auf die Hochebene der Wüste, einige von ihnen wollten dem wirtschaftlichen und sozialen Druck ihrer Umwelt entkommen. Es war die Last der hohen Steuern und der harten Arbeit in Unfreiheit, die viele Menschen flüchten ließ.

Diese Anachoreten bauten sich aus einfachsten Materialien neue Siedlungen und gaben ihren kleinen Gemeinschaften eine feste Struktur. Zentraler Antrieb all ihres Tuns war die Grundorientierung am Evangelium Jesu.

Das christliche Mönchtum in Ägypten hat aber auch eine griechische Wurzel, die es zu berücksichtigen gilt. Unter den Griechen gab es Schulen der Lebensweisheit (Philosophie), die asketisch und gemeinschaftlich lebten. Deren Argument für den Verzicht auf Sexualität war, dass sexuelles Erleben das klare Denken des Verstandes störe. Diese Grundannahme finden wir in der antiken Kultur bei den Schulen der Pythagoräer, der Stoiker und der Neupythagoräer, später auch der Neuplatoniker. Allerdings lebten die meisten Anhänger der Philosophie in freundschaftlichen Beziehungen (*philia*) und erfreuten sich der Sinnlichkeit und Sexualität.[4]

Antonios von Ägypten

Aus dem Leben des Wüstenvaters

Bekannt wurde die anachoretische Lebensweise durch den Ägypter Antonios, der um 251 in Kome in Mittelägypten geboren wurde und aus einer wohlhabenden Familie stammte. Als seine Eltern starben, war er 20 Jahre alt und musste fortan für seine jüngere Schwester sorgen, wie es das griechische und römische Familienrecht vorsah. Als gebildeter Christ des Lesens mächtig, las er in dieser Zeit einmal einen Text aus dem Matthäusevangelium: »Wenn du vollkommen sein willst, dann verkaufe alles, was du hast, und gib es den Armen. Dann wirst du einen großen Lohn im Himmel haben« (Mt 19,21). Dieses Jesuswort bezog Antonios nun auf sein Leben. Was tun? - Er beriet sich mit seiner Schwester. Diese konnte er überreden, dass sie in eines der Häuser der gottgeweihten »Jungfrauen« eintrat, die es unter Christen seit einiger Zeit gab. Danach verschenkte er die geerbten Besitzungen seines Vaters an die Armen seines Dorfes und begann als Einsiedler ein asketisches Leben in der Nähe seines Dorfes.

Doch bald verließ er sein Dorf und wanderte in die Libysche Wüste im Westen, wo er sich auf einem Berg niederließ und eine Wohnhöhle baute. Da er in den Dörfern der Umgebung bereits bekannt war, zogen auch andere Männer als Einsiedler zu ihm in die Wüste. Sie bauten auf dem Wüstenboden ein Dorf für Einsiedler, lebten dort in Gebet und Meditation und ernährten sich von der Arbeit ihrer Hände, wohl marginal vom Feldbau in Gebieten mit kleinen Wasserquellen. Diese Asketen hielten Beziehungen zu den Dörfern im Niltal aufrecht, so dass von dort immer wieder Laienchristen und Kleriker kamen, um sich bei den Anachoreten Rat und Trost zu holen. Kranke Menschen wollten von Dämonen befreit und von Krankheiten geheilt werden. Selbst Presbyter und Episkopen kamen zu Antonios in die Wüste, um seinen Rat einzuholen.[5]

Für kurze Zeit zog Antonios in die Großstadt Alexandria, um dort verfolgte Mitchristen im Glauben zu bestärken. Danach kehrte er wieder in die Wüste zurück, blieb aber durch Boten mit den Christen in Alexandria verbunden. Viele Christen schätzten fortan die Anachoreten als moralische Vorbilder und als Vermittler göttlicher Lebenskraft. Das galt selbst für das Kaiserhaus: Antonios stand im Briefwechsel mit dem römischen Kaiser Konstantin I. und mit seinen beiden Söhnen. Als er schon alt geworden war, bat ihn Athanasios, der Bischof von Alexandria, noch einmal in die Großstadt am Nil, um dort gegen die Arianer zu predigen, eine auf die Lehren des Arius zurückgehende christliche Bewegung, die glaubte, dass Jesus Christus nur ein von Gott angenommener göttlicher Sohn sei. Gegen diesen hatten die auf dem allgemeinen Konzil von Nikaia versammelten Bischöfe im Jahr 325 ausdrücklich formuliert, dass Christus dem göttlichen Vater wesensgleich (*homoousios*) sei.

Antonios folgte dem Wunsch seines bischöflichen Freundes und predigte eine Zeitlang in Alexandria gegen den Glauben der Arianer. Danach zog er sich wieder in seine Mönchssiedlung in der lyrischen Wüste zurück. Dort starb er im Jahr 356 mit 105 Jahren. Ein Jahr später verfasste derselbe Bischof Athanasios sein berühmtes Buch über den Asketen und Anachoreten Antonios (*Bios Antoniou*, lat. *Vita Antonii*). Darin lobte der Bischof die

Lebensform des Asketen und machte mit diesem Buch Antonios zum Begründer der Anachoreten bzw. des Mönchslebens. Historisch ist das jedoch nicht ganz richtig, da es doch schon vor Antonios Einsiedler in Ägypten, in Palästina und in Syrien gab.

Dem Vorbild des Antonios folgen

Das Buch des Bischofs zeigte große Wirkung in Alexandria, wo sich nun viele Laienchristen für die asketische Lebensform interessierten. Das Grab des Antonios wurde 561 in der Wüste gefunden, seine sterblichen Überreste wurden bald darauf nach Alexandria gebracht. Als diese ägyptische Großstadt im Jahr 635 von den arabischen Moslems erobert wurde, haben Christen die Gebeine des Antonios nach Konstantinopel gebracht. Von dort kamen sie später nach Südfrankreich (Arles), wo sie bis heute verehrt werden. Das Buch des Bischofs Athanasios förderte in Ägypten die asketische Lebensform: Viele Bewohner der Dörfer und Städte zogen in die Wüste, um dort auf niedrigem Niveau zu leben. Bald darauf aber entstanden hier , wie auch im Westen des römischen Reichs, asketische Wohngemeinschaften in der Nähe einzelner Städte oder in diesen selbst. Um 420 berichtet der Bischof Aurelius Augustinus von Hippo von solchen asketischen Gemeinschaften in Rom, Mailand und Trier.

Die besondere Leistung des Antonios scheint es gewesen zu sein, dass er die Einsiedler seiner Umgebung zu kleinen Gemeinschaften zusammengeführt hat. Er hat keine schriftliche Regel für das Zusammenleben hinterlassen, doch sein Vorbild wirkte durch lange Zeit hindurch.[6] Von ihm sind einige Briefe in griechischer Sprache überliefert, die sogar in die arabische und lateinische Sprache übersetzt wurden. Diese Briefe sowie Papyrustexte aus Ägypten zeigen uns, dass diese frühen Asketen und Mönche keineswegs ungebildet waren. Viele von ihnen konnten lesen und schreiben und sie kannten z. B. auch die Lehren des Theologen Origenes aus Alexandria. Etliche kamen aus reichen Familien, andere stammten von verarmten Bauern und Lohnarbeitern ab.

Mit der Lebensgeschichte des Antonios wurde vielen Christen ein neuer Lebensweg vor Augen geführt. Auch sie schätzten fortan das Fasten, das Gebet und die Meditation, sowie die zeitweilige Einsamkeit. Nach dem Bericht des Bischofs Athanasios hatte Antonios seine ersten Unterweisungen von einem Asketen bekommen. Diese Eremiten (von griech. *eremos* = Wüste) lebten in loser Verbindung miteinander, hatten aber keine Regeln für ihr Zusammenkommen. Oft folgten sie dem Rat eines »Altvaters«, dem sie sich anschlossen. Es wird auch von teuflischen und dämonischen Versuchungen der Einsiedler berichtet. Zur Zeit des Antonios gab es, wie bestimmte Quellen andeuten, bereits mehrere Gruppen von Anachoreten in Ägypten.

Diese anderen Quellen des frühen Mönchtums sind die »*Historia monachorum in Aegypto*«, die von Mönchen aus Palästina verfasst wurden, sowie die »*Historia Lausiaca*« des Palladios von Helenopolis (ca. 364–430 n. Chr.), die »*Collectiones patrum*« und die Schrift »*De institutis coenobiorum*« des Johannes Cassianus. Die »*Apophtegmata patrum*« sind Sammlungen von Sprüchen und Ereignissen aus dem Leben der Einsiedler und Asketen. Manche dieser Mönche wurden von den Bischöfen als »Häretiker« (Abweichler) verurteilt, weil diese nicht ihren Lehren über Gott und Jesus Christus anhingen. Athanasios wollte mit seiner Biographie eine Brücke zwischen dem freien Mönchtum und dem Amt des Bischofs schlagen.[7]

Die Vita Antonii

Zur Spiritualität des Antonios gehörten laut Athanasios die Nüchternheit in allen praktischen Dingen des Lebens, der Sinn für das rechte Maß und die unterscheidende Klugheit. Einem Jäger soll er gesagt haben, wenn er den Bogen übermäßig spanne, werde dieser zerbrechen. So sei es auch mit dem geistlichen Leben – die Kasteiungen und Abhärtungen des Körpers dürfen nicht übertrieben werden. Von den Mönchen wird die Brüderlichkeit gefordert, sie sollen sich grundsätzlich gleichwertig fühlen. Unter ihnen soll es keine Herren und Diener geben, alle müssen sich um einander kümmern. Auch sündhafte Brüder, die einen moralischen Fehler begehen, dürfen von der Fürsorge der Gemeinschaft nicht ausgeschlossen werden.

Jeder Mensch sei ein potenzieller Sünder und den Versuchungen des Teufels ausgesetzt. Deswegen sollen die Mönche nicht auf ihre eigene Gerechtigkeit vertrauen, das Vergangene müssen sie loslassen und ihre Zunge immer im Zaum halten. Antonios lehrte seine Anhänger in griechischer und in koptischer Sprache. Für ihn bildet die Heilige Schrift das Maß des asketischen Lebens, weswegen sie immer wieder gehört und verlesen werden muss.

Ein wesentlicher Beweggrund für das asketische Leben besteht in der Auffassung, dass das Leben im Hier und Jetzt keinen Wert an sich habe. Das Leben in dieser Welt ist nur ein Durchgangsstadium, wichtig ist, was danach kommt: das ewige Leben, das dem kurzen Erdendasein folgen wird. Da die ewigen Güter des Himmels alle Beschwernisse des asketischen Lebens aufwiegen werden, sollen die Mönche in einer Vorfreude leben. Sie werden das himmlische Erbe erlangen, wenn sie den guten »Kampf des Glaubens« gekämpft haben. Die Leiden dieser Zeit seien gar nicht vergleichbar mit den ewigen Freuden, die Gott den Glaubenden bereitet hat. Wer auf den Himmel blickt, für den werde die Welt sehr klein, und wer Haus und Güter verlassen habe, der könne auf das Ewige schauen. Das höchste Gut der Menschen sei die Tugend, sie allein bringe uns zum Ewigen. Gefordert werden die Klugheit, der Gerechtigkeit und die Mäßigung, Einsicht und Liebe zu den Mitbrüdern. Die Mönche müssen lernen, auch für die Armen zu sorgen, die bittend zu ihnen kommen. Sie müssen sich in Sanftmut und Gastfreundschaft üben. Da die Mönche Diener und Knechte ihres Herrn Jesus Christus sind, müssen sie Tag für Tag seinen Willen erfüllen.

Die Askese als zeitweiliger Verzicht auf Essen und Trinken und auf Schlaf sowie als genereller Verzicht auf Sexualität seien die besten Erziehungsmittel, um die Tugend zu erwerben. Der Lohn des Mönches sei die ewige Seligkeit bei Gott, deswegen müsse er jeden Tag mit Christus sterben und auferstehen. Um in der göttlichen Gnade leben zu können, muss er sich von der Sünde trennen. Wer nur wenig Güter begehrt und keine vergänglichen Schätze sammelt, wird glücklich leben. Der Verzicht auf die sinnliche Begierde mache das Herz weit und offen für die göttliche Gnadenkraft. Das Leben müsse als Kampf gegen die Versuchungen des Bösen geführt werden.

Wer auf das Himmelreich blickt, darf nicht mehr auf seine gesellschaftliche und wirtschaftliche Vergangenheit blicken, denn das Göttliche liege vor uns. Die Tugend folge immer dem Vernünftigen und dem Natürlichen, die menschliche Seele sei von Gott voll Schönheit geschaffen worden. So machen die Mönche die Wege ihres Herzens gerade, wie es Johannes der Täufer getan habe: Sie meiden böse Gedanken und Worte und halten sich am Wort Gottes fest. Hier verbindet der Bischof Athanasios die Lehren des Apostels Paulus mit der Bergpredigt Jesu.[8]

Die Verehrung des Antonios als Heiligen ging von der Hauptstadt Konstantinopel und später von Arles in Südfrankreich aus. Sie verbreitete sich vor allem durch verschiedene Ritterorden, z. B. den Antoniusorden. Die Ritter weihten ihrem Schutzpatron Burgen, Kapellen und Altäre. Später wurden verschiedene Antoniusbruderschaften gegründet, die sich der Armenpflege, dem Krankendienst, aber auch dem Kriegsdienst widmeten. Im Mittelalter galt Antonius als der große Beschützer vor Pest und anderen ansteckenden Krankheiten, aber auch als der Schutzpatron der Tiere, der Hirten und der Metzger. In manchen Gebieten Europas wurde er zu den »Vierzehn Nothelfern« gezählt.

Pachomios von Ägypten

Eine Regel für das Gemeinschaftsleben der Mönche

Pachomios gilt als der Begründer des gemeinsamen Lebens der Asketen, die als Anachoreten und Einsiedler bereits losen Kontakt miteinander hatten. Er organisierte das gemeinschaftliche Leben, die koinobitische Lebensform der Mönche (griech. *koinos* = gemeinschaftlich). Von diesem Ägypter sind uns eine frühe Ordensregel, Briefe an andere Klostervorsteher und Abhandlungen über das geistliche Leben erhalten geblieben. Auch über ihn wurden Lebensgeschichten verfasst und in mehrere Sprachen übersetzt, wobei Texte in griechischer, lateinischer, syrischer, koptischer und in arabischer Sprache bekannt sind. Das besagt, dass in allen diesen Kulturen sein Werk gelesen wurde und zur Orientierung diente. So gab es beispielsweise auch Klöster unter den arabischen Christen vor der Zeit des Islam.

Pachomios wurde um 292 in der ägyptischen Region Thebais (um die alte Priesterstadt Theben) geboren und wurde mit

20 Jahren Christ. Er war gegen seinen Willen zum römischen Militärdienst eingezogen worden und ließ sich nach seinem Abschied aus dem Heer taufen. Zu diesem Schritt bewegte ihn auch die erstaunliche Nächstenliebe der Christen, die er in seiner Umgebung erlebt hatte. Mit 26 Jahren beschloss Pachomios, Einsiedler zu werden. Er traf auf andere Einsiedler und baute um 325 in Tabennisi ein gemeinsames Haus für Asketen, aus dem später ein Kloster (von lat. *claustrum* = der eingeschlossene Bezirk) wurde. Er gab dem gemeinsamen Leben der Asketen eine feste Ordnung bzw. Regel und fungierte als Leiter der neuen Gemeinschaft.

Nach diesem Vorbild in Tabennisi entstanden in kurzer Zeit neun weitere Klöster für Männerasketen und drei Klöster für Asketinnen. Es bestand also ein großer Bedarf an solchen gemeinschaftlichen Siedlungen, in denen sowohl Männer als auch Frauen als Einsiedler und Anachoreten leben konnten. Pachomios selbst hatte sich an dem Einsiedler Palamon orientiert, von dem er viel über das asketische Leben gelernt hatte. Später organisierte er auch ein erstes Kloster im fruchtbaren Niltal, in der Nähe der Dörfer und Städte. Er gab den Gemeinschaften dieselbe Struktur und Lebensform, die er beim römischen Militär kennengelernt hatte. Die Anzahl der Fastenzeiten und der Nachtwachen hat er stark reduziert, damit die Mönche und Nonnen nicht ihre Gesundheit gefährdeten. Eine Klostersiedlung, bestehend aus mehreren Gebäuden aus Holz und Stein, wurde zum Schutz mit einer Mauer umgeben.

Hohe Anforderungen an die Disziplin

Zweimal am Tag kamen die Mönche oder Nonnen zum gemeinsamen Gebet zusammen. Sie nannten sich »Brüder« und »Schwestern« und nutzten ihren mitgebrachten Besitz fortan gemeinsam. Ihre Mahlzeiten waren einfach und für alle gleich, die sozialen Unterschiede wurden bewusst aufgehoben. Die Mönche und Nonnen empfingen ein einheitliches Gewand, das aus einem Hemd, einer Kapuze, einem Überwurf über die Schultern, Sandalen, einem Gürtel und einem Stab bestand.[9] Die Klosterregel des Pachomios legt auf Disziplin bei der Arbeit sowie auf gemeinsames Beten, Arbeiten und Essen großen

Wert. Der Gehorsam gegenüber dem Leiter des Klosters wurde stark betont. In diesen Klöstern lebten zur Zeit des Pachomios zwischen 200 und 300 Asketen, sein eigenes Kloster hatte, einer historischen Quelle zufolge, um die 600 Mönche. Es muss ein starkes, auch wirtschaftliches Bedürfnis bestanden haben, diese Lebensform zu wählen, denn schätzt man die Gesamtzahl der Asketen in Pachomios' Klöstern ab, kommt man auf 3500 bis 4000 Mönche, die in relativ kurzer Zeit und in einer einzigen Region gewonnen werden konnten.

Diese neu gegründeten Klostersiedlungen besaßen größere Felder und Gärten am Nil sowie sogar Schiffe, mit denen sie Handel treiben konnten. Mit der Arbeit ihrer Hände erwirtschafteten sie genügend, um nicht hungern zu müssen. Zusätzlich waren sie dem großen Steuerdruck des römischen Imperiums entkommen, da seit der Zeit des Kaisers Konstantin I. Klöster keine Steuern an den römischen Staat zahlen mussten. Die Nachfolger des Pachomios als Leiter der Klostersiedlung waren Petronios und Theodoros.

Der Bischof von Alexandria unterstützte die Gründungen dieser Gemeinschaften. Nun hatten auch die Frauen die Möglichkeit, ein gemeinsames asketisches Leben zu führen und auf die Weitergabe des Lebens zu verzichten. Die frühen Häuser der gottgeweihten Jungfrauen und Witwen standen fast immer unter dem Schutz des Bischofs einer Stadt. Palladios von Helenopolis berichtet von mehreren Frauenklöstern in dieser Zeit und weiß auch von Einsiedlerinnen, die er »Mütter« (*amma*) nannte. Die Spiritualität dieser frühen Klöster orientierte sich vor allem an den Lehren der Bibel, der Bergpredigt Jesu. Später wurden in diesen Gemeinschaften auch die Lehren ägyptischer Theologen bekannt, etwa die des Origenes aus Alexandria. Die Mehrheit der Mönche und Nonnen waren ungebildete Menschen, Bauern und Lohnarbeiter, deswegen traten die theologischen Spekulationen der Stadtbewohner bald in den Hintergrund. Stattdessen entstanden mit der Zeit Konflikte zwischen den griechisch und den koptisch sprechenden Mönchen.[10]

Basilios von Kaisareia (330–379)

Vom Studium der Philosophie zum Mönchsleben

Kaisareia war im 4. Jahrhundert Provinzhauptstadt von Kappadokia geworden, wo Basilios um 330 geboren wurde. In dieser Stadt gab es griechische Theater und Thermen, Rennbahnen und Kultfeste, ein Gymnasion und eine Schule für Rhetoren. Schon seit 100 Jahren lebten dort auch Christen. Die Familie des Basilios war bereits christlich, er hatte vier Brüder und fünf Schwestern. Sein Vater war ein angesehener und wohlhabender Rhetor in der Stadt. Deswegen konnte der Sohn Basilios, der eine schwache Gesundheit hatte, in Konstantinopel und in Athen Philosophie und griechische Literatur studieren, so dass er mit den Werken der Dichter und Philosophen, der Geschichtsschreiber und der Rhetoren vertraut wurde.

Nach seinem Studium kehrte Basilios in seine Vaterstadt zurück, wo ihm mehrere öffentliche Ämter angeboten wurden. Er lehnte jedoch alle Angebote ab, ließ sich taufen und begann ein asketisches Leben. Ein Licht war Basilios aufgegangen: Fortan wollte er sein Leben im Geiste des Evangeliums gestalten, sein Leben nach dem Geist der frühen Kirche ausrichten und nach moralischer Vollkommenheit streben. Zu diesem Zweck zog er sich mit Freunden auf ein väterliches Landgut zurück und lebte mit ihnen als Koinobit in Askese, Gebet und Meditation. Die Gemeinschaft um Basilios übte sich darüber hinaus in der Nächstenliebe und aktiven Nächstenhilfe und unterstützte auch die Armen und Notleidenden der Umgebung mit Lebensmitteln und Kleidung.

Zu dieser Zeit entwarf Basilios einen ersten später als Regel verstandenen Mönchspiegel für das gemeinsame Leben, in dem strenge Disziplin den Tagesablauf der Mönche bestimmte. Die Zeit jedes Tages war dem gemeinsamen Gebet und der Arbeit gewidmet, von den Mitgliedern der Gemeinschaft wurde strikter Gehorsam gegenüber dem Leiter gefordert. Basilios selbst leitete diese Gemeinschaft. Jeder sollte regelmäßig die Heiligen Schriften lesen bzw. hören, doch die geistige Arbeit musste durch die körperliche Arbeit auf den Feldern und im Garten ergänzt werden. In dieser Gemeinschaft wurde auch über die Person Jesu Christi diskutiert und gestritten.

Bald wurde der Bischof von Kaisareia auf Basilios aufmerksam und weihte ihn zum Presbyter der christlichen Gemeinde. Nach dessen Tod folgte er dem Bischof als Leiter der Diözese (von griech. *dioikesis*, Verwaltung) nach. In seiner Amtszeit sorgte er für die strenge Disziplin der Kleriker und setzte sich für ein Verbot des Kaufs von kirchlichen Ämtern (Simonie) ein.

Einsatz für die Armen

Den Großteil seines geerbten Besitzes übergab Basilios den Armen der Stadt. So wurde er zum Vater der Bedürftigen, da er nun die Armenhilfe organisierte. In seinen Predigten sagte er den Reichen, sie seien nur die Verwalter der Güter, die sie mit den Armen teilen müssten. Die Besitztümer seien dazu da, die Armen zu bekleiden und den Hungrigen zu essen zu geben. Wer mit seinem Geld aber Wucher treibe, der erwürge die Bedürftigen. In der Stadt wurden nun öffentliche Küchen für Arme und Notleidende eingerichtet, auch Juden und Nichtchristen wurden dort gespeist.

Basilios ließ sowohl einfache Häuser für Obdachlose und Kranke erbauen wie auch Pflegedienste für Kranke einrichten. In seinen Predigten nutzte er die Kunst der erlernten Rhetorik und konnte so viele Mitbürger der Stadt für den christlichen Glauben gewinnen. Voll Demut stand er vor den göttlichen Geheimnissen und rang um die moralische Besserung seines Lebens. Für die Christen sei die gelebte Nächstenliebe viel wichtiger als die theologischen Spekulationen über das Wesen der Gottheit. Bei allen theologischen Auseinandersetzungen ging es ihm um die Einheit des christlichen Glaubens und der Kirche. Er sah deutlich, dass die kaiserliche Protektion der Kirche auch Gefahren für den Glauben der Christen mit sich bringen könnte. In theologischen Streitfragen widersetzte er sich Kaiser Valens, der nicht wagte, den Bischof ins Exil zu schicken.

Der Theologe

Als Philosoph bemühte sich Basilios, seine Entscheidungen nach den Erkenntnissen der Vernunft zu treffen und zu begründen. Als Bischof wollte er der Wahrheit dienen und mühte sich, die Beschlüsse des ersten Bischofskonzils von Nikaia vom Sommer 325 in seiner Diözese zu verwirklichen. Er blieb aber im ständigen Gespräch mit jenen Bischöfen und Theologen, welche diese Beschlüsse abgelehnt hatten, und wollte sie mit sachlichen Argumenten überzeugen. Als in der Kirche von Antiochia wegen dieser Frage eine Spaltung aufgetreten war, wandte er sich an den Bischof der westlichen Kaiserstadt Rom und bat um einen Schiedsspruch. Doch er wurde vom dortigen Bischof Damasus enttäuscht. Im Jahr 379 ist Basilios verstorben, seine schwache körperliche Konstitution hatte seine Kraft aufgezehrt. Zeit seines christlichen Lebens wollte er den christlichen Glauben mit Argumenten der aufrechten Vernunft verkünden, die Mönche sollten eine Lebensschule zur moralischen Besserung des Lebens entwickeln.[11]

Als Theologe verfasste Basilios Abhandlungen über den Heiligen Geist und die Jungfräulichkeit, dazu mehrere Predigten über die biblische Schöpfungsgeschichte (*Hexaemeron*), über das Paradies und die Psalmen, Mahnworte an die Jugend und viele Briefe. In der Gottheit sah er ein Sein (*mia ousia*), aber drei Wesenheiten (*treis hypostaseis*), wobei der göttliche Geist aus dem göttlichen Vater durch den göttlichen Sohn hervorgehe. Die menschliche Seele müsse sich immer mehr von den Fesseln des Körpers befreien, was durch das asketische Leben geübt werde. Wir erkennen hier deutlich die Lehren des Philosophen Plato. Jeder Mensch sei das Abbild des göttlichen Schöpfers, deswegen sei er mit der Fähigkeit zur Liebe ausgestattet. Der Christ muss seine Vernunft und seine freie Willenskraft entfalten, wobei er aber für alle seine Entscheidungen vor Gott die Verantwortung trägt.[12]

Exkurs: Die Entwicklung der monastischen Lebensform im Überblick

Das Mönchtum im Osten

Die Bischöfe bemühten sich von Anfang an, die Mönche und ihre Klostergemeinschaften in die Großkirche zu integrieren. Sie wollten jede Absonderung vermeiden und betonten in ihren Lehren, dass die Mönche und Nonnen immer der kirchlichen Sakramente bedürften, die von den Klerikern verwaltet werden. Aus diesem Grund wurden in den Klöstern schon früh einzelne Mönche von den Bischöfen zu Priestern geweiht, damit sie in der Gemeinschaft die Sakramente spenden konnten. Doch die Mehrheit der Mönche blieb weiterhin im Stand der Laienchristen, was aber ihrem hohen moralischen Ansehen bei ihren Mitchristen keinerlei Abbruch tat. Deswegen wurden in den Städten und Diözesen immer öfter Mönche zu Bischöfen gewählt. Freilich gab es auch Mönche und Gemeinschaften, die sich von den Lehren der Bischöfe trennten. Sie wurden von den Bischöfen und Theologen als Häretiker und Schismatiker bezeichnet, weil sie sich von der wahren Lehre abgespalten hätten.

Die gemeinschaftlichen Lebensformen der Mönche und Nonnen verbreiteten sich auch in Syrien und Palästina. Gleichzeitig gab es dort weiterhin anachoretische Einsiedler, die nur lose miteinander in Verbindung waren. Sie lebten häufig an den heiligen Stätten, wo Jesus gelebt und gelehrt hatte. Um 330 entstanden z. B. in Pharan bei Jerusalem drei Mönchssiedlungen (Lauren), wo die Mönche in einzelnen Zellen lebten. Sie trafen sich nur am Sonntag, dem Tag der Auferstehung Jesu, zum gemeinsamen Gebet und zur großen Dankfeier (*eulogia, eucharistia*).

Um 411 gründete der Mönch Euthymios von Melitene ein neues Kloster, in dem die Mönche gemeinschaftlich lebten (*koinobion*). Auch sein Nachfolger Sabas organisierte das gemeinsame Leben der Mönche, zog sich aber selbst zeitweise noch in die Einsamkeit zurück. Hier konnten die Mönche noch zwischen dem eremitischen und dem koinobitischen Leben wechseln.[13] Diese Gemeinschaften gaben sich feste Regeln und Ordnungen für das Zusammenleben. In der lateinischen Sprache wurden diese Regeln (*regulae*) und Ordnungen (*ordines*) später präzisiert. Aus dieser Bezeichnung entstand dann der Name der »Orden« bzw. der Ordenschristen. Das sind Christen, die einer gemeinsamen Regel des religiösen und spirituellen Lebens folgen.

In der Nähe von Jerusalem siedelten im 4. Jahrhundert zahlreiche Mönche (*monozontes*) und Jungfrauen in loser Verbundenheit, von denen sich die meisten zu gemeinsamen Klöstern zusammenschlossen. Sie widmeten sich dem Gebet und der Arbeit, manche betreuten Pilger, die nun zahlreich nach Jerusalem strömten. Manche dieser Klöster wurden von christlichen Adeligen gestiftet und erhielten Grund und Boden zur Bewirtschaftung. So ließ sich die römische Witwe Melania, man nennt sie die Ältere, um 387 n. Chr. am Ölberg nieder und gründete dort je ein Kloster für Frauen und für Männer. Der Leiter des Männerklosters war Rufinus von Aquileia, der später ein Werk über das Leben der Mönche schrieb. Die römische adelige Dame Paula gründete 386 in Bethlehem ein Doppelkloster. Dieses wurde von ihrem theologischen Ratgeber Hieronymus geleitet.

Nach 408 gründete Melania die Jüngere, eine Enkelin der älteren Melania, auf dem Ölberg zu Jerusalem ein Doppelkloster für Frauen und Männer. Sie wollten an den heiligen Stätten des Lebens Jesu ein asketisches und meditatives Leben führen. Hieronymus nennt in seiner Lebensgeschichte den Einsiedler Hilarion als den Vater des Mönchstums in Palästina. Bald entstanden auch Klöster in der Nähe von Jericho und Gaza, selbst Bischöfe wie Epiphanios von Salamis gründeten dort Klöster. Eine Besonderheit in dieser Region bildeten die eingeschlossenen Eremiten, die ihre Wohnzellen nie verließen und nur durch Boten mit der Außenwelt verkehrten. Die arabischen Moslems haben nach 630 ganz Palästina erobert und dabei die meisten dieser alten Klöster zerstört.

In Syrien und Mesopotamien gab es Gruppen von Enkratiten, die gemeinsam lebten und die Ehe sowie Kinderzeugung generell ablehnten. Sie protestierten gegen eine ungerechte Welt, in der sie kein Leben mehr weitergeben wollten. Andere Asketen lebten an ihren Wohnorten ehelos, um sich dem Gebet hinzugeben. Zu dieser Zeit gab es auch Häuser, in denen Männer und Frauen als Asketen zusammenlebten, die so genannten Syneisakten oder Agapeten. Männlein und Weiblein als Asketen unter einem Dach? - Die Glaubwürdigkeit dieser Gemeinschaften war in der Umgebung oft sehr gering. Man konnte offenbar nicht glauben, dass, wo die Möglichkeit zur sexuellen Betätigung so »nahe liegt«, sie nicht auch realisiert wird.

Eine Geschichte des syrischen Mönchtums verfasste der Theologe Theodoret von Kyros und er berichtet darin u. a. von Mönchen in den Bergen und in der Wüste Chalkis. In dieser Region gab es auch die Eremiten und Säulensteher (*stylitai*), Menschen, die lange Zeit auf einer Steinsäule standen, um zu Gott zu beten und göttliche Botschaften zu empfangen. Es gab auch noch die Wandermönche, die wie zur Zeit Jesu von Dorf zu Dorf zogen und das Evangelium verkündeten. Manche der Einsiedler lebten längere Zeit auf Bäumen (*dendritai*), andere in Wohnhöhlen. Sehr bekannt war der Säulensteher Symeon, den viele um Rat baten und Kranke aufsuchten, um sich von ihm heilen zu lassen.

Zu Beginn des 4. Jahrhunderts lebten auch syrische Mönchgruppen in Gemeinschaften zusammen, die sich Regeln für ihr Zusammenleben und die Gestaltung des Tagesablaufs gaben. Einige dieser Klöster sollen nach zeitgenössischen Berichten 100 bis 400 Mönche beherbergt haben. Nicht wenige Bischöfe versuchten das Potenzial dieser Klöster für sich zu nutzen und forderten die Mönche auf, bei der Verbreitung des christlichen Glaubens tätig zu werden.[14]

In Kleinasien lebte Eustathios von Sebaste mit seinen Schülern ein asketisches Leben. Diese Mönche empfahlen den sesshaften Christen, ihre Ehepartner, Kinder und Eltern zu verlassen. Den Sklaven rieten sie, aus den Landgütern ihrer Herren ins Kloster zu flüchten. Diese Forderungen haben im Jahr 355 14 Bischöfe auf der Synode von Gangra verurteilt, da sie offenbar eine erhebliche Gefährdung der gesellschaftlichen Ordnung befürchteten.

Manche dieser Asketen weigerten sich, die Feste der Märtyrer mit den Bischöfen zusammen zu feiern. Sie fasteten auch am Sonntag und lehnten überdies verheiratete Kleriker strikt ab. Die Bischöfe und Kleriker sollten keinen Besitz haben. Eustathios wurde später selbst Bischof von Sebaste und gründete in seiner Bischofstadt ein erstes Armenhaus.

Wir erkennen auch hier zum einen den Protest gegen eine ungerechte Sozialordnung im römischen Staat, wie zum anderen den Versuch der Flucht aus der Armut. Zu dieser Zeit entstanden in ganz Kleinasien Klöster von Mönchen und gottgeweihten Jungfrauen. Sie lebten in Gütergemeinschaft und alle Mitglieder mussten Handarbeit verrichten, um ihren Lebensunterhalt zu erwirtschaften. Doch mit den Erträgen ihrer Felder und Gärten sollten auch Arme und Notleidende der Umgebung unterstützt werden.

So ließ der Bischof Basilios in und außerhalb seiner Stadt Häuser für Kranke und Herbergen für Besitzlose erbauen. Diese einfachen Siedlungen wurden *»basileias«* genannt. Jene Mönche und Nonnen sollten eine maßvolle Askese üben und blieben dazu unter der Aufsicht der Bischöfe. Sie sahen ihre besondere Aufgabe im Dienst an den Armen und Kranken.

In der östlichen Reichshauptstadt Konstantinopel waren im 4. Jahrhundert viele Klöster entstanden, welche zum Teil eine Verbindung mit dem Klerus der Stadt ablehnten. Andere lebten am Rand der entstehenden Stadt in den Armenvierteln oder nahe bei den Kapellen der Märtyrer. Auch hier gab es Klöster, in denen Frauen und Männer gemeinsam lebten, von deren Askese man unter den Laienchristen nicht sehr überzeugt war. Der syrische Mönch Isaak wird als Gründer eines Klosters in der Hauptstadt genannt, wo viele Mönche in der Opposition zum Bischof der Stadt lebten. Der Mönch Hypatios verschärfte um 400 die Askese der Mönche, verlängerte die Zeiten des Gebets und verkürzte die Schlafzeiten. Später gründete er in Gomon ein Kloster der »Schlaflosen« (*akoimetes*), d. h. diese Mönche lösten sich beim Schlafen ab und sangen Tag und Nacht ohne Unterbrechung das Lob Gottes.[15]

Zu dieser Zeit schlossen sich auch Frauen zu asketischen Lebensgemeinschaften zusammen. Zuerst waren es ältere Witwen und unverheiratete Frauen, die in den Häusern der großen Sippen asketisch lebten und auf Sexualität verzichteten. Ein Vorbild dieses asketischen Lebens war Thekla, die in den Thekla-Akten als Schülerin des Apostels Paulus dargestellt wurde. In der Stadt Seleukia wurde ein Thekla-Heiligtum mit gottgeweihten Frauen eingerichtet, das viele Pilger der Umgebung anzog. In dieser Region entstanden mehrere Klöster für Frauen und für Männer.

Ein koinobitisches Frauenkloster entstand zu dieser Zeit in Tabennisi in Oberägypten, das von Maria, der Schwester des Pachomios, geleitet wurde. Palladios berichtet von 400 Frauen, die in diesem Kloster lebten. Die Liturgie wurde dort von einem Diakon und einem Presbyter geleitet. Um die Mitte des 4. Jahrhunderts gründete Makrina am Irisberg in Kappadokien ein Frauenkloster und regte später ihren Bruder Basilios zur Gründung eines Männerklosters an. In den größeren Städten des Ostens soll es mehrere Frauenklöster gegeben haben, berichtet Palladios. In Konstantinopel gründete die adelige Diakonin Olympias mit 250 Frauen in der Nähe der Basilika Hagia Sophia eine klösterliche Gemeinschaft. Dort wurden die Armen des Stadtviertels versorgt und Pilger betreut. Die »*Apophtegmata Patrum*« berichten von drei »Wüstenmüttern« (*ammas*), die als Einsiedlerinnen in Ägypten und Syrien lebten.[16]

Verbreitung im Westen

Ab dem 3. Jahrhundert verbreitete sich das gemeinschaftliche asketische Leben auch in Teilen des westlichen Reiches. Seit langem gab es die »Jungfrauenweihe«, in der sich unverheiratete Frauen dem Bräutigam Christus weihten und die fortan *virgines sacratae* oder *ancillae Dei* hießen. Im 4. Jahrhundert warb der Bischof Ambrosius von Mailand für das asketische Leben beider Geschlechter. Seine Schwester Marcellina lebte mit anderen Frauen in einer asketischen Gemeinschaft. Auch Hieronymus berichtet von adeligen Frauen, die in der Hauptstadt Rom asketisch und jungfräulich zusammenlebten. Andere adelige Frauen sind mit Freundinnen nach Palästina oder auf ihre fernen Landgüter gezogen, um dort ein asketisches Leben in Gemeinschaft zu führen.

Der römische Senator Pammachius lebte nach dem Tod seiner Frau gegen Ende des 4. Jahrhunderts asketisch und übte weiterhin alle politischen Ämter aus. Fortan ließ er regelmäßig die Armen speisen und gründete eine Herberge (*xenodochium*) für Obdachlose. Der Aristokrat Pinianus (379–431) war mit Melania der Jüngeren verheiratet. Nach der Geburt ihrer Kinder entschieden sich beide für ein asketisches Leben, während die Kinder von Verwandten und von Dienern betreut wurden.

Auch der Bischof Victricius von Rouen in Gallien (ca. 330–407) berichtet von gottgeweihten Jungfrauen und von Einzelasketen in seiner Stadt.

Die Kaiser Augustus und Tiberius hatten für das römische Reich mehrere Gesetze erlassen, die allen gesunden und freien Männern und Frauen die Pflicht zur Ehe und zur Lebensweitergabe auferlegten. Diese Gesetze wurden zwar nicht sehr streng befolgt, aber sie hatten bis zu Konstantin I. ihre Geltung. Erst dieser christliche Kaiser hatte das Gesetz außer Kraft gesetzt, so dass asketische Mönche und gottgeweihte Jungfrauen nicht länger gegen ein römisches Gesetz verstießen. Der Kaiser zeigte großen Respekt vor den gottgeweihten Frauen, sein Sohn Konstantius hat sie unter den besonderen Schutz des Staates gestellt. In diesem Gesetz wird zum ersten Mal die Bezeichnung *ordo* (Orden) in einem amtlichen Text verwendet, wie Hieronymus berichtet.[17]

Orden bzw. *ordo* meint hier rechtlich geordnete Gemeinschaften von asketisch lebenden Menschen. In einem päpstlichen Dekret »*Ad Gallos*« um 380 wird die verschleierte Jungfrau (*virgo velata*) der verheirateten Frau rechtlich gleichgestellt, der Bruch des Keuschheitsgelübdes wird mit dem Ehebruch verglichen. Spätere Kirchendekrete setzten für den Bruch dieses Gelübdes schwere Kirchenstrafen fest. Viele dieser asketischen Gruppen, die sich in der Tradition der frühen christlichen Propheten wussten, lebten aber in einem Gegensatz zu den Lehren der Bischöfe.

Der Bischof Ambrosius von Mailand berichtet im 4. Jahrhundert, Bischof Eusebius von Vercelli sei der erste gewesen, der für seine Kleriker das asketische und »engelgleiche« Leben eingeführt habe. Er hat seinen Klerikern regelmäßiges Fasten und sexuelle Enthaltsamkeit auferlegt und sie zum Gebet, zur Lesung der Heiligen Schriften und zur körperlichen Arbeit verpflichtet. Sie schliefen in einem gemeinsamen Schlafsaal und verrichteten mit dem Bischof die Gebete in der Kirche. Diese Einrichtung dürfte um 355 entstanden sein und stellt die ersten Ansätze für einen Zölibat der Kleriker dar.

Aurelius Augustinus schreibt, dass es zu seiner Zeit vor den Mauern von Mailand bereits ein Kloster für männliche Asketen gegeben habe, das von Bischof Ambrosius geleitet worden sei. Er weiß auch von einem Kloster für gottgeweihte Jungfrauen in

Bologna und einem weiteren in Verona. Mönche siedelten nun auch an der ligurischen Küste und auf den Inseln Capraia und Gorgona. Hieronymus berichtet von einem Kloster in Aquileia, das vom Bischof geleitet wurde und darüber hinaus von einem Kloster in Emona, dem heutigen Lubljana in Slowenien. Zu dieser Zeit entstanden auch in Rom mehrere Häuser (*cenobia*) für asketisch lebende Männer, die unter der Anleitung eines Lehrers sich dem Gebet, dem Fasten und der Arbeit widmeten. Zu dieser Zeit gab es auch schon Klöster für gottgeweihte Jungfrauen, die von Frauen geleitet wurden, wie Augustinus berichtet.[18]

Zu dieser Zeit, im späten 4. Jahrhundert, entstanden auch in Nola in der Campania und selbst in Trier an der Mosel (Castra Treverorum) Klöster für Männer und für Frauen. In Trier fanden kaiserliche Beamte sogar eine lateinische Übersetzung der Lebensgeschichte des Antonios (*Vita Antonii*) des Bischofs Athanasios. Auch in Nordafrika und in Spanien gab es zur Zeit des Aurelius Augustinus bereits mehrere Klöster für Mönche und gottgeweihte Jungfrauen. Sie zogen sich vom weltlichen Leben zurück, verzichteten auf Besitz und Einfluss in ihrer Stadt, denn sie wollten ganz für Gott leben. Diese frühen Mönche und Nonnen waren Laienchristen und lebten am Rand der Gesellschaft. Einige dieser Gruppen lebten von der Bettelei und verrichteten keine körperliche Arbeit.

Doch die Mehrheit der Mönche und Nonnen wollte sich durch Arbeit ihren Lebensunterhalt selbst schaffen. Aus diesem Grund betonte Aurelius Augustinus in seinen Schriften die Notwendigkeit der Arbeit für gottgeweihte Menschen. Dabei beruft er sich auf den Apostel Paulus, der den Christen in Thessalonike geschrieben hatte: »Wer nicht arbeitet, soll auch nicht essen« (2 Thess 3,10). Die Arbeit (*negotium*) war für das geistliche Leben wichtig, denn sie diente der Vermeidung des Müßiggangs (*otium*) und der Langeweile.

Aurelius Augustinus hat um 410 geschrieben, in seiner Region stammten die meisten Mönche aus den unteren sozialen Schichten der Sklaven und Freigelassenen, der Bauern, Handwerker und Tagelöhner. Traten viele Menschen, Männer wie Frauen, zum asketischen Leben über, so hatte dies gewiss auch wirtschaftliche und soziale Gründe. Den unteren sozialen Schichten drohte in der Zeit der Spätantike die völlige Verarmung, denn der Besitz an Grund und Boden sowie an beweglichen Gütern war auf relativ wenige Familien und Sippen der Adeligen und der Besitzbürger verteilt.[19]

Außerdem waren die Abgaben für die militärische Verteidigung des römischen Reiches sehr hoch, das Imperium hatte seinen Zenit bereits überschritten. In den Klöstern fanden viele von der Armut Bedrohte eine neue Form des sinnvollen Lebens und Überlebens unter einer starken religiösen Motivation. Nun gab es von der Umwelt auch harte Kritik an der Lebensform der Mönche und Nonnen. Viele Nichtchristen warfen ihnen zu dieser Zeit allgemein Faulheit und Torheit sowie Verachtung der Mitmenschen vor (Rutilius Namatianus). Aber auch Christen kritisierten die Mönche und Nonnen wegen ihrer Bettelei, denn erwachsene Männer und Frauen müssten sich selbst ernähren können (Presbyter Vigilantius).

Es gab aber auch viele Verteidiger des asketischen Lebens, so schrieb Jovinianus (gest. vor 406), die Ehelosigkeit um Gottes willen habe denselben Wert wie Ehe und Familie. Doch viele Zeitgenossen fragten sich weiterhin, ob es moralisch und sozial vertretbar sei, den Besitz zu verkaufen, die Ehe und Kinder zu verweigern und sich den öffentlichen Aufgaben im Gemeinwesen zu entziehen. Allgemein kritisiert wurde das ungeordnete Leben der Mönche und Nonnen, etwa in den *Consultationes Zacchei et Apollonii.*

Mönchsregeln

Um solcher Kritik begegnen zu können, suchten die Leiter der Klöster nach festen Regeln für das Zusammenleben. So wuchs zu Beginn des 5. Jahrhunderts das Interesse an Mönchsregeln, die von geistlichen Lehrern verfasst wurden. Ältere Regeln wurden nun übersetzt, Werke über die Lebensgewohnheiten der Mönche in Ägypten verfasst und auch neue Regeln entstanden, wie die des Heiligen Augustinus.

Rufinus von Aquileia hatte um 397 die Mönchsregeln des Basilios von Kaisareia ins Lateinische übersetzt, die er wohl aus einem Kloster in Palästina mitgebracht hatte. Diese Übersetzung wurde mehrfach von Mönchen abgeschrieben und an Klöster verteilt. Um 404 hatte Hieronymus die Regel des Pachomios von Ägypten, die er offenbar in einem Kloster zu Bethlehem kennengelernt hatte, ins Lateinische übersetzt. Eine völlig neue Regel für das gemeinsame Leben hat Aurelius Augustinus, der Bischof von Hippo, verfasst, den so genannten »*Ordo monasterii*«. Diese Regel besteht aus einer Einleitung (*praeceptum*) und einer Sammlung von Statuten für das Zusammenleben der Mönche. Darin werden die Zeiten für Gottesdienste, für das gemeinsame Essen und für die Ruhe festgelegt. Der Bischof legte auf die geistliche Formung der Mönche besonderen Wert.

Johannes Cassianus verfasste im Auftrag des Bischofs Castor von Apt die »*Institutiones*«, in denen er die Mönche im Westen über das Mönchsleben in Ägypten und in Palästina informierte, das er persönlich kennengelernt hatte. Darin beschrieb er die Kleidung der Mönche, ihre festen Gebetszeiten, die Anordnung der Psalmen beim Gebet, die anzustrebenden Tugenden und die zu vermeidenden Laster und Sünden. In seinem Werk »*Collationes patrum*« beschrieb Johannes Cassianus seine Begegnung mit den Wüstenvätern in Ägypten. Auch dieses Werk zielte darauf ab, die östlichen Ideale der Mönche im Westen bekannt zu machen und deren Nachahmung in der lateinischen Kultur zu forcieren.

2. Ordensväter im Westen

Bereits der Kaiser Konstantius hatte im 4. Jahrhundert in einem Gesetz für die Mönche und gottgeweihten Jungfrauen die Bezeichnung »*ordo*« verwendet. Daher kann in einem weiten Sinn bereits ab dieser Zeit von Orden, Ordensvätern und Ordensgründern die Rede sein.

Martin von Tours (316–397)

Er gilt als Vater des Mönchtums in Gallien – so bezeichnet zumindest Sulpicius Severus seinen Lehrer Martinus in der Vita, die er über den Bischof von Tours geschrieben hat. Martinus wurde um 316 in Sabaria in der Provinz Pannonia als Sohn eines römischen Militärtribuns geboren. Seine schulische

Bildung in der lateinischen Sprache und Schrift erhielt er in Pavia, wohin der Vater versetzt worden war. Mit 15 Jahren trat der Sohn selbst in das römische Militär ein und diente unter dem christlichen Kaiser Konstantius und Kaiser Julianus in der kaiserlichen Garde. Danach verließ er die Armee und zog nach Poitiers in Gallien, wo er ein Schüler des dortigen Bischofs Hilarius wurde. Dieser schickte den jungen Martinus zur Verbreitung des christlichen Glaubens in die Provinz Illyrien. Doch dort war bereits das arianische Christentum verbreitet, das in Jesus nur einen adoptierten göttlichen Sohn sah. So war Martinus starken Konflikten mit Mitchristen ausgesetzt.

Bald verließ er die Provinz Illyrien im Osten und zog sich auf die Insel Gallinara vor der ligurischen Küste zurück. Nach geraumer Zeit zog er jedoch nach Poitiers und gründete in Ligugé eine Siedlung für Einsiedler. Als sich ihm mehrere Asketen anschlossen, entstand dort ein erstes Kloster. Zu diesem Kloster kamen viele Pilger, um göttlichen Segen zu erbitten. So wurde Martinus in ganz Gallien bekannt, der Klerus und das Volk von Tours wählten ihn zu ihrem Bischof. Als Bischof kam er an die Loire und gründete dort das Kloster Marmoutier, das später zu einem spirituellen Zentrum für die ganze Region wurde. Er bereiste mit dem Pferd seine Diözese und verkündete auch in den ländlichen Gebieten das Evangelium von Jesus Christus, das dort noch kaum bekannt war

Martinus kam auf seinen Predigtreisen bis an die Loire, nach Chartres und Amboise und verkündete auch den Stämmen der Häduer und der Semnonen die Botschaft von Christus. Er wirkte eine Zeitlang in Paris und heilte dort Kranke, in der Stadt Vienne traf er mit dem Theologen Paulinus von Nola zusammen. Beim römischen Präfekten Maximus setzte er sich gegen die Hinrichtung des christlichen Häretikers Priscillianus ein, hatte jedoch keinen Erfolg. Martinus war in ganz Gallien als Verkünder des Evangeliums, als Wunderheiler und als Vermittler in politischen Streitfragen bekannt geworden. Doch viele Bischöfe und Kleriker gingen zu ihm auf Distanz, weil er das gemeinsame Leben der Mönche und Nonnen gefördert hatte. Es wird berichtet, dass an seinem Begräbnis sollen mehrere Tausend Mönche und Nonnen teilgenommen haben sollen. Seine Verehrung verbreitete sich in ganz Gallien, wie auch in Italien und Germanien.[1]

Rufinus von Aquileia (345–410)

Dieser Förderer von Mönchsgemeinschaften wurde im Jahr 345 geboren und starb um 410 in Messina auf Sizilien. Er hatte die christliche Glaubenslehre in Rom kennen gelernt, wo er mit dem Theologen Hieronymus zusammentraf. Nach Aquilea zurückgekehrt, schloss er sich dort einer Gruppe von asketischen Männern an, die von Chromatius, dem späteren Bischof von Aquileia, geleitet wurde. Nach seiner Taufe reiste er mit dem Schiff nach Alexandria in Ägypten, wo er die gottgeweihte Jungfrau Melania die Ältere kennen lernte. Auf ihre Anregung hin besuchte er die Wüstenmönche in der Nitrischen Wüste und später in Palästina. Er lebte in diesen Gemeinschaften und lernte dort auch die Lehren des Theologen Origenes kennen. Später reiste er als Wandermönch nach Jerusalem, blieb dort eine Zeitlang und wurde sogar der Leiter eines Klosters für gottgeweihte Frauen, das von Melania gegründet worden war.

Zu dieser Zeit lebte der lateinische Theologe und Lehrer Hieronymus in einer klösterlichen Gemeinschaft in Bethlehem, mit dem Rufinus in einem freundschaftlichen und geistlichen Austausch stand. Er wurde zum Presbyter geweiht und verteidigte fortan mit großer Überzeugung die Lehren des Neuplatonikers Origenes. Doch viele Bischöfe im Osten lehnten diese Lehren ab. Im Jahr 397 kehrte Rufinus in den Westen des römischen Reiches zurückund brachte dabei mehrere theologische Schriften in griechischer Sprache mit.

Nun übersetzte er für die Mönche in Pinteum eine Sammlung der Mönchsregeln des Basilios von Kaisareia, wie auch Schriften des Origenes ins Lateinische. In späterer Zeit ging er zu seinem früheren Freund Hieronymus deutlich auf Distanz, weil dieser die Lehren des alexandrinischen Theologen Origenes ablehnte. Aufgrund dieses Streits wurde er in der späteren Kirche nie als Heiliger verehrt.[2] Rufinus entfaltete eine reiche Übersetzertätigkeit aus dem Griechischen ins Lateinische, indem er die so genannten Pseudo-Klementinen, zwei Mönchsregeln, eine Geschichte der östlichen Mönche, sowie die Kirchengeschichte des Eusebios von Kaisareia übersetzte.

Im Streit um Origenes entschuldigte er seine Abwesenheit bei einer römischen Synode und legte danach ein Bekenntnis des orthodoxen, d. h. bischöflichen Glaubens ab. Er rechtfertigte seine Übersetzung von Schriften des Origenes und setzte sich kritisch mit einem Buch des Hieronymus auseinander. In seinem Kommentar zum Apostolischen Glaubensbekenntnis liegt uns zum ersten Mal die lateinische Fassung dieses ursprünglich griechischen Bekenntnisses vor. Rufinus hinterließ uns auch ein Verzeichnis aller Bücher der Heiligen Schrift, das von den Bischöfen nach 367 festgelegt worden war. In zwei kleineren Werken blieb eine allegorische Auslegung des Jakobssegens erhalten. Rufinus hat mit seinen übersetzten Ordensregeln viel zur Verbreitung des Mönchtums im Westen beigetragen.

Hieronymus (347–419)

Von Rom nach Palästina

Dieser theologische Lehrer und Übersetzer der Bibel wurde um 347 in der Provinz Panonnia geboren. In Rom absolvierte er das Studium der Grammatik, der Rhetorik und der Philosophie, sein Lehrer hieß Donatus. Dort lernte er Rufinus aus Aquilea kennen, mit dem er lange Zeit befreundet war. Er ließ sich taufen, wurde in die Kirche aufgenommen und reiste anschließend nach Gallien. In Trier (Castra Treverorum) lernte er eine Gemeinschaft von Mönchen kennen, von denen er fasziniert war. Von Trier siedelte Hieronymus nach Aquilea über, wo er sich einer Gemeinschaft von asketischen Männern anschloss, welche sich »Chor der Seligen« nannten. Doch in dieser Gemeinschaft kam es zu harten Auseinandersetzungen, denen sich Hieronymus entzog, indem er sich per Schiff nach Syrien aufmachte. Dort angekommen, schloss er sich wiederum asketischen Gruppen an.

Doch er blieb nicht lange in Syrien, da es ihn in die östliche Hauptstadt Konstantinopel zog, wo er die Lehren der griechischen Theologen Gregorios von Nazianz und Origenes von Alexandria kennen und schätzen lernte. Von Konstantinopel siedelte Hieronymus nach Rom über, wo er drei Jahre lang lebte und in einer engen Verbindung zum Bischof und Papst Damasus I. stand. Zu seinem Freundeskreis gehörten die reichen Witwen Marcella und Paula, sowie deren Töchter Blesilla und Eustochium. Nach dem Tod des Bischofs Damasus hoffte Hieronymus, vom Volk und vom Klerus der Stadt zum Bischof gewählt zu werden. Doch dies war nicht der Fall, denn er wurde wegen seines asketischen Lebens und wegen seiner Kritik am römischen Klerus nicht gewählt.

Im Jahr 385 verließ Hieronymus Rom und reiste mit den wohlhabenden Frauen Paula und Eustochium nach Palästina, um den Spuren des göttlichen Erlösers zu folgen. Er ließ sich in Bethlehem nieder und gründete mit Freunden ein Kloster für Männer und drei Klöster für Frauen. Es müssen also viele Frauen in seinem Gefolge gewesen sein oder durch die Frauen Paula und Eustochium angezogen worden sein. Er war der geistliche Berater dieser Gemeinschaften, obwohl er selbst ohnehin schon genug zu tun hatte, da er doch an der Übersetzung der Bibel ins Lateinische (Vulgata) arbeitete. Zu dieser Zeit geriet er in Konflikt mit dem Bischof von Jerusalem. Ferner gab es bereits Einfälle arabischer und persischer Krieger ins Land Palästina. Um 420 ist dieser unruhige Denker und Mönch verstorben, der die Spiritualität späterer Klöster deutlich mitgeprägt hat.[3]

Die Vulgata

In Bethlehem hatte dieser sprachkundige Denker die Bibel anhand der griechischen Septuaginta und des hebräischen Urtexts ins Lateinische übersetzt. Seine Übersetzung wurde später Vulgata (die verbreitete) genannt, nachdem sie die älteren lateinischen Übersetzungen schrittweise verdrängt hatte. Außerdem verfasste Hieronymus exegetische Schriften und Auslegungen zu den Psalmen, zu den Propheten, zum Buch des Predigers und zu vier Paulusbriefen, wie auch viele Predigten (Homilien) und Briefe, sowie diplomatische Schriften an die römische Verwaltung.

In seinen frühen Werken war Hieronymus ein Anhänger der allegorischen Bibelauslegung, wie die Stoiker sie kannten. Dabei wurde hinter dem wörtlichen Sinn der Bibel noch ein spiritueller und moralischer Sinn gesucht und gefunden. Später suchte er mehr nach dem wörtlichen und grammatischen Sinn der Texte. Er glaubte, dass die Bibel vom göttlichen Geist erfüllt und daher ganz ohne Irrtum sei, was indes für die tatsächlichen Handschriften und Übersetzung aus seiner Sicht nicht in gleicher Weise zutraf. Für das christliche Leben seien die göttliche Gnade und der freie Wille der Menschen notwendig, denn unser Wille stütze sich immer auf die göttliche Gnadenkraft. Kein Mensch könne ganz ohne Sünde leben, betonte er gegen den britannischen Mönch Pelagius. Die Verkündigung der Bischöfe sei die sichere Quelle der Wahrheit, auf dem Stuhl des heiligen Petrus sei die ganze Kirche gegründet worden. Doch der monarchische Episkopat sei kein göttliches Recht, er sei vielmehr durch kirchliche Gesetze eingeführt worden, um Spaltungen zu verhindern. Der Vorrang der Bischöfe und Presbyter vor den Laienchristen beruhe nur auf einem Gewohnheitsrecht und sei nicht von Gott verfügt.

Aurelius Augustinus (354–430)

Vom Manichäer zu deren Bekämpfer

Dieser Theologe und Bischof wurde im Jahr 354 in Numidien geboren, sein Vater war Nichtchrist, seine Mutter bereits getaufte Christin. Er absolvierte seine Studien der lateinischen Sprache und Grammatik, sowie seine Ausbildung zum Rhetor in Madaura und Karthago. In jener Hauptstadt der römischen Provinz Africa erhielt er zuerst eine Anstellung als Redner, doch bald zog er in die Kaiserstadt Rom, um dort als Rhetor tätig zu sein. Danach wurde er Rhetoriklehrer in der neuen Residenzstadt des Kaisers, Mailand (Mediolanum). Dort hörte er die Predigten des Bischofs Ambrosius und wurde vom neuplatonisch geprägten Christentum immer mehr angezogen. Die Lehren der Manichäer und der platonischen Skeptiker konnten ihn damals nicht mehr befriedigen. So trennte er sich von seiner Konkubine und seinem Sohn Adeodatus und wurde in der Osternacht des Jahres 387 in Mailand getauft.

Nach seiner Taufe zum Christen gab er seinen Rhetorikberuf auf und kehrte in die Heimatprovinz Africa zurück. Auf einem vom Vater geerbten Landgut in Tagaste begann er nun mit Freunden, in einer Gemeinschaft von Asketen zu leben. Im Jahr 391 wurde er in der Stadt Hippo Regius zum Presbyter geweiht und fünf Jahre später hier zum Bischof gewählt. Fortan lebte er in dieser Stadt mit seinen Presbytern in einer geistlichen Gemeinschaft zusammen. Sie befolgten Zeiten des Gebets und des Fastens, der Meditation und des Studiums der Heiligen Schriften. Als Rhetor war Augustinus ein Meister der christlichen Predigt, gleichzeitig verfasste er viele spirituelle und theologische Schriften. Sein Einfluss war in der ganzen Provinz Africa zu erkennen, denn er kämpfte entschieden gegen die Manichäer, die Pelagianer und die Arianer.

Auf die Gottesliebe kommt es an!

Für ihn war das neuplatonische Christentum, das er in Mailand kennengelernt hatte, der Höhepunkt der göttlichen Wahrheit. Seine Lehren sind für die lateinische Kirche überaus wichtig geworden, gilt er doch als der Vordenker eines geschlossenen Glaubenssystems, das er vom griechischen Philosophen Plato übernommen hatte. Mit seinen Schriften hat er auch das spirituelle Leben der Mönche und Nonnen nachhaltig geprägt und geformt. Für ihn war Gott ein unfassbares Geheimnis, dem die Gläubigen sich im Glauben und in der Liebe zuwenden. Wer in der Gottesliebe (*amor Dei*) voranschreitet, legt seine Selbstliebe (*amor sui*) langsam ab.[4]

Das Leben der gottgeweihten Männer und Jungfrauen sei ein besonderer Weg der moralischen Vollkommenheit, denn sie leben in der inneren Bekehrung und in der Fülle des Lebens. Als gottbegeisterte Pneumatiker seien sie auf mystische Weise mit dem Leben der göttlichen Dreiheit (Trinität) verbunden. Und als neue Menschen sollten sie die Charismen (Gnadengaben) der Verkündigung des Glaubens, der Heilung und des Trostes leben.

Aurelius Augustinus hat eine lange geistige Entwicklung durchlaufen. Zuerst lehnte er die Religion seiner Mutter als Ammenmärchen ab. Als er Ciceros Werk »*Hortensius*« las, erwachte in ihm die Liebe zur Philosophie. Er lernte Schüler des persischen Lehrers Mani kennen und wurde ihr Anhänger.

Nach dieser Lehre kämpfen im Kosmos die Kräfte des Guten gegen die Mächte des Dunklen, wobei die Menschen in diesen Kampf eingespannt seien. Zuerst war Augustinus von dieser asketischen Lehre fasziniert, doch später befriedigte sie sein Suchen nicht mehr. Die platonischen Skeptiker gaben seinem Leben keinen festen Halt, weswegen er die Predigten des Bischofs Ambrosius hörte. Nun ahnte er die bleibenden Wahrheiten, von denen schon Plato gesprochen hatte. Er fand sie in den Lehren des Christentums, die ihn fortan stark beschäftigten. In dieser Zeit des Suchens las er auch die »*Vita Antonii*« des Bischofs Athanasios und lernte darin die asketischen Gemeinschaften Ägyptens kennen. Dabei reifte in ihm der Entschluss zum asketischen Leben.

Bei seiner Suche griff Augustinus zu einem Buchorakel, das ihn zum Lesen in der christlichen Bibel einlud. Er las einen Text von Paulus: »Es ist Zeit, vom Schlaf aufzustehen, die Werke des Fleisches abzulegen und Christus anzuziehen« (Röm 13,13–15). Mit 32 Jahren gab er seinem Leben eine letzte Wende: Er wurde Christ, Presbyter und Bischof und lebte in einer asketischen Lebensgemeinschaft. Als Bischof musste er predigen und die Sakramente spenden, er musste Recht sprechen und die Güter der Kirche verwalten, sowie die Armenhilfe der Stadt organisieren.[5]

Der Bischof Aurelius Augustinus hat uns ein Werk von 113 Büchern und 218 Briefen hinterlassen. Als die Vandalen Hippo im Jahr 430 belagerten, starb er. In seinen »*Bekenntnissen*« hat er seinen Lesern bis heute Einblick in seine innere Entwicklung gegeben. Er entdeckte Gott in den Tiefen seiner Seele und in den Höhen des Kosmos. Es war die mystische Erfahrung, die ihn dem Göttlichen nahe brachte. Die Gottesliebe, die sich immer in konkreter Nächstenliebe zeigt, sollte sein Leben bestimmen. Der Mystiker liebt seine Mitmenschen um des Schöpfers willen. Die ekstatische Gotteserfahrung ist nur kurz, doch sie prägt das mystische Leben. Weil der Gottsucher am Ende seines Weges Gott sieht, löst er sich von den Bindungen an diese Welt.

»Weil ich zweifle, bin ich.«

Von besonderem Interesse ist Augustinus' Überwindung der platonischen Skepsis. Alles zu bezweifeln, war nicht seine Sache, er suchte einen festen Punkt für sein Denken und Glauben – eine letzte Gewissheit: »Weil ich zweifle, bin ich« (*dubito, sum*). Auch wenn alle Erkenntnis unsicher sein sollte, die eigene Existenz ist uns immer gewiss. Denn zuerst muss ich existieren, damit ich zweifeln kann. In gewisser Weise hat Augustinus damit den methodischen Zweifel von René Descartes und dessen berühmten Satz: »Ich denke, also bin ich« (*cogito, ergo sum*), vorweggenommen. Durch den Rückzug auf die Innerlichkeit lässt sich Gottes Existenz ergründen. Wenn es Wahrheit gibt, muss Gott als höchstes Wesen existieren, doch das Wesen der Gottheit können wir mit unserem begrenzten Verstand nie ausschöpfen. Wir können nur sagen, was Gott nicht ist. Denn alles Positive, das wir über ihn sagen, wird unendlich überschritten (*Deus semper maior*).

Unser Wissen gewinnen wir immer durch göttliche Erleuchtung, unsere eigene Anstrengung reicht dafür nicht aus. Unsere guten Taten tun wir durch das Wirken der göttlichen Gnadenkraft, denn durch die Erbsünde sind wir Menschen durch und durch zum Bösen geneigt. Gottes Wille bestimmt das Schicksal aller Menschen (*praedestinatio*): Die einen sind zum ewigen Heil, die anderen zum ewigen Verderben bestimmt. Wir können Gott deswegen keinen Vorwurf machen, denn er handelt wie ein autonomer römischer Familienvater (*pater familias*). Das Böse in der Welt sei nur ein Mangel des Guten, dem aber kein Wesen zukomme.[6]

In der Welt stehen sich immer die Gottesliebe und die Selbstliebe gegenüber: Menschen der Gottesliebe prägen das Reich Gottes (*civitas Dei*), Menschen der Selbstliebe formen den Weltstaat (*civitas terrena*). Weil wir Menschen nach dem Glück des Lebens verlangen, muss Gott als höchstes Glück existieren. Innerhalb der einen göttlichen Wesenheit (*essentia*) existieren drei Personen, die sich in ihren Beziehungen (*relationes*) unterscheiden. Die Zeugung des göttlichen Sohnes geschehe durch einen Denkakt des göttlichen Vaters. Der Heilige Geist gehe aus dem göttlichen Vater und dem göttlichen Sohn hervor, er sei die

Person gewordene göttliche Liebe. Die Welt sei von Gott aus dem Nichts erschaffen worden, im erschaffenen Urstoff seien vernünftige Keimkräfte (*semines rationales*), aus denen dann die vielen Einzelwesen entstehen.

Die »massa perditionis«

Durch die Erbsünde seien die Menschen vor Gott eine verdammte Masse (*massa perditionis*), durch die sexuelle Begierde (*concupiscentia carnalis*) pflanze sich diese Ursünde bei allen Menschen fort. Folglich sei die menschliche Sexualität vor Gott, außer in der gesetzlichen Ehe und zum Zweck der Erzeugung von Kindern immer mit der Sünde verbunden. Diese extreme Abwertung der Sexualität prägt das Denken dieses Theologen und Bischofs und hatte große Auswirkungen auf die Lehre der Kirche.

In Jesus Christus seien zwei Naturen, eine göttliche und eine menschliche. In der Person des göttlichen Logos (Christus) seien zwei Substanzen unvermischt und unverwandelt miteinander verbunden. Die Erlösung vom Bösen geschehe durch Jesus Christus, der dem Teufel die Falle des Kreuzes gestellt habe. In seiner Frühzeit glaubte Augustinus, der Glaube sei eine Tat des Menschen. In seiner Spätzeit war er überzeugt, dass der Glaube allein ein Geschenk der göttlichen Gnadenkraft sei.

Aus freier Entscheidung habe Gott so viele Menschen, wie es Engel gibt, zum ewigen Heil vorherbestimmt. Diese Auserwählten (*electi*) gelangen unabhängig von ihren moralischen Verdiensten zum ewigen Heil. Alle anderen Menschen gehen wegen der ihnen vorenthaltenen göttlichen Gnade ins ewige Verderben. Das sei kein Unrecht, weil wir Menschen keinen Rechtsanspruch auf die göttliche Barmherzigkeit haben. Gott verhält sich gegenüber den Nichterwählten passiv und schenkt ihnen nicht die Gnade. Dennoch gäbe es in der Welt Gottes keine Ungerechtigkeit. Die Menschen können dem Wirken der göttlichen Gnadenkraft keinen Widerstand entgegensetzen, was aber durchaus mit ihrem freien Willen vereinbar sei. Der britannische Mönch Pelagius hatte in Rom dieser Lehre heftig widersprochen.

Das göttliche Heil könne es für die Menschen nur innerhalb der von den Bischöfen geleiteten Kirche geben, außerhalb dieser

Kirche sei kein Heil zu erlangen (*extra ecclesia nulla salus*). Dennoch müsse zwischen einer sichtbaren und einer unsichtbaren Kirche unterschieden werden. Der christlich gewordene Staat dürfe die Menschen daher auch mit Gewalt zum Eintritt in diese Kirche der Bischöfe zwingen. Dieser staatliche Zwang sei für sie eine bittere, aber heilsame Medizin. Mit diesem Denkkonzept hat Aurelius Augustinus die christliche Reichskirche fast 1000 Jahre entscheidend geprägt und das Modell Platons vom geschlossenen und totalitären Staat auf die Kirche übertragen.[7]

Die Augustinus-Regel

Die große Bedeutung des Augustinus für das christliche Mönchtum besteht darin, dass er eine kurze Regel für das Klosterleben geschrieben hat, die älteste abendländische Mönchsregel überhaupt, die von vielen späteren Orden und geistlichen Gemeinschaften ihrem Zusammenleben zugrunde gelegt wurde. Als Augustinus um das Jahr 397 das erste von ihm gegründete Kloster verließ, hinterließ er dieser Männergemeinschaft Anweisungen für das Zusammenleben in Schriftform. In zwölf Kapiteln hat er die wichtigsten Punkte benannt. Grundsatz für das Klosterleben ist für Augustinus, dass die Mönche, die mit ihrer Aufnahme ins Kloster der Welt entsagt haben, die Lebensweise der ersten christlichen Gemeinde nachahmen. Sie sollen ein Herz und eine Seele sein, alles soll ihnen gemeinsam sein, wie es Augustinus in Anlehnung an die Apostelgeschichte (4,32) einleitend formuliert. Um das Ziel des brüderlichen Lebens auf Gott hin zu erreichen, sind neben der Gütergemeinschaft die Demut und Selbstbeherrschung eines jeden Einzelnen erforderlich. Augustinus legt in der Regel die Zeiten des Gebets, der Schriftlesung und der Arbeit fest, handelt vom Essen und Fasten, von der brüderlichen Zurechtweisung, der Konfliktbewältigung und dem Gehorsam gegen die Oberen. Auch die Verwaltung des gemeinsamen Gutes und die Sorge für die Kranken werden geregelt. Selbst die Kleidung gilt als Gemeingut und wird aus einer Kleiderkammer den Mönchen ohne Ansehen der Person zur Verfügung gestellt. Der Text der Augustinus-Regel endet mit der Einschärfung, die Regel zu befolgen und zwar in Liebe, als Freie unter der Gnade Gottes, und sie zu diesem Zweck einmal wöchentlich vorzulesen. In einem Brief des Augustinus ist auch eine Regel für Frauen erhalten, die der Mönchsregel entspricht, aber teilweise an anders gelagerte Bedürfnisse der Frauen angepasst ist.

Johannes Cassianus (360–435)

Dieser Ordensgründer wurde um 360 in der östlichen Provinz Skythia geboren, er kam früh nach Palästina und besuchte Klöster in Bethlehem und in Ägypten. Zehn Jahre lang lebte er in einem Mönchskloster im Nildelta, bevor er in ein Kloster in der östlichen Kaiserstadt Konstantinopel übersiedelte. Dort wurde er vom Bischof Johannes Chrysostomos zum Diakon geweiht. Wenig später reiste er in die westliche Kaiserstadt Rom, wo er vom Bischof zum Presbyter geweiht wurde. Er blieb nicht lange in Rom, sondern fuhr mit dem Schiff nach Marsilia (Marseille) in Gallien weiter, wo er nach dem Vorbild der ägyptischen Klöster ein Kloster für Frauen und ein solches für Männer gründete. Er sammelte Anhänger für das asketische Leben in der Stadt und der Umgebung. Die Bewerber kamen dabei aus allen sozialen Schichten. Er selbst leitete ein Männerkloster und schrieb seine Erfahrungen sowie ein Regelwerk für das gemeinsame Leben nieder.

In seinem Buch über das gottgeweihte Leben (*De institutis coenobiorum*) beschrieb er die Einrichtungen der Mönchsgemeinschaften im Osten des Reiches, in Ägypten und Palästina, und berichtet über die Zeiten des Gebets und Essens, über die Kleidung und Arbeit der Mönche sowie über die Aufnahme und Bildung der Novizen (Neulinge). Danach beschreibt er den Weg zur moralischen Vervollkommnung des Lebens und stellt die acht Grundsünden dar, die ein Mönch meiden muss. Johannes Cassianus hat ein theologisches Werk über die Inkarnation (Fleischwerdung) Christi verfasst. Darin unterscheidet er für Christen zwei Wege der moralischen Formung, nämlich den Weg des aktiven Lebens (*vita activa*) in Beruf und Familie, zum andern den Weg der Meditation im Kloster (*vita contemplativa*).

Der Mönch muss sein Herz jeden Tag von Sünden reinigen, um im Gebet die volle Gegenwart Gottes erfahren zu können.

Denn jeder Mensch muss sich aus eigener Kraft auf das Wirken der göttlichen Gnade vorbereiten. Hierin unterschied er sich deutlich von den Lehren des in Nordafrika wirkenden Bischofs Aurelius Augustinus. Die Gnade Gottes begleitet und vervollkommnet den menschlichen Willen und sein persönliches Wirken. Aufgrund der möglichen moralischen Verdienste sei jeder Mensch zur ewigen Seligkeit vorherbestimmt, aber nicht jeder erreiche sie. Doch Gott habe niemanden im Vorhinein zum ewigen Verderben ausgesucht.

Auf Bitten des römischen Diakons und späteren Papstes Leo I. verfasste er noch sieben Bücher über die Menschwerdung Christi, in denen er sich mit den Lehren des griechischen Theologen Nestorios auseinandersetzte. Er war davon überzeugt, dass zur Erlangung des ewigen Heiles die göttliche Gnade und die freie Entscheidung der Menschen zusammenwirken müssen. Denn die Hinwendung zum Glauben und der gute Wille seien Sache der Menschen und nicht der göttlichen Gnadenkraft.

Alle Menschen, nicht nur wenige, seien zum ewigen Heil von Gott erwählt, der aber den Lebensweg jedes Menschen im Voraus kenne. Die Vollkommenheit der Mönche bestehe in den inneren Tugenden, aber nicht schon im Verlassen der weltlichen Lebensformen. Das höchste Ziel sei die vollkommene Liebe, die wohl ein Geschenk der göttlichen Gnade sei und uns dem Göttlichen ähnlich mache. Deswegen seien die Liebe und die Reinheit des Herzens immer die Voraussetzungen für die richtige Kontemplation und Meditation. In dieser inneren Erfahrung des Gebets könne schon die himmlische Seligkeit erahnt und vorweggenommen werden. Die Hauptgefahren des monastischen Lebens, gleichzeitig die acht Grundsünden, seien die Unmäßigkeit beim Essen und Trinken, die sexuelle Unkeuschheit, der Zorn und die Habgier, die Faulheit und der Überdruss, aber auch die Ruhmsucht und der Stolz.

Mit diesen Ideen und Lehren hat Johannes Cassianus das gemeinsame Leben der Mönche und Nonnen in der westlichen Kultur nachhaltig geprägt und angeregt. Viele spätere Ordensgründer berufen sich auf seine Schriften, die sie zum Teil gekannt haben. Diese Schriften müssen also in den Klöstern frühzeitig abgeschrieben und verbreitet worden sein.[8]

3. Das Mönchtum im Mittelalter

Kulturgeschichtlich gesehen beginnt das Mittelalter um die Mitte des 5. Jahrhunderts – das Jahr 450 gilt als Fixpunkt –, obwohl sich keine scharfe Grenze zur Spätantike ziehen lässt. In der als Mittelalter bezeichneten Zeitepoche verändern sich durch die Wanderungen vieler Völker und Stämme die Herrschaftsverhältnisse, und im Jahr 476 kommt das Weströmische Reich zu seinem Ende. Danach übernehmen germanische Stämme und Völker die Herrschaft über Teile des alten Imperiums, nämlich die Westgoten und die Ostgoten, die Langobarden und Vandalen, und schließlich die Franken. Das Oströmische Reich bleibt noch fast tausend Jahre bestehen, aber es wird zunehmend vom Persischen Reich und später von den moslemischen Arabern bedroht. In dieser Zeit verändern sich in Europa auch die sozialen Strukturen und Lebensformen, so dass es sinnvoll ist, von einer neuen Zeitepoche des Mittelalters zu sprechen.

Entwicklungen im Westen

Im lateinisch geprägten Westen der europäischen Kultur entwickelte sich das Mönchtum in unterschiedlichen Formen. In Gallien gingen wichtige Impulse von den Klostergründungen des Martin von Tours in Ligugé und Marmoutier, aber auch von Lerinum aus. Andere Zentren des asketischen Lebens waren Lyon und Trier. In Italien gab es Klöster in Cremona, Novarra, Ravenna, Vercelli, in Mailand, Verona und Bologna. Doch auch Rom war nicht ohne Klöster. Dort hatte Papst Gregor I. auf seinen Landgütern klösterliche Gemeinschaften begründet.

Papst Gregor I. stammte aus altem römischen senatorischen Adel und wurde um 540 in Rom geboren. Nach dem Tod seines Vaters Gordianus stiftete er auf seinen Landgütern in Sizilien sechs Klöster für Männer, die sich dem Gebet, der Askese und der körperlichen Arbeit widmen mussten. Im Palast seiner Eltern in Rom richtete Gregor ein Kloster zum heiligen Andreas ein, in dem er selbst lebte. Auch seine Tanten Tarsilla, Aemiliana und Gordiana lebten zeitweise in einer Gemeinschaft von weiblichen Asketinnen.

Ein Mönch auf dem Stuhl Petri

Gregor wurde 577 zum Regionardiakon geweiht und wenig später vom Papst als *apokrisarios* (Vertreter) zum Kaiser nach Konstantinopel gesandt. Auch dort lebte er in einer klösterlichen Gemeinschaft, als er die Belange des Papstes beim Kaiser vertrat. Im Jahr 590 wurde er in Rom vom Klerus und vom Volk zum Bischof bzw. zum Papst gewählt. Er erhielt nun die Bischofsweihe und regierte mit Umsicht und Weitblick die Kirche von Rom, denn sein Vater hatte ihm seine Erfahrungen in der Verwaltung weitergegeben. Über adelige Frauen suchte er nun den politischen Kontakt zum König der Franken, des bedeutendsten Stammes unter den Germanen. Berta von Kent ermöglichte es dem Bischof von Rom, dass er 597 den Prior Augustinus mit 40 Mönchen aus dem Andreaskloster in Rom nach Britannien, in das Land der Angeln und Sachsen senden konnte. Dieser Augustinus kam mit seinen Mönchen in England an und begann unter dem militärischen Schutz des Königs die Lehre von Jesus Christus zu verbreiten. Auch dort wurden klösterliche Niederlassungen gegründet, als erstes Kloster St. Peter und St. Paul in Canterbury, später das Kloster Westminster westlich der alten Stadt Lugdunum (London).

Als sich das westgotische Königreich in Spanien unter dem König Rekkared vom arianischen Glauben abwandte, gelang es dem Bischof von Rom, die spanische Kirche wieder an den Stuhl des Apostels Petrus zu binden. In Rom organisierte der Bischof die Sozialhilfe für die Armen, die militärische Verteidigung der Stadt und die bessere Bewirtschaftung der Kirchengüter (*Patrimonium Petri*). Er beschützte die Bauern (*coloni*) vor der Ausbeutung durch ihre Grundherren (*patrones*).

Als die Langobarden in den Jahren 592 und 593 Rom belagerten, erreichte Gregor durch zähe Verhandlungen ein Friedensabkommen. Gleichzeitig erreichte er über die Königin Theodelinde den Übertritt der Langobardenführer vom arianischen Glauben zum katholischen Glauben der römischen Bischöfe. In Mailand gelang es ihm, eine Kirchenspaltung zu beenden. Mit dieser erfolgreichen politischen Tätigkeit stärkte Gregor I. das Ansehen und die Herrschaft des Papstes in Rom. Gleichzeitig gilt er als Gründer und Förderer von Klöstern in Rom und auf Sizilien. Im Jahr 604 ist dieser Aristokrat und Diplomat auf dem Thron des heiligen Petrus verstorben. Bei seinem Begräbnis gab es aber auch viele Proteste seiner Gegner. Vor allem die Kleriker lehnten das durch sein Pontifikat ermöglichte Erstarken des Mönchtums strikt ab.[1]

Neue Regeln für die Mönche

Im 6. Jahrhundert entstanden neue Regeln für das asketische und mönchische Leben. Die meisten verbanden Elemente des anachoretischen Lebens mit Strukturen des gemeinschaftlichen Lebens (Mischregeln). Eugippius (gest. nach 533), der im Kloster des Severinus in Favianis an der Donau lebte, verfasste eine – leider verloren gegangene – Mönchsregel. Er schrieb auch die Lebensgeschichte des Predigers Severinus von Noricum (*Vita Severini*) und zog sich dann aus Noricum nach Süditalien zurück, wo er ein Kloster leitete. Damals drangen germanische Stämme in Noricum ein, die römische Bevölkerung verließ diese Provinz.

Aus dem Umfeld der Stadt Arles in Gallien stammen die *Regula Ferioli* sowie eine Regel für Nonnen, die vom Bischof Cäsarius von Arles (gest. 542) verfasst wurde. Zu selben Zeit entstand auch in Italien die große Mönchsregel des Benedikt von Nursia, die das klösterliche Leben in der Westkirche auf Dauer am stärksten geprägt hat. Er war in die Einsamkeit des Tibertals bei Rom gezogen und lebte dort als Einsiedler. Er sammelte Schüler um sich und gründete mehrere Klöster, das bekannteste war jenes auf dem Monte Cassino bei Neapel. Für dieses Kloster verfasste er zwischen 530 und 550 seine Regel des gemeinsamen Lebens (*Regula Benedicti*). Diese beruft sich auf die älteren Regeln des Basilios von Kaisareia, des Johannes Cassianus und des Aurelius Augustinus, sowie auf Vätersprüche und eine »*Regula Magistri*« aus dem Raum Galliens.[2]

Doch zu dieser Zeit entstanden in Italien noch andere Klosterregeln, so dass wir es mit einer Vielfalt der asketischen Lebensformen zu tun haben. So hatte sich Aurelius Cassiodorus (gest.

580) nach einem arbeitsreichen Leben in vielen Staatsämtern am Hof des Ostgotenkönigs Theoderich auf seine Landgüter in Vivarium in Kalabrien zurückgezogen. Dort gründete er mit seinen Freunden und Schülern ein Kloster des gemeinsamen Lebens, das zu einem Zentrum der geistigen Arbeit und der literarischen Forschung wurde. Auch in Spanien und Nordafrika entstanden zu dieser Zeit mehrere Klöster und Mönchsgemeinschaften, welche die Missionierung der ländlichen Bevölkerung zur Aufgabe hatten.

Das keltische Mönchtum

Eine Sonderentwicklung ist beim keltischen und angelsächsischen Mönchtum auszumachen, das bereits seit dem 4. Jahrhundert bezeugt ist. Damals predigte der angelsächsische bzw. britannische Mönch Pelagius in Rom die Hinwendung zum vollkommenen Leben der Mönche. Für ihn waren die gelebte Ethik der Nächstenliebe und die Askese die notwendigen Voraussetzungen für die Erlangung der göttlichen Gnade und des Heiles der Seele. Er war davon überzeugt, dass die göttliche Gnade unsere eigenen Anstrengungen begleite, dass sie aber nicht die Ursache unseres Heiles sei. Diese Lehre wurde von Aurelius Augustinus heftig bekämpft, sie wurde später Pelagianismus genannt. Heute hat sich diese Lehre in der Kirche weitgehend durchgesetzt (Semipelagianismus).[3]

Um 430 wurde der Mönch Germanus von Auxerre mit anderen Mönchen von Gallien nach Britannien geschickt, um Klöster zu gründen und den christlichen Glauben zu verbreiten. Germanus gründete die Klöster im keltischen Gebiet von Llanvit und Llancarvan, sein Schüler Iltred setzte sein Missionierungswerk unter der keltischen Bevölkerung fort. Durch die Einwanderung der germanischen Angeln und Sachsen im 5. Jahrhundert wurden diese Klöster wieder zerstört, die keltische Bevölkerung zog sich in den Westen der Insel zurück.

In Irland, das der keltischen Göttin Eriu (Eire) geweiht war, gründete der Mönch Patricius (Patrick) mehrere Klöster, um den christlichen Glauben zu verbreiten. Er war mit 16 Jahren als Sklave verkauft worden, konnte aber nach Gallien flüchten.

Der Bischof Germanus von Auxerre schickte ihn mit mehreren Mönchen nach Irland zurück, wo er in Armagh ein Kloster gründete. Dieses wurde zu einem Zentrum der christlichen Mission im Land der Kelten, das von den Angeln und Sachsen unberührt geblieben war.

Klöster für Druiden

Im Land der Kelten traten nun vor allem die Druiden (Schamanen) und die weisen Frauen in die Klöster ein, wo sie ihr altes Wissen weiterpflegten und weitergaben. Auch in Schottland, dem Land der Skotten und Pikten, wurden christliche Klöster gegründet, um den christlichen Glauben im Norden der Insel zu verbreiten. Das Kloster Candita Casa wurde ein Zentrum der Mönchskultur und der Glaubensverkündigung.

Vor der Invasion der Angeln und der Sachsen, die um 520 ihren Höhepunkt erreichte, wichen viele Bewohner Britanniens über das Meer nach Gallien aus. Sie siedelten in der Region Armorica, die später wegen der dort siedelnden Briten die Bretagne genannt wurde. Mit diesen Auswanderern kam das keltische Mönchtum von Britannien nach Gallien, wo auch irische Missionare ihre Glaubensverkündigung begannen. Diese Wandermönche sahen in der missionarischen Reise (*peregrinatio*) ihre eigentliche Aufgabe. Sie wanderten bald durch ganz Gallien und gründeten dort neue Klöster.[4]

Ein berühmter irischer Wandermönch war Columban (gest. 615), der in der irischen Region Bangor in ein Kloster eingetreten war. Um 575 begann er mit anderen Mönchen seines Klosters eine Seereise nach Gallien, um dort den Glauben an Jesus Christus zu verkündigen. Er setzte in Gallien seine Wanderschaft zu Fuß und mit Zugtieren fort und kam in das Gebiet der Vogesen, das gemäß dem Volksglauben von einem keltischen Gott geschützt wurde. Dort gründete er drei bedeutende Klöster, nämlich Annegray, Luxueil und Fontaines, in denen er auch Leitungsfunktionen ausübte. Als es aber zu Konflikten mit dem fränkischen Königshaus der Merowinger kam, zog Columban mit seinen Mönchen weiter nach Süden.

Columban als Klöstergründer

Columban gelangte in die Regionen rund um Besançon, Tours, Nantes, Paris und Meaux. Dann wanderte er mit einigen Mönchen quer durch Gallien zum Bodensee, wo er in der Nähe von Bregenz (Brigantium war der keltischen Göttin Brigit geweiht) ein Kloster gründete. Vom Rhein zog Columban mit seinen Mönchen über die Alpen in das Gebiet des ligurischen Appenin. In Bobbio gründete er sein letztes Kloster. Hier ist dieser Wandermönch im Jahr 615 gestorben. Sein Schüler Gallus lebte als Einsiedler in Steinach am Rhein, auf dessen Namen geht das spätere Kloster St. Gallen zurückgeht.

Auch Columban hatte für seine Klöster Regeln des gemeinsamen Lebens verfasst. Seine Klöster haben in Gallien, aber auch in den angrenzenden germanischen Ländern, zur Verbreitung des christlichen Glaubens beigetragen. Die Klöster in St. Gallen, in Säckingen und in Bregenz waren Zentren der Glaubensmission.

In Britannien waren die keltischen Mönche vor der gewaltsamen Eroberung des Landes durch die Angeln und die Sachsen geflüchtet. Viele Klöster wurden zerstört. Diese beiden germanischen Stämme wurden erst nach ihrer Sesshaftwerdung in Britannien, das nun immer öfter England (Land der Angeln) genannt wurde, wie bereits erwähnt, Ende des 6. Jahrhunderts auf Veranlassung von Papst Gregor I. durch Missionare aus Rom zum christlichen Glauben übergeführt.

Leben der Klöster

Die neu gegründeten Klöster waren Schutzzonen für das asketische und geistliche Leben, aber gleichzeitig auch Lebensschulen für die Mönche und Nonnen. An vielen Orten wurden neben den Klöstern für Männer auch Frauenklöster gegründet. Die weiblichen Klöster ließen sich fast immer von den Regeln der Männerklöster inspirieren, da ihre Ratgeber immer männliche Äbte, Lehrer, Presbyter und Bischöfe waren. Dadurch entwickelten sich die Männerklöster und Frauenklöster in einer ähnlichen Weise und folgten auch einer gemeinsamen Spiritualität. Die Klöster gaben in dieser politisch unruhigen Zeit vielen Menschen beiderlei Geschlechts Schutz sowie die Möglichkeit des wirtschaftlichen Überlebens. Viele freie Lohnarbeiter, aber auch viele Sklaven, welche die Zustimmung ihrer Herren benötigten, strebten in die Klöster, um dort ein sinnvolles und gesichertes Leben führen zu können. Es traten aber auch adelige Personen und Mitglieder der Königssippen, Männer wie Frauen, in die klösterlichen Gemeinschaften ein, um ein geistliches und moralisch vollkommenes Leben führen zu können.

Fast alle damals ausgeübten Berufe waren in den Klöstern vertreten. Damit waren ideale Voraussetzungen für das Florieren der Klöster in jeder Hinsicht gegeben, so dass sich in kurzer Zeit sich diese Klöster zu Zentren der Landwirtschaft, der Viehzucht und der Waldbewirtschaftung entwickelten. Das Land wurde ihnen von Fürsten, Grafen und Königen zur Verfügung gestellt. Oft musste dieses Land erst gerodet werden, um für den Feldbau geeignet zu werden. Somit wurden die Mönche und Nonnen dieser Zeit zu Pionieren der Landwirtschaft, aber auch des Weinbaus und des beginnenden Handels. Da es zwischen den Klöstern den ständigen Austausch der Mönche und Brüder gab, kamen ständig neue wirtschaftliche Impulse in das klösterliche Leben. Denn die Mönche brachten von ihren Wanderungen Kenntnisse des Feldbaus oder des Weinbaus aus fremden Ländern, etwa aus Gallien und Italien, mit.

Know-how durch Austausch

Dieser Austausch zwischen den Klöstern und Mönchen untereinander hatte zur Folge, dass in dieser Zeit und noch viele Jahrhunderte später die Klöster wirtschaftlich innovativer waren als die weltlichen Herrschaften der Grafen, Fürsten und Könige. Diese neuen Erkenntnisse der Wirtschaftsgeschichte erhellen das Leben der Klöster. Die Klostermauer gab ihren Bewohnern, Klerikern wie Laienbrüdern, Schutz und Grenze, das Kloster (*claustrum*) war ein geschützter Lebensraum. Die Mauern trennten den geistlichen Bereich deutlich vom weltlichen ab.

Als die Besitzungen der Klöster größer wurden, arbeiteten auch Bauern und freie Lohnarbeiter außerhalb der Klostermauern für ihre klösterlichen Grundherren. Das war durchaus kein Nachteil, denn die von den Klöstern abhängige Bevölkerung war, nach vielen Zeugnissen, der Meinung, dass es unter dem »Krummstab« der Äbte besser zu leben sei als unter den Schwertern der Grafen, Fürsten und Könige.[5]

Die Abgrenzung der Klöster war den Ordensgründern wichtig. Columban handelte in seiner Regel von einem Graben (*vallum*), der rund um ein Kloster zu ziehen war. Isidor von Sevilla forderte die Ummauerung jedes Klosters, das nur durch zwei Tore erreichbar sein durfte. Caesarius von Arles nannte das Kloster der Frauen einen »heiligen Schafstall« (*sanctum ovile*), in dem die gottgeweihten Frauen vor den bösen Wölfen der Sünde geschützt werden müssten. Die Nonnen durften das Kloster nicht verlassen, außer wenn die Äbtissin es befahl. Das Konzil der Bischöfe in Orleans vom Jahr 549 hob dieses generelle »Lebenslänglich« auf und unterschied zwischen einer ständigen und einer zeitlich begrenzten Klausur (*clausura*) für Frauenklöster. Auch die frühen Großen der Orden befürworteten die Trennung der Klöster von der Welt: So war für Aurelius Augustinus das Kloster ein Ort der inneren Ruhe und Gottergebenheit, für Benedikt von Nursia war es ein Ort des Gebetes und der Arbeit.

Im frühen Mittelalter wurden die Klöster wirtschaftlich weitgehend von den Fürsten und Grafen unabhängig, sie wurden zu Grundherren. Damit wurden sie in das System der Lehnswirtschaft einbezogen. Sie selbst verliehen nun Felder, Wiesen und Wälder an freie Bauern und Lohnarbeiter zur Nutzung. Sie vergaben ein Lehen (*foedum*) und wurden so selbst zu Lehnsherren.

Geschützt waren die Klöster durch ihre adeligen Gründer und Patrone, durch Fürsten und Könige. Sie mussten anfänglich keine eigenen Kriegsheere aufstellen, was aber in der weiteren Entwicklung immer häufiger notwendig wurde. So wurden Klöster in der späteren Entwicklung zu starken Wirtschaftszentren, einige ihrer Äbte und Äbtissinnen stiegen in den Rang von Reichsfürsten auf. Dies traf vor allem auf die Königsklöster und Reichsklöster zu, die von den weltlichen Herrschaften weitgehend unabhängig wurden. Sie erhielten von den Fürsten fast immer die niedere Gerichtsbarkeit, zu manchen Zeiten hatten sie auch die höhere Gerichtsbarkeit mit Verhängung der Todesstrafe inne.

Klöster als Bildungszentren

Klöster entstanden damals in den ländlichen Regionen, um Waldgebiete zu bewirtschaften und der Landbevölkerung den christlichen Glauben zu bringen. Aber es wurden auch Klöster in den neu entstehenden Städten gegründet, etwa in Mailand, Pavia, Paris, Rom, Köln. Beide Formen der Klöster wurden zu Zentren der Schreibkunst und der Bildung in der lateinischen Sprache. Die Mönche lernten Latein, um die Psalmen in dieser Sprache singen zu können und die Bibel zu hören. Die Ordensbrüder sprachen ihre regionalen Sprachen und Dialekte, doch auch sie mussten einige lateinische Gebete lernen, die sie aber kaum verstanden. In jedem Kloster gab es gebildete Mönche, welche die Bibel in lateinischer Sprache lesen und auslegen konnten. Auch die Liturgie wurde einheitlich in lateinischer Sprache gefeiert.

Schon im frühen Mittelalter entstanden an den Klöstern Schulen der lateinischen Sprache und Literatur. Alsbald wurden dort Schreibstuben (*scriptorium*) eingerichtet, um die Texte der Bibel und der Liturgie abschreiben und vervielfältigen zu können. Die abgeschriebenen Bücher wurden an andere Klöster verkauft oder verschenkt wie auch den Grafen, Fürsten und Königen als Geschenk übergeben. Damit wurden die Klöster zu Zentren der Schreibkunst, aber auch der Buchmalerei, da viele Bücher mit Gemälden und Bildern versehen wurden.

Klosterschulen

Zu dieser Zeit entwickelten sich vor allem im Fränkischen Reich drei Schultypen der lateinischen Sprache und Bildung. Den ersten Typ bilden die so genannten Palastschulen (*scola palatinae*), die von den Königen und Fürsten eingerichtet und finanziert wurden. Die Könige und Fürsten hatten zwar noch keine Schlösser und Paläste im eigentlichen Sinne, sondern vielmehr mehrere Pfalzen (*palatinum*), aber sie hatten den lateinischen Namen von der römischen Herrschaft übernommen. An den Palastschulen wurden vor allem die Söhne der Adeligen in der lateinischen Sprache und in den lateinisch verfassten Gesetzestexten unterrichtet.

Der zweite Schultyp entstand an den Kirchen und später Kathedralen der Bischöfe, die daher Domschulen (*scola episcopalis*) oder Kathedralschulen genannt wurden. Sie wurden von den Bischöfen eingerichtet und finanziert. Auch dort wurde die lateinische Sprache wie auch die Lehren der Bibel und einiger Theologen sowie kirchliche Rechtstexte unterrichtet. An diesen Domschulen wurde der höhere Klerus ausgebildet, der die Verwaltung der Kirche übernehmen musste.

Der dritte Schultyp entstand zu dieser Zeit an den Klöstern. Diese Klosterschulen (*scola abbatiae, scola monastica*) unterrichteten die lateinische Schrift und Sprache, dazu die Lehren der Bibel und der Theologen sowie einige Lehren der antiken Philosophie, vor allem der Logik. An allen drei Schultypen entwickelte sich schrittweise ein Kanon der unterrichteten Fächer. Begonnen wurde mit der Lehre der lateinischen Grammatik, dann folgte die Lehre der Logik bzw. der Dialektik für die Kunst des richtigen Diskutierens. Zuletzt wurde die Kunst der lateinischen Rede (Rhetorik) gelehrt, um theologische oder juridische Lehren überzeugend vortragen zu können.[6]

Auf dem Weg zu den Artes Liberales

Diese drei Disziplinen orientierten sich am Bildungskanon der antiken lateinischen Literatur. Sie wurden immer häufiger als Trivium bezeichnet, das sind die drei Anfangswege der Bildung. Später wurden an diesen Schulen vier weitere Fächer aus dem alten lateinischen Bildungskanon unterrichtet, nämlich Arithmetik, Geometrie, Musik und Astronomie. Es wurde also der Wissensbestand des Rechnens, der Erdvermessung, der musikalischen Tonfolgen und des Laufs der Gestirne vermittelt. Diese vier Disziplinen wurden später als Quadrivium (vier Wege des Wissens) zusammengefasst. Mit dem Trivium und dem Quadrivium entstand nun ein einheitlicher Wissenskanon an diesen drei Schultypen.

Nach diesem Grundwissen in den sieben »freien Künsten« (*artes liberales*) erfolgte dann die Spezialisierung des Wissens in verschiedenen Bereichen, nämlich im Bereich der Gotteslehre, des Rechts und der Philosophie. Hieraus entstanden später die drei Fakultäten (*facultas* = Möglichkeit) der Theologie, der Jurisdiktion und der Philosophie, wobei die Fakultät der Philosophie die sieben freien Künste zusammenfasste. Die Lehrmethode bestand zum einen im Vorlesen der lateinischen Texte (*lectio*), zum anderen im Diskutieren (*disputatio*) bestimmter Themen in lateinischer Sprache. Die Abschlüsse der Studien hießen Bacchalaureus und Magister. Letzterer war befugt, selbstständig an einem dieser drei Schultypen zu unterrichten.

Mönche als Lehrer

In den Klosterschulen wurden vor allem Fragen der Theologie und der Spiritualität gelehrt und diskutiert, aber auch Fragen des Kirchenrechts und der Glaubensverkündigung. Solche Klosterschulen entstanden u. a. in Tours, Chartres, Paris, Toulouse, Fulda, Salzburg, Westminster, auf der Bodenseeinsel Reichenau, in Münster, Osnabrück, Mainz, Köln und York. Ein berühmter Lehrer des 8. Jahrhunderts war Alkuin von York, den der Frankenkönig Karl der Große an seine Palastschule holte. Er verfasste Lehrbücher über Grammatik, Dialektik und Rhetorik und formulierte die Reichstheologie des neuen römischen Kaisers, die in den »*Libri Carolini*« festgehalten ist. Darin wird der Kaiser als der oberste Hirte des christlichen Glaubens betrachtet, der Papst in Rom als sein erster Kaplan (*primus capellanus*). Alkuin hat wesentlich zur Organisation der Palastschulen, der Domschulen und der Klosterschulen im Fränkischen Reich beigetragen.[7]

Andere Lehrer an Klosterschulen waren zu dieser Zeit Notker von St. Gallen, Gerbert von Aurilliac, Abbo von Fleury, Berengar von Tours, Petrus Damiani, Bovo von Corvey, Adalbert von Utrecht. Unter den Lehrern bildeten sich zwei methodische Grundrichtungen heraus, die der Dialektiker und die der Traditionalisten. Die ersten setzten mehr auf die Erkenntnisse der freien Vernunft, die anderen hielten sich an die Autorität der alten Traditionen. Hier wurde diskutiert, ob bei der Feier der Eucharistie Christus real im Brot und Wein anwesend sei, ob unseren Universalbegriffen reale Wirklichkeiten entsprechen oder ob sie nur sprachliche Konstruktionen sind. In dieser Zeit folgten die Lehrer der platonischen und neuplatonischen Sichtweise der Welt und sie glaubten an die Gültigkeit der ewigen und göttlichen Ideen. Die Lehren des Aristoteles waren zu dieser Zeit kaum bekannt.

Der Mönch Anselm von Aosta, der später Erzbischof von Canterbury wurde, schuf in der platonischen Denktradition den so genannten ontologischen Gottesbeweis. Er geht von der Idee eines höchsten Wesens aus. Ein solches vollkommenes Wesen müsse notwendig existieren, denn wenn es nicht existieren würde, wäre es nicht vollkommen, da über es hinaus noch ein vollkommeneres Wesen denkbar wäre, das auch tatsächlich existiert.[8]

Das Karolingische Mönchtum

In der Karolingischen Zeit wird die Zahl der Klöster im Frankenreich und in Italien auf 650 geschätzt, darunter 200 Königsklöster, die von Mitgliedern der Königssippe und von Laienäbten geleitet wurden. In den einzelnen Klöstern lebten zwischen 100 und 900 Personen, nur wenige Klöster hatten weniger als 100 Mitglieder. Diese Zahlen ergeben sich aus den Verbrüderungsbüchern und aus den Totenbüchern der Klöster, die zum Teil erhalten geblieben sind. In dieser Zeit hatten sich die Kleriker den Mönchen angenähert. In manchen Klöstern gab es 30% Kleriker, in anderen bis zu 60%. Karl der Große forderte in seiner Klosterordnung die Verbindung von Gebet und Arbeit. Die Regel des Benedikt sollte für alle Klöster in seinem Reich gelten. Die Bischöfe forderten auf ihren Synoden von den Mönchen und Nonnen die Einhaltung der Gelübde, die Einräumung des bischöflichen Interventionsrechts und die Nichteinmischung in Politik und Wirtschaft.

Der Reformer Benedikt von Aniane

Ein wichtiger Reformer des Mönchtums zu dieser Zeit war Benedikt von Aniane (gest. 821), der seine Jugend am Hof Kaiser Karls verbrachte. Er trat in ein Kloster in Burgund ein und reformierte mit der geistigen Unterstützung des Alkuin von York an die 20 Klöster in Aquitannien. Benedikt verfasste eine *Concordia regularum* (Konkordanz der Klosterregeln), sowie einen Kommentar zur Regel des Benedikt von Nursia mit Auszügen aus den Regeln des Basilios, des Pachomios und des Columban. Kaiser Ludwig der Fromme stiftete bei Aachen die Reichsabtei Inden (Kornelimünster), die für das ganze Fränkische Reich ein Vorbild sein sollte. In Aachen versammelte der Kaiser die Äbte der Klöster und gab dem von Benedikt von Aniane vorbereiteten Kapitelbuch (*Capitulare monasticum*) Gesetzeskraft.[9]

In diesem Kapitelbuch wurde die Lebensordnung der Mönche und Nonnen im Geist der Regel des Benedikt festgeschrieben. Die Durchführung dieser Regel wurde durch kaiserliche Gesandte (*missi*) überprüft. Neu waren in dieser Klosterordnung die Kontrolle des Kapitels über den Abt, die Überwachung des Klosterlebens, die Einrichtung von Lateinschulen, die Regeln für die Zulassung von Mönchen und Nonnen sowie der Bau einer Gefängniszelle in jedem Kloster. Die spätere Klosterreform von Cluny griff diese Gesetzgebung des fränkischen Kaisers auf. In einem Buch über die Dienstpflichten der Klöster (*Servitio monasteriorum*) wurden die militärischen und wirtschaftlichen Dienstverpflichtungen der Reichsklöster für den König aufgelistet.

Der Abt hatte in seinem Gebiet die volle Gerichtsbarkeit, doch die Verwaltung der Güter wurde einem Laien-Vogt (*advocatus*) übertragen. In den großen Klöstern wurden Hospitäler für Arme und Kranke eingerichtet sowie Schreibzentren und Klosterschulen geführt. So wurden die Klöster zu dieser Zeit neben den Fürstenhöfen zu den Trägern der Kultur. Von England her kam der Brauch, dass sich die Mönche und Nonnen zu Gebetsbruderschaften und Schwesternschaften zusammenschlossen. Ihre Namen sind in den Erinnerungsbüchern (*Libri memoriales*) aufgeschrieben.[10]

Nur mehr vereinzelt gab es zu dieser Zeit noch Mönche, die als Einsiedler lebten. Für sie wurde im 9.Jahrhundert eine *Regula solitariorum* verfasst. Die karolingischen Könige wollten die Einsiedeleien zurückdrängen und sie mit den Klöstern verbinden.[11] Viele Mönche und Nonnen wurden schon als Kinder einem Kloster zur Erziehung übergeben, auch Kinder von adeligen Familien. Deswegen gab es klare Anweisungen für die Erziehung und Formung der Kinder und Jugendlichen. Die

Lehrer mussten als moralische Vorbilder leben, die Strafen für Fehltritte sollten maßvoll sein. Früh schon wurde geübt, den Sexualtrieb zu lenken oder abzutöten, da die Mönche und Nonnen asketisch leben sollten. Ob und wie weit das gelungen ist, kann heute nicht mehr festgestellt werden.

Probleme mit der Zucht?

Die zeitgenössischen Bußbücher und Klosterchroniken geben Aufschluss darüber, dass in den Klöstern sowohl homosexuelle als auch heterosexuelle Beziehungen gelebt worden sind. Natürlich wurden diese als Fehltritt gewertet, aber solche Fehltritte kamen eben auch vor. So wird immer wieder von Nonnen berichtet, die Kinder geboren haben. Sexuelle Beziehungen galten zwar als Sünde und mussten ab dem Mittelalter gebeichtet werden, doch waren die Äbte angewiesen, in diesem Bereich Milde walten zu lassen. Gewiss gab es sexuelle Beziehungen auch mit Personen außerhalb der Klostermauern, die beruflich oder wirtschaftlich mit dem Kloster zu tun hatten. Immer wieder traten unter den Mönchen Reformer auf, die dieses Verhalten als Verfall der Sitten brandmarkten und die Rückkehr zur strengen Einhaltung der Keuschheit forderten.

Angesichts des empirischen Befundes ist es keineswegs anzunehmen, dass die Mehrheit der Mönche und Nonnen zu jeder Zeit ihres Lebens sexuell enthaltsam gelebt hätten. Gewiss wurden freundschaftliche Beziehungen in unterschiedlicher Intensität und Form gelebt. Einzig und allein die formale Eheschließung war den Mönchen und Nonnen per Gesetz verboten.

Die Karolingische Minuskel

Karl der Große hatte in den Schriften die lateinische Minuskel (Schrift in Kleinbuchstaben) eingeführt. Sie sollten die bisherige Majuskel (Schrift in Großbuchstaben) ablösen, damit schneller geschrieben werden konnte. Gleichzeitig wurden die Handschriften mit Buchmalerei kunstvoll ausgestaltet. Die Bücher wurden in Leder gebunden und anschließend an andere Klöster, aber auch an Fürsten, Domschulen und Palastschulen verkauft oder als Geschenk überreicht. Abgeschrieben wurden

Texte der lateinischen Bibel und der Kirchenväter, der lateinischen Grammatiker und Rhetoren, römischer Dichter, Philosophen und Historiker, aber auch juridische Texte. Damit waren Klöster die Träger der europäischen Schriftkultur, neben denen es nur noch die fürstlichen und die bischöflichen Schreibstuben gab. Die Klöster richteten nach Fachgebieten geordnete Bibliotheken ein. Sie umfassten Bibeln und Bücher der Liturgie, der Kirchenväter und des kirchlichen (kanonischen) Rechts, der Grammatiker und der Dichter, der Geschichtsschreiber, aber auch Bücher der Klostermedizin, des römischen Rechts und Gesetzessammlungen von germanischen Stämmen.

Reformen des Mönchtums

Durch die Überfälle der Normannen auf Britannien und den Westen des Frankenreiches flohen viele Mönche und Nonnen aus ihren Klöstern in den Osten des Reiches. In Bayern und Österreich waren viele Klöster zu dieser Zeit durch die Einfälle und Eroberungen der Ungarn geplündert worden, die später wiederaufgebaut wurden. In Cluny, in Burgund, gründete der Herzog von Aquitannien, Wilhelm III., mit dem Mönch Berno von Baume ein neues Kloster, das den Aposteln Petrus und Paulus geweiht wurde, worin die Regel des Benedikt Geltung haben sollte. Es wurde festgelegt, dass weder Fürsten noch Bischöfe das Eigentum des Klosters antasten dürften. Die Mönche und Nonnen sollten von den Sippen und Familien ihrer Stifter unabhängiger werden, und rangen daher um mehr Autonomie.

Cluny und die Folgen

Nun schlossen sich mehrere Klöster dieser Reform von Cluny an, um die Einhaltung der evangelischen Räte wieder stärker durchzusetzen. Weil das notwendig war, müssen wir annehmen, dass sie in vielen Klöstern nicht mehr konsequent gelebt wurden. Diese asketische Reform sagt auch etwas über das tatsächliche Sexualverhalten der Mönche und Nonnen aus, das es jetzt zu reformieren galt. Die Keuschheit, die Armut und der Gehorsam sollten wieder strengere Beachtung finden – dies war ein wesentlicher Teil der Reform von Cluny. Zu dieser Zeit gab es auch Reformbewegungen in Nordfrankreich, an der Loire und auf den britischen Inseln. In Lothringen ging die Reform der Klöster vom Kloster Gorze aus.[12]

Im 11. und 12. Jahrhundert waren weitere Reformen nötig geworden, da sich die sozialen Verhältnisse in Westeuropa verändert hatten. In dieser Zeit entstanden auch nördlich der Alpen Stadtsiedlungen als neue Zentren der Wirtschaft, der Kultur und des Handels. Die Geldwirtschaft verbreitete sich, es wurde nur mehr selten mit Naturalgütern bezahlt und das Feudalsystem der Adelsherrschaft veränderte sich. Für die Wirtschaft galten im ganzen Reich einheitliche Gesetze, so dass die Rechtssicherheit deutlich zunahm. Der Anstieg der Bevölkerung machte eine intensivere Bewirtschaftung der Felder und Viehweiden nötig. Auch der Handel mit entfernten Gebieten nahm deutlich zu. Doch zu dieser Zeit waren viele Menschen verarmt und sie konnten von ihren Sippen und Großfamilien nicht mehr versorgt werden. Ferner gab es viele marginalisierte Gruppen.

So bildeten sich zu dieser Zeit viele Armutsbewegungen, die den Reichtum der Adeligen und der Klöster offen kritisierten. Bischöfe und Äbte hatten den Status von Reichsfürsten und bildeten damit einen Teil des etablierten Herrschaftssystems. Viele Arme und Entrechtete haben dieses System als ungerecht und gottlos empfunden und suchten nach anderen Formen der Religiosität, als sie die Kirchenmänner vorgaben, sowie der solidarischen Hilfe. Die meisten dieser Armutsbewegungen wurden folgerichtig von den Bischöfen und Theologen als häretisch eingestuft und oft auch verfolgt. Die Klöster nahmen in dieser Auseinandersetzung eine vermittelnde Position zwischen den reichen Grundherren und der armen Bevölkerung ein. Sie nahmen nämlich in ihre Lebensgemeinschaft Menschen aus allen sozialen Schichten auf, Freie und Unfreie mit Zustimmung ihrer Herren, Adelige und Lohnarbeiter, gaben ihnen einen gesicherten Lebensunterhalt und eine Aufgabe für ihr Leben. Allerdings mussten sie auf entfaltete Sexualität und geregelte Weitergabe des Lebens weitgehend verzichten. Doch wenn es um das nackte Überleben geht, kann auch aufgezwungene Askese in jeder Form ertragen werden. Die Klöster wussten sich von ihren Anfängen an zu einem besonderen Dienst an den Armen und Notleidenden verpflichtet, doch ihre Armenhilfe konnte bei weitem nicht flächendeckend erfolgen. Nun versuchten auch die Klosterreformen auf das Problem der zunehmenden Armut zu reagieren.[13]

Neue Impulse durch das Mönchtum

Zu dieser Zeit haben Bruno von Köln und Robert von Abrissel das Leben der Einsiedler neu geordnet. Die regulierten Chorherren haben die Ordensregel des Augustinus neu belebt und verwirklicht, denn auf dem 4. Laterankonzil im Jahr 1059 hatten die Bischöfe auf Anregung von Petrus Damiani beschlossen, den Klerus der Diözesen in der Lebensform stärker den Mönchen anzunähern. Nun begannen Mitglieder der Domkapitel wieder in spirituellen Gemeinschaften zu leben, doch die meisten Chorherren und Mitglieder der Domkapitel (Kanoniker) wollten sich weiterhin von der Lebensform der Mönche unterscheiden. In der Folgezeit kam es zu starken Rivalitäten zwischen den Chorherren und den Mönchen in den Klöstern. Diese Auseinandersetzungen versuchte Papst Urban II. zu schlichten, indem er 1092 entschied, dass beide Lebensformen als gleichwertig zu gelten hätten.

Die Chorherren folgten mehrheitlich der Regel des Aurelius Augustinus und hielten sich an das Prinzip der Ortsgebundenheit (*stabilitas loci*). Diese Regel ordnete die einheitliche Kleidung, die Ernährung, die Pflege der Kranken, den Gehorsam gegenüber den Vorgesetzten, die Beziehungen zur Außenwelt und zu den Frauen. Nun hatte Aurelius Augustinus auch eine Regel für das Zusammenleben der gottgeweihten Jungfrauen verfasst, die jetzt in den Frauenklöstern zum Tragen kam. Die Bischöfe forderten von ihren Domkapiteln, sie sollten sich mehr in der Armenhilfe engagieren, kirchliche Ämter sollten sie nicht mit Geld kaufen oder verkaufen, und in ihrem Lebensstil sollten sie sich deutlicher von den Weltmenschen unterscheiden.

So lebten die Chorherren, die den Status von Adeligen hatten, zwischen den Mönchen und den Weltmenschen. Zu ihren Aufgaben gehörte die Verwaltung der kirchlichen Güter und der Sakramente, aber auch der Domschulen. In der Seelsorge der Bevölkerung dagegen waren sie wenig tätig.

Zu dieser Zeit hatten die Benediktiner viele große Klöster und Schulzentren aufgebaut und verfügten über reichlich Grundbesitz und zur Arbeit verpflichtete Bauern und Tagelöhner. Es entstanden die verschiedenen Reichsklöster mit den Klosterherrschaften, welche die Wirtschaft und Kultur der einzelnen Regionen stark prägten. Aber viele dieser Klöster waren durch adelige Laienäbte stark in die Abhängigkeit von Fürsten, Grafen und Königen geraten. Gegen diese Abhängigkeit richtete sich anfänglich die Reform von Cluny wie später die von Citeaux. Jetzt sollte das spirituelle und das moralische Leben der Mönche und Nonnen wieder gestärkt werden, da es oft nicht mehr den ursprünglichen Vorgaben und Regeln entsprach.

Die Gregorianische Reform

Im 11. und 12. Jahrhundert klagten Autoren darüber, dass es für adelige und nichtadelige Frauen zu wenig Klöster gäbe, denn der Andrang zu dieser Lebensform war aus wirtschaftlichen und sozialen Gründen stark angestiegen.[14] Papst Gregor VII. (gest. 1085) war an der Reform der Klöster stark beteiligt, weswegen von der Gregorianischen Reform gesprochen wird. Er war zunächst ein Mönch im Marienkloster auf dem Aventin in Rom, sein Ordensname war Hildebrand. Er begleitete Papst Gregor VI. nach Köln, als dieser in die Verbannung geschickt wurde. Danach wurde er der Leiter des Klosters St. Paul in Rom und wirkte dort gleichzeitig als Archidiakon. Im Jahr 1073 wurde er vom Klerus und Volk der Stadt Rom zum Bischof und Papst gewählt.

Da er die Ideale des mönchischen Lebens auch stärker im Klerus verbreiten wollte, kämpfte er gegen die verheirateten Kleriker, die nach seiner Überzeugung nach wie Mönche asketisch leben und auf Ehe und Kinder verzichten sollten. Ein Dorn im Auge war ihm die gängige Praxis, sich Kirchenämter mit Geld sowie Besitz zu kaufen. Die Kleriker sollten ihren weltlichen Lebensstil aufgeben, welcher der Lebensweise der Adeligen angepasst war, was vor allem für den höheren Klerus galt. Der niedere Klerus lebte zu dieser Zeit einfach und war wenig gebildet. Die Rechte des Kaisers bei der Wahl des Papstes und die Rechte der Könige und Fürsten bei der Wahl der Bischöfe sollten stark eingeschränkt werden. Überhaupt sollte das Priesteramt (*sacerdotium*) deutlich von der Lebensform der Laienchristen sowie von staatlicher Einflussnahme getrennt werden.

Mit der Gregorianischen Reform wurden die Rechte der Adeligen, der Grafen, Fürsten und Könige in ihren Eigenkirchen, die sie gestiftet hatten, stark eingeschränkt. Die Übertragung (Investitur) der kirchlichen Ämter durfte nicht länger durch Laienchristen erfolgen, sondern musste nun von Bischöfen und Päpsten durchgeführt werden. Der Kaiser, die Könige, Fürsten und Grafen wurden ihrem Rang nach als Laienchristen eingestuft und hatten keine priesterlichen Funktionen mehr. Allein der Kaiser behielt der Form nach seinen Rang als Diakon. Fortan durften die weltlichen Herrscher den Bischöfen, Erzbischöfen und Äbten nur mehr die weltlichen Eigentumsrechte (*regalia* = Rechte des Königs) übertragen. Die Wahl der Bischöfe und Päpste sollte frei von weltlichen Einflüssen erfolgen.[15]

Damit hat Gregor VII. eine in sich geschlossene kirchliche Hierarchie aufgebaut. Er beanspruchte als Papst den juristischen Primat über alle Bischöfe und die ganze Kirche. Von nun an hatten die Kaiser und Könige mit ihren Abgesandten nur mehr geringen Einfluss auf die Versammlungen (Konzile) der Bischöfe und Äbte. Die Synoden berieten den Papst und dieser schickte seine Gesandten zu den Fürsten und Königen. Die bischöflichen Gerichte bekamen jetzt beim Papst eine höchste Apellationsinstanz. Die Erzbischöfe mussten fortan ihr Pallium beim Papst abholen und ihm einen Gehorsamseid leisten.

Zu dieser Zeit trennte sich das kirchliche Recht immer deutlicher vom staatlichen Recht und es wurden die ersten kirchlichen Rechtssammlungen verfasst. Die päpstliche Verwaltung (*curia*) wurde nach dem Modell der Verwaltung an den Königshöfen organisiert. In der Folge kam es zu einer deutlichen Trennung zwischen der Kirche der Kleriker und der weltlichen Herrschaft. Der Papst beanspruchte sogar das Recht, ihm feindlich gesinnte Könige und Fürsten absetzen zu lassen. Letztendlich ging er aus dieser Kirchenreform gestärkt hervor.

Die Ritterorden

In der Zeit der Kreuzzüge, als christliche Heere in das Heilige Land gezogen waren, um die Muslime von dort zu vertreiben, entstanden auch mehrere ritterliche Orden. Sie wollten die Kriegsheere der Fürsten und Könige unterstützen und verbanden den Kriegsdienst mit den Morallehren der Kirche. Die Ideen dazu kamen aus der klösterlichen Reformbewegung des Bernhard von Clairvaux, der selbst aus einer ritterlichen und adeligen Familie stammte. Dahinter stand die feste Überzeugung, dass die religiöse Frömmigkeit und die asketischen Übungen auf direkte Weise zu den militärischen Erfolgen der Ritter beitragen können. Nach Sichtweise der Bischöfe und Theologen war es die Aufgabe dieser nun entstehenden Ordensritter, das Heilige Land Palästina den Muslimen zu entreißen und durch christliche Könige zu verwalten.

Eine weitere Aufgabe der Ritterorden lag darin, die christliche Mission mit militärischer Gewalt zu unterstützen wie auch die Muslime aus Spanien zu vertreiben. Später kam auch die Aufgabe hinzu, die Reichskirche von Ketzern und Häretikern zu säubern. Damit gehörten die Ritterorden zum inneren Programm der gesamten Reichskirche, die das Monopol auf den einzigen wahren Glauben beanspruchte. Wer von diesem einen wahren Glauben der Bischöfe öffentlich abwich, setzte sich der Gefahr aus, Opfer der Inquisition zu werden und im schlimmsten, aber gar nicht so seltenen Fall sein Leben zu verlieren. Die Ritter waren ursprünglich bewaffnete Krieger zu Pferd. Sie bildeten einen Teil des Adels und hatten reichlich Landbesitz und Burgen. Sie lebten als Feudalherren, die ihr Land an Gefolgsleute verpachteten und dafür hohe Abgaben bekamen. Zu ihren Aufgaben gehörten die Verteidigung des Landes und die Eroberung neuer Territorien für Fürsten und Könige. Sie folgten einer ritterlichen Lebensform mit dem strengen Ehrenkodex der Krieger, da ihre Ehre nicht verletzt werden durfte.

Zum Schutz der Pilger

Die religiös motivierten Ritterorden hatten zuerst die Aufgabe, die Pilger auf den unsicheren Pilgerwegen durch Europa zu beschützen. Sie mussten aber auch mit ihren Gütern die Armen in Hospizen pflegen sowie Herbergen für Arme errichten, womit sie auch soziale Aufgaben übernahmen. Stets aber mussten sie den Glauben der Bischöfe mit Waffengewalt verteidigen. Die Statuten der Ritterorden wurden vor allem von den Regeln der Zisterzienser und Benediktiner bestimmt. Aber auch die Regeln des Aurelius Augustinus und des Basilios von Kaisareia spielten dabei eine Rolle.

So bildeten die Ritterorden drei Ränge aus, nämlich die adeligen Ritter für den Dienst mit der Waffe und für die Pflege der Armen und Kranken, dann die geistlichen Ordensritter und Ordenskapläne, die Kleriker waren, und zuletzt die vielen Ordensbrüder für den Dienst mit der Waffe, wie auch für die Herstellung und Reparatur der Kriegswaffen. Zu den Ordensrittern gehörten bald auch adelige Frauen, welche sich dem Dienst an den Armen und dem weiblichen Handwerk widmeten. Die meisten Ordensritter legten die drei Ordensgelübde der Armut, des Gehorsams und der Keuschheit vor ihrem jeweiligen Großmeister ab.[16]

Spanische und portugiesische Ritterorden erlaubten ihren Mitgliedern die einmalige Heirat. Die Keuschheit bedeutete dann den Verzicht auf den Ehebruch und außereheliche Beziehungen. Zeitweise gab es auch selbstständige weibliche Ritterorden, die sich dem Gebet, dem Chorgesang und dem Dienst an den Kranken widmeten. Die großen Ritterorden waren zu dieser Zeit die Johanniter (Malteser), die Templer und der Deutsche Orden. Dazu kamen die Schwertbrüder, der Christusorden, die Ritter des Apostels Jakobus, des heiligen Mauritius, des heiligen Michael, des heiligen Lazarus, des heiligen Georg, des heiligen Stefanus, der lieben Frau von Bethlehem, der Jungfrau Maria, der Unbefleckten Empfängnis und einige andere. Diese Orden stellten sich in der Regel unter den Schutz eines Heiligen oder der Engel Gottes.

Der Johanniterorden

Der Johanniteroden (Malteser) widmete sich anfänglich der Krankenpflege sowie dem Schutz der Pilger in Europa und im Heiligen Land. Bereits Papst Gregor I. hatte um 600 in Jerusalem ein Hospiz für Pilger errichtet, Kaiser Karl der Große hatte die Erweiterung dieses Hauses finanziert. Im 11. Jahrhundert hatten italienische Kaufleute das Pilgerhospiz, das von den Muslimen zerstört worden war, wieder aufgebaut. Anschließend entstand dort ein Kloster der Benediktiner, Sancta Maria Latina. Zur Zeit des Ersten Kreuzzugs, um 1096, löste sich das Kloster aus der Gemeinschaft der Benediktiner und sein Abt Raymond de Puy gab ihm daraufhin eine neue Ordensregel. Die Mönche des Klosters sahen nun ihre Aufgabe darin, die heiligen Stätten zu verteidigen und die kranken Pilger zu pflegen.

Der christliche König Fulko schenkte dem Orden im Jahr 1137 eine Burg in Palästina, um die Grenzen der christlichen Herrschaft zu schützen. Nun trat der militärische Kampf gegen die Moslems in den Vordergrund. Da das Kloster von christlichen Fürsten viele Schenkungen bekam, wurde der Orden sehr reich und übernahm über lange Zeit die Geldgeschäfte der Heere der Kreuzfahrer. Dieser neue Orden bestand aus Rittern (Reichs- und Gnadenritter), aus Klerikern und aus Ordensbrüdern (*servientes*). Er kämpfte gegen die Heere der Muslime und wurde von diesen im Jahr 1244 bei Gaza besiegt. Nach dieser Niederlage, bei der viele Ordensbrüder im Kampf gefallen waren, widmete sich der Orden vor allem der Verwaltung seiner großen Güter rund um das Mittelmeer, die er von den christlichen Fürsten geschenkt bekommen hatte.

In der Folge geriet der Orden der Johanniter immer öfter in Konflikte mit anderen Ritterorden, die zu dieser Zeit entstanden waren, vor allem mit den Templern. Dadurch wurden die Heere der Kreuzfahrer stark geschwächt. Wegen eines solchen Konflikts verzichtete König Hugo von Jerusalem auf die Königskrone. Als die christlichen Ritterheere bei Akkon im Jahr 1291 von den Moslems besiegt wurden, zogen sich die Johanniter auf die Inseln Zypern und Rhodos zurück, wo sie Besitzungen hatten. Rhodos wurde nun das neue Zentrum des Ordens im Kampf gegen die Muslime, doch im Jahr 1522 wurde der Orden von den Türken aus Rhodos vertrieben. Im Gegenzug schenkte Kaiser Karl V. dem Orden die ganze Insel Malta. Seither heißen die Johanniter auch Malteser.

Von Malta aus verwaltete der Orden seine Güter in ganz Europa und schützte vor allem die Seefahrer im östlichen Mittelmeer. Im Jahr 1311 hatten die französischen Bischöfe auf einer Synode in Vienne dem Johanniterorden fast das gesamte Vermögen des von ihnen aufgelösten Templerordens übergeben, wodurch der Orden sehr reich wurde. Die Besitzungen lagen vor allem in Frankreich, obgleich die Französische Revolution sein Vermögen stark reduzierte. Sogar der russische Zar Paul I. stiftete im Jahr 1797 ein russisches Großpriorat des Ordens, und der preußische König Wilhelm IV. gründete 1859 den Preußischen Johanniterorden neu. Auch im Rheinland und in Schlesien wurden im 19. Jahrhundert neue Zweige des Ordens gegründet. Heute verwalten die Malteser von Rom aus ihre Besitzungen und sind vor allem im Dienst an Kranken tätig.[17]

Der Templerorden

Der zweite große Ritterorden, die Templer, wurde im Jahr 1119 von Hugo von Payens und sieben französischen Rittern in Jerusalem gegründet. Diese Ritter versprachen ein Leben in Armut, den unbedingten Gehorsam und sexuelle Keuschheit. Außerdem machten sie es sich zur Aufgabe, die christlichen Pilger im Heiligen Land zu schützen. König Balduin II. übergab ihnen eine Burg in der Nähe der Tempelruinen, die er vorher erobert hatte. Seither nennen sich die Mitglieder dieses Ordens Tempelritter (*fratres militiae templi*). Bernhard von Clairvaux hatte ihre Ordensregel überarbeitet und redigiert, die von einem Bischofskonzil bestätigt wurde. Die Ritter, die hauptsächlich aus französischen Adelsfamilien kamen, trugen den weißen Mantel der Zisterzienser mit einem zusätzlichen roten Kreuz. Sie kämpften gegen die Muslime in Palästina, aber auch in Spanien, um diese von dort zu vertreiben. Im Jahr 1241 waren sie in Schlesien an der Schlacht von Liegnitz gegen die Heere der asiatischen Mongolen beteiligt.

Die Templer wurden 1139 von Papst Innozenz II. als Orden bestätigt. Auch sie bestanden aus Rittern, Klerikern und Ordensbrüdern. Vom Papst erhielten sie viele Privilegien und wurden von Bruderschaften in ganz Europa unterstützt. Der Großmeister wurde durch den Seneschall und die Kompture vertreten. Der Orden geriet in Palästina in Konflikte mit den Johannitern, so dass sich die militärischen Erfolge gegen die Muslime in Grenzen hielten. Nach dem Sieg der Muslime bei Akkon zog sich der Orden auf die Insel Zypern zurück und verwaltete von dort aus seine großen Landgüter in Frankreich.

Zu Beginn des 14. Jahrhunderts gelang es dem französischen König Philipp IV. den Orden zu zerschlagen. Dabei ging es wohl auch um Besitzrechte und Güter. Geheime Denunzianten klagten die Templer bei der kirchlichen Inquisition der Häresie und der Ketzerei an. Ihnen wurde vorgeworfen, sie seien längst von der wahren Kirche abgefallen, führen gottlose Riten aus und trieben u. a. sexuelle Unzucht mit Kindern und Jugendlichen. Im Jahr 1307 ließ der König an einem Tag ca. 2000 Ordenritter von seinen Kriegern verhaften und einsperren. Beim Inquisitionsprozess wurde die Folter angewandt, wie es der Papst und der König angeordnet hatten. Die Ritter gestanden ihre Verfehlungen und wurden als Häretiker verurteilt und getötet. Papst Clemens V. wollte anfänglich die gefangenen Ordensritter befreit sehen, doch dann glaubte er schließlich den Folterknechten seiner Inquisition.

Auf einem Bischofskonzil in Vienne löste der Papst auf Wunsch des französischen Königs den Orden der Tempelritter auf. Aus historischer Sicht deutet nichts auf eine Schuld der Templer hin, die durch Folter erpressten Geständnisse sind wertlos, da sie erzwungen waren. Die Templer wichen nicht von der Lebensform der anderen Ordensritter ab. Weil ihnen auf dem Konzil von Vienne keinerlei Möglichkeit zur Verteidigung eingeräumt worden war, erklärten die Bischöfe von Italien, England und Spanien den Templerorden für unschuldig. Ein großer Teil des Ordensbesitzes fiel an den Johanniterorden, ein Teil ging an den französischen König. Für die Ankläger hatten sich die Ergebnisse von Inquisitionsverfahren meist auch wirtschaftlich gelohnt.

In Spanien ging der Besitz des Templerordens an den Christusorden. Im Jahr 1314 wurde der letzte Großmeister der Templer, Jacobus de Molay, mit vielen anderen Ordensrittern in Paris auf dem Scheiterhaufen öffentlich verbrannt. Die Ritter beteuerten bis zu ihrem Tod ihre Unschuld. Heute ranken sich um diesen Orden. Viele Mythen, Bücher und Filme, wie der Da Vinci Code, greifen dieses tragische Thema der europäischen Geschichte mit großem Erfolg wieder auf.[18]

Der Deutsche Orden

Der Deutsche Orden bildet den dritten großen Ritterorden, der während des Dritten Kreuzzugs im Jahr 1190 aus einer Hospitalgenossenschaft entstanden war. Daran waren vor allem Bürger aus Lübeck und Bremen beteiligt. Papst Clemens III. bestätigte später den Orden als kirchliche Organisation, der seit 1198 »Haus der heiligen Maria der Deutschen« (*Domus sanctae Mariae Teutonicorum*) heißt und der Regel des erfolgreichen Templer-Ordens folgte und sich nach dessen Vorbild organisierte.

Der Deutsche Orden wurde von einem Hochmeister (*magister generalis*) geleitet, doch der Papst behielt sich ein Eingriffsrecht in den Orden vor. Gegenüber den Bischöfen und Pfarreien war der Orden aber selbstständig (*exemptus*). Seit 1530 wurde der Hochmeister des Ordens durch Kaiser Karl V. in den Stand der Reichsfürsten erhoben. Im Orden gab es Ritter, Kleriker und Ordensbrüder, seit dem 13. Jahrhundert wirkten auch Ordensschwestern im Dienst an den Kranken und Verwundeten. Der Hochmeister wurde in der Verwaltung der Güter durch den Konvent der Ritter und durch Marschalle unterstützt.

Auch dieser Orden erhielt von den Fürsten reiche Unterstützung und viele Schenkungen, etwa in Ostpreußen, das von deutschen Rittern erobert wurde. Nach dem Sieg der Moslems bei Akkon im Jahr 1291 zog sich die Ordensleitung nach Montfort und dann nach Venedig zurück. Nach den Eroberungen in Preußen wurde die Marienburg im heutigen Polen der Sitz der Ordensleitung. Die Güter des Ordens lagen in Apulien und Sizilien, in ganz Deutschland, in Böhmen, Ungarn und der Lombardei, später kamen Schenkungen im Kulmerland und im Ermland hinzu. Im Jahr 1237 vereinigte sich der Orden mit den Schwertbrüdern und erhielt auch dessen Besitzungen. Ab 1283 waren die baltischen Pruzzen (Preußen) vom Deutschen Orden militärisch besiegt worden, woraufhin die Kolonisierung des Landes durch deutsche Siedler einsetzte.

Im Jahr 1410 wurde der Deutsche Orden aber von polnischen und litauischen Heeren besiegt. Damit gingen viele Länder im

Osten an die Sieger verloren und der Sitz der Ordensleitung wurde nach Königsberg verlegt. Im 16. Jahrhundert übernahm der deutsche Kurfürst Albrecht von Brandenburg als Hochmeister des Deutschen Ordens das Ordensland vom polnischen König als Lehen. Im Jahr 1805 hatte Napoleon den Deutschen Orden im Königreich Preußen aufgelöst. Daraufhin übte der österreichische Kaiser Franz I. die Schutzherrschaft über den Orden aus, der alle seine früheren Besitzungen in den österreichischen Erbländern zurückbekam. Bis 1918 war nun immer ein österreichischer Erzherzog Großmeister des Ordens. Seit 1858 gibt es im Deutschen Orden wieder Ordensschwestern, die sich der Pflege der Kranken widmen. Auch zwei Priesterkonvente wurden innerhalb des Ordens gegründet. Seit 1918 ist ein Priester der Hochmeister des Ordens, der weiterhin Krankenhäuser und soziale Dienste betreibt. Nach 1945 wurden in Passau, Darmstadt und in Sachsenhausen neue Niederlassungen des Deutschen Ordens gegründet.[19]

4. Die Ordensgründer im Mittelalter

Das Mittelalter ist die Zeitepoche zwischen 450 und 1500. Die Kultur dieser Zeit wurde sehr stark von den Klöstern mitgeprägt. Die Wirkungsstätten der Mönche und Nonnen wurden zu Zentren des kulturellen Schaffens, des geistlichen Lebens, der Landwirtschaft und der Bildung. Die Klöster gaben vielen Menschen aus allen sozialen Schichten ein gesichertes Überleben und eine sinnvolle Tätigkeit. Sie waren auch die Träger der christlichen Glaubensverkündigung und der sozialen Betreuung für die ärmeren sozialen Schichten. Deswegen müssen nun auch die Gründer der einzelnen Orden näher in das Blickfeld kommen.

Benedikt von Nursia (480–547)

Zur Person

Er ist die prägende Gestalt des westlichen Mönchtums und gilt als Vater und Patron Europas: Benedikt von Nursia, der Verfasser der lange Zeit wichtigsten Mönchregel überhaupt, über dessen Leben uns vor allem eine Darstellung von Papst Gregor I. unterrichtet. Dieser Begründer mehrerer Klöster wurde um 480 in Nursia in den Sabiner Bergen südlich von Rom geboren. Seine Eltern besaßen Landgüter und schickten den Sohn zum Studium der Literatur und der Theologie nach Rom. Dort sah dieser die großen Basiliken, aber auch den wirtschaftlichen Niedergang nach dem Ende des Weströmischen Reiches im Jahr 476. Es gab keinen römischen Kaiser mehr, in Italien herrschten die Ostgoten: Es war die Zeit König Theoderichs I. und seines gebildeten Ministers Cassiodorus.

Benedikt erlebte den Streit um die Papstwahl im Jahr 498. Der Klerus von Rom erwies sich damals in keiner Weise als ein moralisches Vorbild für das christliche Volk. Diese Erfahrungen ließen den jungen Studenten aus Rom flüchten. Er schloss sich in den Bergen südlich der Stadt einer Gruppe von dort ansässigen Asketen an. In Rom hatte er bereits Bücher über das Leben der östlichen Mönchsväter gelesen. Danach wurde er in den Nähe von Subiaco im Tal des Tiber Einsiedler, lebte in einer Höhle und sammelte Früchte und Beeren. Etwa drei Jahre lang dürfte er als Eremit dort verbracht haben, um sich dem Gebet und der Zwiesprache mit Gott zu widmen, als ihn Mönche eines nahen Klosters zu sich holten und zu ihrem Vorsteher machten. Aber er hatte dort keinen Erfolg und zog sich wieder in die Einsamkeit zurück.

Nun kamen auch Menschen aus der Umgebung und aus der Stadt Rom zu ihm, um seinen Rat einzuholen und göttlichen Segen von ihm zu erbitten. Es kamen sowohl Römer als auch Ostgoten zu ihm, von denen einige ihr Leben mit ihm teilen wollten. So entstand eine kleine Gruppe von Asketen. Von seinen Gefährten forderte Benedikt die Teilnahme am gemeinsamen Gebet, die körperliche Arbeit auf einem Feld, das bebaut wurde, und strikten Gehorsam. Zwei seiner frühen Anhänger waren Maurus und Placidus, die beim Aufbau einer Mönchssiedlung tatkräftig mitwirkten. In der Talschlucht von Subiaco entstanden zwölf kleine Mönchsdörfer, jedes wurde von einem Vorsteher geleitet. Die Oberaufsicht über alle diese frühen Klöster hatte Benedikt, der von allen als geistlicher Vater anerkannt wurde.

Im Tibertal bei Subiaco vollzogen diese Asketen den Übergang vom Einsiedlerleben zum Gemeinschaftsleben im Kloster. Diese frühen Mönche lebten in kleinen Gemeinschaften, sie sangen regelmäßig die Psalmen und sie rodeten etwas Land, um Feldbau betreiben zu können.

Es wird von Wundern erzählt, die Benedikt gewirkt haben soll, so dass sich sein Ruf in der Umgebung verbreitete. Er soll durch ein Gebet eine im Wasser versunkene Sichel wieder an die Oberfläche geholt haben. Ein Rabe sei täglich zum Mönchsvater gekommen, um ihm zwei Brote zu bringen. Als ein neidischer Mönch ihn vergiften wollte, habe der Rabe ihm das Leben gerettet.

Nach Monte Cassino

Nach einiger Zeit verließ Benedikt zusammen mit einigen Mönchen und seiner Schwester Scholastika das Tibertal und wanderte über die Berge. Auf einer Bergkuppe zwischen Rom und Neapel stießen die Mönche auf einen alten Tempel des Gottes Apollo, wo sie sich niederlassen wollten. Sie zerstörten den alten Tempel, zu dem noch immer Verehrer des griechischen Gottes kamen, und bauten mit dessen Steinen ein kleines Kloster. Der Berg hieß Monte Cassino und lag unweit des römischen Dorfes Cassinum, nach dem der Berg offenbar benannt worden ist. Die Mönche fällten Bäume, beseitigten Steine und Felsen, sie befestigten Wege und legten kleine Felder an, auf denen sie Getreide bauten. Auch pflanzten sie Obstbäume, wie es die Bauern der Umgebung taten, und bauten aus Steinen und aus Holz ihre ersten Wohnräume.[1]

Danach errichteten sie eine kleine Kirche, die sie unter den Schutz des heiligen Martinus stellten, sowie eine Kapelle, die sie Johannes dem Täufer weihten, der als Patron der Einsiedler galt. Gleichzeitig begannen sie, die Bevölkerung der Umgebung im christlichen Glauben zu unterweisen. Den Hang des Berges müssen die Mönche von seinem rechtmäßigen Besitzer geschenkt bekommen haben, der Name des Stifters ist jedoch unbekannt geblieben. So entstand nach und nach eine Klosterburg, die allerdings im Jahr 577 durch die vorbei ziehenden Langobarden zerstört worden ist. Nach dem Abzug dieser Krieger bauten die Mönche ihre Siedlung wieder auf. Benedikt hatte einen starken Sendungswillen, der sich auch in dieser Hinsicht auf seine Mönche übertrug.

Er forderte die körperliche Arbeit von allen Mönchen als Ausdruck der inneren Hingabe an den Willen Gottes. Benedikt hat rund 14 Jahre in Monte Cassino gelebt, bevor er im Jahr 547 verstorben ist. Es wird von ihm berichtet, dass er eine tiefe Menschenkenntnis hatte und die inneren Einstellungen und Gefühle seiner Mitbrüder intuitiv erfasste. So schickte einmal, wie es heißt, der Ostgotenkönig Totila seinen Schwertträger im Königsmantel zum Mönchsvater, doch dieser erkannte sofort, dass ihm nicht der König der Goten gegenüber stand. Als ihm dann der wahre König gegenübertrat, rügte er dessen ungerechte Herrschaft und die Zerstörung vieler Dörfer. In diesem Gespräch, für das beide natürlich einen Übersetzer brauchten, sagte Benedikt dem König voraus, dass er noch neun Jahre zu regieren habe. So soll es sich dann auch zugetragen haben.

Papst Gregor I. berichtet in seiner Lebensgeschichte des Benedikt, dass dieser mystische Erfahrungen hatte. Er sah des Öfteren ein göttliches Licht, das die Finsternis der Welt verscheuchte. Auch schaute er auf intuitive Weise viele göttliche Geheimnisse. Seine Schwester Scholastika soll mit anderen Frauen in einer Gemeinschaft gelebt haben. Einmal im Jahr trafen sich die beiden Geschwister unter freiem Himmel zum geistlichen Gespräch.[2] Scholastika soll früher gestorben sein als ihr Bruder, Benedikt habe ihr Begräbnis geleitet.

Am 21. März 547 soll Benedikt verstorben sein. Es heißt, er habe seinen Todestag vorausgeahnt, habe im Kreis seiner Brüder die Eucharistie empfangen und sei dann mit zum Gebet erhobenen Händen, von den Brüdern gestützt gestorben.

Die Regula Benedicti

Das große literarische Werk, das Benedikt der Nachwelt hinterlassen hat, ist seine Ordensregel (*Regula Benedicti*). Sie besteht zu etwa einem Drittel aus Textmaterial der »*Regula magistri*«, von der sie sich ebenso inspirieren ließ wie von den Darstellungen des Johannes Cassianus über das Leben der Mönche im Osten. Das Ziel der Ordensregel liegt in der heiligen Kunst (*ars sancta*), die moralische Vollkommenheit und Heiligkeit des Lebens zu erlangen. Das Kloster fungiert dabei als große Schule des geistlichen Lebens, um dem himmlischen Vaterland entgegeneilen zu können. Es werden darin die verschiedenen Mönchstypen beschrieben, die sich auf den Weg zur Heiligkeit machen.

Die Regel des Benedikt legt auf die Einhaltung der Disziplin im Kloster großen Wert. Die Mönche müssen sich ein Leben lang im Gehorsam üben, da sie sich als Diener Gottes bzw. Christi verstehen: Wenn sie den Vorgesetzten gehorchen, dann gehorchen sie Gott. Der Tagesablauf wird genau nach der Stundeneinteilung im frühen Mittelalter geregelt. Im Winter wird früher und länger geschlafen als im Sommer. Der Tag beginnt mit dem Chorgebet, mit dem Singen der lateinischen Psalmen zur Matutina. Dann folgen die Gebetszeiten Laudes, Prim, Terz, Sext und Non. Nach dem Morgenlob ist das Chorgebet also auf die erste, dritte, sechste und neunte Stunde festgelegt. Beschlossen wird der Tag mit der Abendfeier (Vesper) und dem Nachtgebet (Komplet). Damit wird der Empfehlung des Apostels Paulus Folge geleistet, allezeit zu beten (1 Thess 5,17). Die Leseordnung der Psalmen wurde genau geregelt, einige wurden täglich, andere einmal in der Woche gebetet oder gesungen.[3]

Der lateinische Psalter mit den 150 biblischen Psalmen wurde nun das Gebetbuch der Mönche und Nonnen, es bestimmte ihre Spiritualität und Lebensform und brachte alle erlebten Gefühlslagen zum Ausdruck. Dass viele Rachegebete der Psalmen nicht mit den Regeln der Bergpredigt Jesu übereinstimmten, mag damals allenfalls für besonders sensible Mönche ein Problem gewesen sein. So verbanden die Mönche und Nonnen die alte jüdische Frömmigkeit mit der neuen Ethik Jesu. Genau geregelt wurden die Fastenzeiten vor Weihnachten und Ostern, zu diesen Zeiten wurde erst am Abend gegessen. Der Mittwoch und der Freitag waren besondere Fasttage in der Woche, durch den Verzicht auf Speise sollten der Geist gereinigt und Sünden getilgt werden.

In der Regel des Benedikt wurden alle Einrichtungen des Klosters benannt, auch der Wirtschaftsbereich: der Garten und die Wasserversorgung, die Mühle und der Backofen, die Felder und die Obstgärten. Die daraus resultierenden Aufgaben brachten es mit sich, dass im Kloster verschiedene Berufe versammelt waren. Die Gebäude wurden mit einer Steinmauer geschützt. Dieser gegenüber der Umwelt deutlich abgegrenzte und abgeschlossene Raum (*claustrum* = Kloster) wurde als heiliger Ort betrachtet. Die Gemeinschaften wurden von einem Vorgesetzten (*abbas* = Vater, »Abt«) geleitet. Ohne die Erlaubnis des Abtes durfte niemand das Kloster verlassen. Aufgrund von schweren moralischen Verfehlungen konnten Mönche und Nonnen aus der Gemeinschaft ausgeschlossen werden, und mussten dann in ihre frühere Lebensform zurückkehren.

Für alle Mönche und Nonnen galten die drei evangelischen Räte als Verpflichtung, nämlich der unbedingte Gehorsam dem Oberen gegenüber, die persönliche Armut als Verzicht auf privaten Besitz und die sexuelle Keuschheit bzw. Enthaltsamkeit. Der Besitz an Feldern, Wäldern, Wiesen, Häusern und Landgütern war allen Mönchen gemeinsam, der vom Abt und seinen Gehilfen verwaltet wurde. Diese Gehilfen des Abtes waren die Prioren, die Hofmeister, die Kellermeister, die Novizenmeister, sie wurden von der Gemeinschaft gewählt und vom Abt anerkannt. Wir sehen in den Klöstern die frühchristliche Gütergemeinschaft verwirklicht, bei der ein Kloster wie eine große römische Sippe geführt und verwaltet wurde.

Weise Mäßigung – ein Schlüsselwort der Regel

Der Abt wurde von der Gemeinschaft der Mönche meist auf Lebenszeit gewählt. Er galt als Lehrer und Vater des ganzen Klosters, die Mönche und Laienbrüder schuldeten ihm unbedingten Gehorsam. Ein solcher Leiter hatte in der Frühzeit des christlichen Mönchtums die Stellung des römischen *pater familias* und wie diesem kam auch ihm uneingeschränkte Autorität zu. Neben diesem Einfluss ist jedoch noch ein weiterer für die Funktion des frühen Klosterabtes auszumachen: Der in den Klöstern geforderte Gehorsam erinnert nämlich an das alte Modell der »Gottessklaven« an den griechischen und römischen Tempeln, die ebenfalls unbedingten Gehorsam leisten mussten. Benedikt hat in seiner Regel dem Abt zwar ebenfalls unbeschränkte Autorität eingeräumt, aber dennoch gibt es Einschränkungen. Waren in früheren Klöstern die Äbte regelrechte Zuchtmeister, so riet er dem Abt, in allem zu weiser Mäßigung. Diskretion, Nachsicht und Milde sind die Tugenden, die einem Abt nach Benedikt durchaus anstehen. Die Prügelstrafe, die in allen Klöstern bislang selbstverständlich als Zuchtmittel eingesetzt worden war, hat Benedikt zwar nicht abgeschafft, aber er rät zu deren maßvollem Einsatz, da sie nicht für jedermann geeignet sei, vor allem nicht für Kranke und Kinder. Die Regel des Benedikt gilt deshalb im Vergleich mit anderen Klosterregeln als maßvoll, sie vermeidet übertriebene Härte und Askese. Ihr Hauptziel ist die geistige Formung der Mönche und, um dieses Ziel zu erreichen, setzt sie auch auf pädagogisches Geschick.

Nur langsam konnte sich Benedikts Mönchregel in den Klöstern Europas durchsetzen. Das änderte sich im 7. Jahrhundert, als sie mit der Klosterregel des irischen Mönchs Columban verknüpft wurde. Dadurch entstand eine gemischte Regel (*regula mixta*) und erst von da an verdrängte die Benediktregel die Regel des Basilios in den *codices regularum*. Seit dem 9. Jahrhundert setzte sie sich dann allmählich in ganz Europa durch.

Neben der weisen Mäßigung ist auch die Forderung der *stabilitas loci* eine Besonderheit der Regel Benedikts. Sie besagt, dass ein Mönch, der sich für ein bestimmtes Kloster entscheidet, in diesem Kloster dauerhaft zu bleiben hat. Wahrscheinlich war dies eine Gegenmaßnahme Benedikts gegen das damals fast schon das Ausmaß von Umtrieben annehmende Wandermönchtum. Nicht dass er gegen Wanderer als solche oder gar Gäste im Kloster negativ eingestellt gewesen wäre. Denn er empfiehlt schließlich den Mönchen, Gäste egal welcher Provenienz, sowie Fremde und Flüchtlinge, wie Christus selbst bei sich aufzunehmen. So gaben die Klöster fortan auch Armen und Entrechteten Schutz und Gastfreundschaft, was in politisch unruhigen Zeiten der Völkerwanderung besonders hilfreich und geboten war.

Ora et labora

Ein weiterer wichtiger Aspekt der Regel Benedikts war die Verbindung von eifriger Arbeit mit Gebet und Meditation. Dieses Prinzip wurde später in der Formel: »Bete und arbeite« (*ora et labora*), die sich in der Benediktregel selbst nicht findet, ausgedrückt. Das regelmäßige Gebet war für die Mönche innere Kraftquelle für die schweren körperlichen Arbeiten beim Bauen von Häusern, Gräben, Mauern, Erdwällen, Kirchen und Fahrwegen. Diese Arbeit wurde als Gottesdienst gedeutet, vor der Trägheit und Untätigkeit (*otium*) wurde gewarnt, denn sie sei der Anfang der moralischen Laster. Beim Essen wurde gemahnt, auf die volle Sättigung zu verzichten und die Trunkenheit mit Wein zu meiden. Einige der Mönche wurden von den Bischöfen der Region zu Presbytern geweiht, um die liturgischen Funktionen im Kloster ausüben zu können. So lebten in jedem Kloster Klerikermönche und Laienmönche zusammen. Während es in der Frühzeit nur wenige Kleriker gab, nahmen sie später deutlich zu.[4]

Auch das Zusammenleben der Älteren und der Jüngeren wurde geregelt: Die Jüngeren sollten die Älteren (*nonni*) ehren, diese aber müssen laut Regel die Jüngeren lieben und ihnen helfen. In die Klöster traten Menschen mit unterschiedlichen Motiven ein. Es kamen Freie und Sklaven, wenn ihre Herren zustimmten, Freigelassene und Begüterte, Lohnarbeiter und Bauern, Italiker und Ost- oder Westgoten. Es kamen auch Menschen, die vor der Verarmung in den ländlichen Regionen oder vor dem Wehrdienst der Fürsten auf der Flucht waren. In dieser Zeit der Völkerwanderung war in großen Teilen Europas die alte Wirtschaftsordnung zusammengebrochen, der Landbesitz war auf einige wenige Sippen konzentriert. Ein Großteil der Bevölkerung konnte nicht mehr ausreichend ernährt werden und es gab Hungerperioden.

In dieser Situation entstanden in den Klöstern neue Formen des gemeinschaftlichen Lebens und des optimalen Wirtschaftens, da die Mönche und Nonnen von ihren Regeln her eine starke Motivation zur Arbeit hatten. Außerdem wurden die Zeiten der harten körperlichen Arbeit durch Zeiten des Gebets und der Ruhe unterbrochen, was bei den Lohnarbeitern und Sklaven der spätantiken Großgrundbesitzer nicht der Fall war. Der Landbesitz war den Mönchen und Nonnen gemeinsam, sie arbeiteten nicht länger für den Grundherrn. Viele Mönche brachten hohen Sachverstand und Berufswissen mit, die anderen wurden in allen benötigten Berufen ausgebildet. So wurden die Klöster zu Zentren der beruflichen Bildung, denn dort wurden die Ackerbauern, die Obstgärtner, die Bauhandwerker, die Holzarbeiter, die Bäcker und Kellermeister, später die Steinmetze und die Bierbrauer ausgebildet.

So müssen die vielen Klostergründungen im frühen und späten Mittelalter auch unter sozialpolitischen und wirtschaftlichen Aspekten gesehen werden. Viele adelige Sippen und Familien, Fürsten, Grafen und Könige, stifteten Land zur Gründung von Klöstern. Diese Stiftung war oft mit einer religiösen Motivation verbunden, da in dem Kloster für das Wohlergehen und das Seelenheil der Stiftersippe gebetet werden sollte. Auch wurde allgemein geglaubt, dass adelige Krieger durch die Stiftung von Klöstern viele ihrer im Krieg begangenen Sünden vor Gott tilgen könnten. In den Klöstern gab es zu den meisten Zeiten keinen Hunger, weil sie meist gut ausgestattet waren und effizient und sparsam gewirtschaftet wurde. Freilich sind in den Wirren und Kämpfen der Völkerwanderung immer wieder Klöster zerstört worden, die meisten wurden jedoch später von den Mönchen wiederaufgebaut.

Folgen der Ehelosigkeit

Mönche und Nonnen versprachen beim Eintritt ins Kloster neben der Armut und dem Gehorsam als dritten evangelischen Rat die Keuschheit, womit sie in den Verzicht auf Sexualität und in ein eheloses Leben einwilligten. Die Klöster konnten somit nicht selbst für ihren Nachwuchs sorgen. Novizen und Novizinnen mussten immer von außen ins Kloster kommen. Jedoch gab es durch das Prinzip der Oblation (Darbringung) durchaus auch Kinder im Kloster. Kinder konnten dem Kloster übergeben werden und wurden dort dann als *pueri oblati* (Knaben) oder als *puellae oblatae* (Mädchen) aufgenommen. Oblaten kamen aus allen Schichten, denn gerade für in elenden Verhältnissen lebende Familien war die Oblation, so fraglich sie uns heute erscheint, eine überaus hilfreiche Einrichtung. Die Klöster versorgten die Kinder, die sonst nur einen weiteren Esser an einer ohnehin schon unzureichenden Tafel abgegeben hätten. Und dafür nahm man auch die Fremdbestimmung des eigenen Kindes in Kauf.

Konfliktsituationen und Streitigkeiten im Kloster mussten durch die richterliche Gewalt des Abtes gelöst werden, dem ein Gremium von Mönchen zur Seite stand. Die Strafen für moralische Fehler oder für die Übertretung der Klosterregel sollten der moralischen Besserung dienen. Nach der Ermahnung und Zurechtweisung erfolgte wie im römischen Recht die körperliche Züchtigung mit Rutenschlägen.

Dabei wurde auf das Alte Testament Bezug genommen, denn im biblischen Buch der Sprüche heißt es, der Vater müsse den Sohn mit Ruten schlagen, um ihn vom Bösen abzuhalten (Spr 23,14); der Törichte könne sich durch Worte allein nicht bessern, er brauche von Zeit zu Zeit Schläge (Spr 29,19). Die Prügelstrafe gehörte zur altrömischen Rechtsordnung und lebte in den Klöstern weiter. Andere Strafen waren der zeitlich begrenzte Entzug von Nahrung und Wein oder der Ausschluss aus der Gemeinschaft.[5] Die Zurechtweisung der Mönche und Nonnen sollte zum Teil öffentlich erfolgen, nämlich beim öffentlichen Schuldbekenntnis, zum Teil sollte sie privat in einem »Zimmer der Liebe« (*camera caritatis*) ausgeübt werden. Im ganzen Mittelalter hatten die Klöster die niedere Gerichtsbarkeit über die Mönche und Nonnen, aber auch über alle abhängigen Lohnarbeiter und Leibeigenen. Sie durften aber keine Todesstrafe verhängen, diese höhere Gerichtsbarkeit blieb den Fürsten vorbehalten. Später erlangten manche Reichsklöster auch jene höhere Gerichtsbarkeit.

Kulturelle Formung durch Benedikt

So trug die Regel des Benedikt in ganz Europa zur Formung der Mönchskultur bei. Sie wollte die Mönche und Nonnen zur Umkehr der Herzen (*conversio*), zur Erkenntnis des Heils (*gnosis*) und zur Schau des Göttlichen (*theoria*) hinführen. Die Mitglieder des Klosters sollten innerlich zu neuen und moralisch vollkommenen Menschen werden, ihre asketische Lebensform sollte den »Engeln« gleichen, denn Engel lebten nach allgemeiner Überzeugung ohne Sexualität. Der Abt musste sich vom Geist Gottes leiten lassen, um den Mönchen ein Vorbild des guten Lebens sein zu können. Er musste auch entscheiden, welche Brüder er vom Ortsbischof zu Klerikern weihen lassen wollte.

Alle Mönche sollten regelmäßig die Klosterregel studieren, weswegen sie bei den Mahlzeiten verlesen und ausgelegt wurde. Die Lehrer (*magistri*) wählten die anderen Texte aus, die zur geistigen Erbauung der Mönche vorgetragen wurden, denn die meisten Mönche und Nonnen konnten, trotz der anders lautenden Bestimmungen der Mönchsregel in dieser Hinsicht, weder lesen noch schreiben und mussten die Klosterregeln und das Evangelium daher durch das Hören lernen. Vorgetragen wurden neben den Texten der Bibel die Berichte über die frühen Wüstenväter sowie Berichte und Legenden über Märtyrer des Glaubens. Auf diese Weise wurden von den Lehrern die Spiritualität der Mönche und Nonnen geformt, die sich im alltäglichen Leben bewähren musste. Es wurde gefordert, sich in guten Werken der Nächstenliebe zu üben, den eigenen Willen aufzugeben und im strikten Gehorsam zu leben. Wer sich in der Kunst des Schweigens und der Gottesliebe übe, werde zum ewigen Leben gelangen.[6]

Bruno von Köln (1036–1101)

Aus dem bewegten Leben eines Adeligen

Bruno stammte aus einer Adelsfamilie vom Niederrhein und besuchte die Kollegiatsschule St. Kunibert in Köln. Danach setzte er seine Ausbildung in der Philosophie und Theologie an den Kathedralschule in Reims fort. In Köln wurde er zum Priester geweiht und erhielt an der Kirche St. Kunibert die gut bezahlte Stelle eines Kanonikus. Doch der Erzbischof Gervasius von Reims berief ihn in seine Stadt an die Domschule als Lehrer (*magister*), wo er die Fächer der Theologie und der Philosophie unterrichtete. Im Jahr 1057 wurde er zum Leiter der Domschule berufen und verfasste in dieser Zeit zwei Kommentare zu den Psalmen und zu den Paulusbriefen. Sein Schüler war Odo von Chatillon, der spätere Papst Urban II.

Der Erzbischof von Reims ernannte Bruno bald zu seinem Kanzler, doch in einem theologischen und rechtlichen Streitfall trat der Kanzler gegen den Erzbischof auf. Daraufhin verlor er seine Ämter, floh zu einem Freund und kam wieder nach Köln. Als der Erzbischof von Reims von Papst Gregor VII. abgesetzt wurde, kehrte Bruno wieder nach Reims zurück. Er wurde vom dortigen Domkapitel zum neuen Erzbischof gewählt, doch der französische König verweigerte die Anerkennung der Wahl und setzte seinen Kandidaten durch. Im Jahr 1081 zog Bruno mit zwei Freunden nach Südosten, gelangte in die Diözese Langres und fand dort Aufnahme im Kloster Molesme in Burgund. Dort wurde ihm die Errichtung eines Dorfes für Einsiedler in Sêche-Fontaine erlaubt, wo er mit seinen Gefährten das anachoretische Leben erneuerte.

Zwei Jahre später wanderte der rastlose Bruno mit sechs Gefährten in die Alpen und erhielt vom Bischof von Grenoble die Erlaubnis, in einer Gebirgsschlucht auf 1175m Seehöhe nordöstlich von Grenoble eine Bleibe für Einsiedler zu errichten. Diese Siedlung wurde im Jahr 1084 begründet, sie wurde später La Chartreuse (deutsch Kartause) genannt. Der neu entstehende Orden der Einsiedlermönche erhielt danach den Namen Kartäuserorden. Das Leben dort war alles andere als einfach. Das kalte Klima machte den Mönchen zu schaffen und der Lebensunterhalt war nur schwer zu bestreiten. Hauptsächlich sammelten sie Früchte und Beeren.[7]

Von La Chartreuse nach Rom

Als Bruno von Papst Urban II. als Ratgeber nach Rom gerufen wurde, wurde Landuin sein Nachfolger als Abt der Mönchsgemeinschaft. Bruno selbst bekam in der Ewigen Stadt vom Papst die Kirche zum heiligen Cyriakus bei den Thermen des Diokletian, um dort eine neue Ordensgemeinschaft einzurichten. Bruno begleitete später den Papst zu einer Bischofsynode nach Süditalien. Auch der Herzog von Aquitannien schenkte dem Kartäuserabt ein Grundstück, in La Torre in Kalabrien, wo eine Siedlung von Eremiten entstand. Der Bischof und der Papst bestätigten den neuen Orden, der die anachoretische Lebensform im Westen wieder belebt hatte.

Seine letzte Gründung war San Stefano in Bosco. Im Jahr 1101 starb der Abt Bruno. Er war ein gefeierter Lehrer der Theologie in Reims gewesen, zu seinen Schülern zählten die späteren Päpste Urban II. und Gregor VII. Dieser war selbst Mönch geworden und kämpfte gegen die Käuflichkeit der kirchlichen Ämter sowie gegen den Verfall der Sitten im Klerus und in den Klöstern. Der Erzbischof von Reims hatte sein Amt missbraucht, weswegen er vom Papst abgesetzt und exkommuniziert wurde. Eine andere Quelle sagt, Bruno habe freiwillig auf das Amt des Erzbischofs verzichtet, das ihm der Gesandte des Papstes angeboten habe. Er hatte sich entschieden, ein Leben im Reichtum zu beenden und den Weg der »Armen Christi« (*pauperes Christi*) zu gehen.[8] Im Jahr 1514 wurde Bruno vom Papst heilig gesprochen.

Aus der Kartause bei Langres entstand der Orden der Kartäuser, die Einsiedler in Kalabrien schlossen sich den Zisterziensern an. Die Grande Chartreuse wurde nun zum Vorbild für weitere Einsiedlerdörfer in den verschiedenen Regionen Europas. Die Idee war, die gemeinsame Lebensform der Mönche wieder durch die Vereinzelung zu ergänzen. Der Mönch Guigo schrieb die Lehren des Bruno (*Consuetudines*) nieder, aus denen die Regeln des neuen Ordens wurden. Bis zum Jahr 1200 waren 37 Kartäusersiedlungen entstanden, davon zwei für Frauen, nämlich in Bayern und Österreich, in Frankreich und in vielen Teilen des Heiligen Römischen Reiches. Durch die Reformation und die Französische Revolution wurden viele Klöster der Kartäuser aufgelöst.

Leitlinien der Kartäuser

In den Consuetudines des Prior Guigo I. (1121–1127) werden Fragen der gemeinsamen Liturgie, die Leitung der Mönche und die geistige Formung erörtert. Die Mönche lebten demnach allein in ihren Zellen, später in kleinen Häusern (Certosa di Pavia), und kamen nur zur Feier der Liturgie in der kleinen Kirche zusammen. Auch die Mahlzeiten nahmen sie allein ein. Papst Innozenz II. hatte die Regeln dieses Ordens im Jahr 1133 anerkannt. Die Gemeinschaften wurden von einem Prior geleitet und bestanden aus Klerikern und Laienmönchen. Sie waren zum Schweigen verpflichtet, nur an den Sonntagen und Feiertagen sowie einmal in der Woche bei einem gemeinsamen Spaziergang durften sie miteinander reden. Die Mönche waren überzeugt, dass sie durch das heilige Schweigen der Gottheit am nächsten kämen.[9]

Die Kartäuser befolgten ein strenges Fasten: Auf Fleisch verzichteten sie und aßen selten Milchprodukte. Während der großen Fastenzeit zwischen dem 14. September und Ostern war ihnen nur eine Mahlzeit am Tag erlaubt, und einen Tag in der Woche lebten sie nur von Wasser und Brot. Sie pflegten das Gebet, die Meditation und die Lektüre der Heiligen Schrift, die manuelle Arbeit wurden von den Brüdern verrichtet. Seit 1145 gibt es auch den weiblichen Zweig der Kartäuser. Ihnen erlauben die Regeln zwei Mahlzeiten am Tag und gemeinsame Zeiten der Rekreation. Die Nonnen lebten nicht in einzelnen Häusern, sondern in Zellen in großen Häusern. Heute gibt es nur mehr wenige Kartäuserklöster rund um die Welt.

Bernhard von Clairvaux (1090–1153)

Vom adeligen Ritter zum Reformer des Mönchtums

Der eigentliche Gründer des Zisterzienserordens wurde 1090 auf der Burg Fontaines in der Nähe der burgundischen Herzogsstadt Dijon geboren. Seine Eltern waren adelige Ritter, seine Mutter hieß Aleth von Montbard. Bernhard wuchs mit fünf Brüdern und einer Schwester auf der Burg auf und besuchte dann die Lateinschule der Stiftsherren von Saint Vorles in der Nähe von Chatillon. Im April 1112 trat er mit 30 Freunden in das Reformkloster der Benediktiner in Citeaux (lat. *Cistercium*) ein, das 14 Jahre vorher durch den Abt Robert von Molesme gegründet worden war, um die Benediktregel wieder authentisch lebbar zu machen. Das Kloster von Citeaux erhielt Schenkungen des Grafen von Beaune, aber es war von den Einmischungen der Stifter befreit. Es sollte das Vorbild für die weitere Reform der Klöster sein, die Kirche wurde 1106 geweiht und war bereits 130 m lang. In diesem Kloster legte Bernhard mit 30 Gefährten seine Mönchsweihe (*professio*) ab, doch bereits zwei Jahre später wurde er mit zwölf Mönchen zur Gründung eines neuen Klosters ausgeschickt. Dies war das Kloster in Clairvaux. Im gleichen Jahr wurde in der Lombardei das Kloster Morimond gegründet. Zahlreiche Tochtergründungen kamen in wenigen Jahren hinzu. Der Bedarf an Klöstern zu dieser Zeit war so groß, dass viele Männer zu dieser asketischen und geistlichen Lebensform strömten. Die Fürsten und Grafen waren bereit, diese Klöster mit großen, meist noch nicht kultivierten Landflächen zu betrauen.

Das Kloster in Citeaux war gegründet worden, um das monastische Leben nach der Benediktregel zu reformieren. Nachdem Citeaux erheblichen Zulauf bekommen hatte und Tochtergründungen erfolgten, galt es den Reformgeist zu erhalten. Dazu wurden die besonderen Bestimmungen des Klosters schriftlich niedergelegt. Schon der zweite Abt von Citeaux verfasste eine »*Institutio monachorum Cisterciensium*«, also gleichsam eine erste Regel der Mönche von Citeaux. Darin werden die regelmäßige Einsamkeit und die persönliche Armut der Mönche betont. Für die Bildung des Zisterzienserordens wurde dann aber die *Carta Caritatis* des dritten Abtes Stephan Harding, die in der Folge mehrfach aktualisiert wurde, das wesentliche Verfassungsdokument. Darin sind die entscheidenden Consuetudines und Statuten der Zisterzienser zusammengefasst. Die eigentliche Regel der Zisterzienser ist aber die des Benedikt, welche sie in der ursprünglichen Form und Intention befolgen wollten.

Bernhard war theologisch gut gebildet und hatte auch die lateinischen Dichter in einer Auswahl gelesen. Mit Begeisterung wurde die neue Abtei aufgebaut, Wälder wurden gerodet, um Felder, Obstgärten und Viehweiden zu schaffen. Das Kloster und die Kirche wurden von Ordensbrüdern und von auswärtigen Handwerkern erbaut. Bernhard hatte auch seine Brüder und zuletzt seinen Vater dazu bewegen können, in dieses Kloster einzutreten und als Mönche zu leben. Es war zu einem Familienkloster geworden. In der Folgezeit müssen Hunderte Männer in das Kloster eingetreten sein, Söhne von Adeligen und Ungebildete, Bauern und Handwerker. Denn schon drei Jahre später musste ein weiteres Kloster in Trois Fontaines gegründet werden. Und bis zum Tod Bernhards im Jahr 1153 waren bereits 68 neue Klöster nach dem Modell von Clairvaux und Citeaux gegründet worden, auch in Deutschland, nämlich in Himmerod, in Eberbach und in Rein bei Graz.[10]

Auseinandersetzung mit Cluny

Bald gerieten die Reformmönche von Clairvaux und Citeaux in eine Auseinandersetzung mit einer anderen Reformbewegung der Klöster, nämlich der von Cluny. Auch diese Reform wollte die Bindung an die ursprüngliche Regel des Benedikt erneuern und die Klöster von ihren adeligen Stiftern unabhängig machen, denn viele Adelsfamilien, Grafen, Fürsten und Könige hatten bisher stark in die Leitung ihrer Familienklöster (Eigenklöster) eingegriffen, weil darin ja auch ihre Kinder als Mönche und Nonnen lebten. Oft hatten die Stifter als Laien die Funktion eines Laienabtes ausgeübt, wobei aber die asketische Disziplin der Mönche und Nonnen vielfach stark gelitten hatte. Die drei Gelübde der Armut, der Keuschheit und des Gehorsams wurden nicht mehr flächendeckend gelebt, die Lebensform der Klöster war mit der Zeit verwässert oder – in positiver Sicht – humanisiert worden.

Die Reformklöster von Clairvaux und von Cluny strebten nun die völlige Freiheit (*exemptio*) von Weisungen der Fürsten und der Ortsbischöfe an, die Klöster sollten direkt dem Papst in Rom unterstellt sein. Die Auslegung der Ordensregel durch Benedikt von Aniane wurde zur Pflicht gemacht, die Zeiten des Gebetes, der Meditation und der Gottesdienste wurden verlängert, die Zeit der Arbeit aber verkürzt. Die Klöster, die sich der Reform von Cluny anschlossen, legten auf ihre asketische Spiritualität großen Wert, blieben aber weiterhin mit dem feudalen Wirtschaftssystem verbunden. Der Abt sollte in freier Wahl und ohne Einfluss der Stifterfamilien von den Mönchen gewählt und schließlich vom Papst geschützt werden. Laienäbte sollte es fortan nicht mehr geben.

Die Reformklöster vereinigten sich zu Kongregationen, um ihr rechtliches Gewicht zu stärken. So schlossen sich im 11. und 12. Jahrhundert rund 3000 Mönchsgemeinschaften der Reform von Cluny an, die das geistliche und das wirtschaftliche Eigenleben der Klöster enorm verstärkt hatte. Die Grafen, Fürsten, Könige und Bischöfe hatten folglich nur mehr begrenzte Verfügungsmacht über die Klöster. Die *Consuetudines* (Gewohnheiten) bildeten nun das Gesetzbuch des klösterlichen Lebens, das von Aufsehern (*camerarii*) kontrolliert wurde.[11] Im Leben der Mönche wurde das regelmäßige und längere Stillschweigen betont, es mussten feierliche Prozessionen und Liturgien abgehalten werden und die persönliche Frömmigkeit wurde hochgeschätzt. Zu den Aufgaben der Mönche und Nonnen gehörten das regelmäßige Gedächtnis der verstorbenen Stifter sowie Mönche und Nonnen, die Fürbitte für lebende Personen, der Psalmengesang und die Verehrung der Gottesmutter sowie die Andachten vor dem Kreuz Christi.

Die Reform der Klöster von Cluny organisierte auch die Versorgung der Armen und der Kranken neu, in den Herbergen mussten die Pilger zu den heiligen Orten betreut werden. Unterstützt wurden auch die politischen Konzepte des Papstes und der Bischöfe, das Land Spanien und die heiligen Stätten in Palästina von den Muslime zu befreien. Auch in diesen Klöstern wurden Überlegungen angestellt, wie die Eroberungen bzw. Rückeroberungen dieser Länder unter dem Zeichen des Kreuzes Jesu erfolgen könnten.

Bernhard im Mittelpunkt des Geschehens

Die Reformmönche von Citeaux und Clairvaux widersetzten sich den Reformideen von Cluny und entwickelten eigene Konzeptionen des gottgeweihten Lebens. So geriet Bernhard in heftige Diskussionen mit dem Abt von Cluny, Petrus Venerabilis, der den Zisterziensern vorgeworfen hatte, dass sie sich als die moralisch besseren und wahren Mönche fühlten. Bernhard fragte den Abt Petrus, ob das Leben in dessen Klöstern nicht schal geworden sei, denn dort gäbe es viel Reichtum, aber auch Trunksucht und Prahlerei. Stattdessen gelte es doch, so Bernhard, das einfache und arme Leben der Mönche wiederherzustellen und den christlichen Glauben wieder deutlicher zu leben. Dieser Einsicht entsprechend, waren die Zisterzienser in der Disziplin strenger als die Mönche von Cluny und legten auf persönliche Armut und auf die manuelle Arbeit größeres Gewicht.

Bernhard hatte durch seine Predigttätigkeit großen Einfluss auf seine Zeit und übte deutliche Kritik an den Logikern und Dialektikern unter den Theologen. Denn er wollte keine rationale Theologie, die das Herz austrockne, weil für ihn die Weisheit der Herzen wichtig war. Deswegen lehnte er die Weltdeutungen der Nominalisten ab, die in den Universalbegriffen nur leere Formeln sahen. Er folgte dem platonischen Denkmodell, da für ihn den Universalbegriffen reale Wirklichkeiten entsprachen. Er befürchtete, dass die Logik und die Dialektik unter den Mönchen und Theologen zur Geschwätzigkeit (*loquacitas*) führen werden, die schädliche Neugier der Philosophen könne das Gefühl schädigen und verkümmern lassen. So müsse die theologische Wissenschaft immer durch das Gebet, die Meditation und die gelebte Mystik ergänzt werden.[12]

Das Ziel des Glaubens sei das Erleben (*experientia*) des Göttlichen und des Geheimnisvollen. Der Theologe müsse zuerst glauben, bevor er das Geglaubte persönlich erleben könne (*credo ut experiar*). Nur im Erleben der Stille könne das Heilige und Göttliche erfahren werden. Die menschliche Seele sei eine »Braut Gottes«: Sie lebe in einem Liebesverhältnis zu Gott und zu Christus sowie zu den Heiligen. Besonders die Verehrung der Gottesmutter war für Bernhard wichtig, da die von ihr vorgelebte Demut der Anfang aller anderen Tugenden sei. Die menschliche Seele müsse auf ihrem Weg zur Gottheit fünf Stufen erklimmen, zuerst die Stufe der Demut vor den Mitmenschen, dann die Stufe der Liebe zu den Mitmenschen und zu Gott. Drittens müsse die Sehnsucht nach dem Göttlichen erlebt und gefühlt werden, viertens folge dann die Stufe der Betrachtung der göttlichen Geheimnisse. Den Höhepunkt des Glaubenslebens bildet fünftens das Erleben der Ekstase und der Gottesbegeisterung, wie sie den Mystikern und Auserwählten geschenkt werde. Folglich prägte die Mystik das Leben der Mönche.

Heiliger Krieg gegen die Muslime

Bernhard war wie viele seiner europäischen christlichen Zeitgenossen davon überzeugt, dass die Muslime aus Spanien und aus dem Heiligen Land vertrieben werden müssten. Deswegen rief er in seinen Predigten zu einem »Kreuzzug« der christlichen Fürsten und Könige auf und predigte den Heiligen Krieg gegen die Glaubensfeinde an vielen Orten in Burgund vor Adeligen und Rittern. Mit dem Theologen und Philosophen Petrus Abaelardus diskutierte er in der Kathedrale von Sens über das rechte Verhältnis der Theologie zur Philosophie. Denn Abaelardus verließ die platonische Ideenlehre und entschied sich für einen von der Vernunft geleiteten Glauben. Für ihn war der philosophische Zweifel nötig, um zu wahrer Erkenntnis zu gelangen. Es dürfe keinen blinden Glauben geben, vielmehr müsse das Geglaubte mit kritischer Vernunft durchleuchtet werden.

Für Abaelardus war offensichtlich, dass wir einen Glaubenssatz zuerst verstehen müssen, bevor wir ihn glauben können (*intelligo ut credam*). Die Vernunft sei das schönste und größte Geschenk des göttlichen Schöpfers an uns Menschen. Die Werte der Moral können wir mit den Kräften der Vernunft aus unserer allgemeinen Menschennatur erkennen. Eine Tat werde dann moralisch gut, wenn sie aus einer guten Gesinnung komme. Und jeder Mensch habe das Recht und die Pflicht, seinem persönlichen Gewissen zu folgen. Alle Menschen, nicht allein die Christen, können von Gott gerettet werden, wenn sie moralisch gut leben. Diese Lehren des Dialektikers Abaelardus lehnte Bernhard strikt ab, denn er wollte mit seinen Mönchen ein mystisches Christentum leben, das mehr auf das Gefühl als auf die Vernunft setzt. Für ihn stand fest, dass zuviel philosophisches Denken die innere Kraft des Glaubens vermindert und schwächt. So stand er mit Entschiedenheit auf der Seite der Antidialektiker.[13]

Politische Führungsrolle

Folgerichtig mischte sich Bernhard öfter in die Politik der Päpste ein. Als im Jahr 1130 zwei Päpste gewählt wurden, plädierte er für die Akzeptanz von Innozenz II. Als sein Schüler Eugen III. Papst wurde, widmete er ihm ein Buch über die geistliche Betrachtung (*De consideratione*). Darin kritisierte er die moralischen Missstände am päpstlichen Hof, von denen er gehört hatte. Er nennt hier den geballten Reichtum, die zentrierte Macht, die vielen Appellationen an die päpstlichen Gerichte und die Zuteilung der Exemtion (Freisein vom Einfluss der Bischöfe) an die Klöster. Der Papst müsse eine moralische Macht haben, aber er dürfe sich nicht mit Gold und Edelsteinen schmücken. Denn sonst gleiche er mehr den Nachfolgern des römischen Kaisers Konstantin als den Nachfolgern des Apostels Petrus.[14]

Die Macht des Papstes sei ein Dienst an den Mitchristen. Auch die Bischöfe seien Stellvertreter Christi, die ihre Autorität von Christus und nicht vom Papst bekommen hätten. Dieser sei nicht der Herr der Bischöfe. Durch die vielen Appellationen an den Papst und die erteilten Privilegien werde das Leben der Kirche gestört. Bernhard stand auf der Seite der Armen und Entrechteten, die es zu seiner Zeit in großer Zahl gab. Doch er grenzte sich klar von den Armutsbewegungen ab, welche die Autorität der Bischöfe in Frage stellten. So kritisierte er Heinrich von Lausanne und Arnold von Brescia, weil sie das Volk der Armen gegen die Kirchenleitung aufhetzten.

Zu seiner Zeit waren die Katharer (die Reinen) weit verbreitet. Sie wollten in der Armut Christi leben und übten sich in strenger Askese. Sie lehnten aber die Sakramente der Kleriker ab, weil diese mit den Starken und Reichen in Verbindung waren. Nun predigte Bernhard in Südfrankreich gegen die Katharer und verteidigte die Rolle der Bischöfe und Kleriker. Doch er forderte von ihnen den Verzicht auf Reichtum und forderte sie zur Hilfe für die Armen auf. Papst Eugen III. beauftragte Bernhard, in Teilen Frankreichs einen »Kreuzzug« zu predigen und die Fürsten, Grafen und Könige zum Kriegsdienst gegen die Muslime aufzurufen. Bernhard kam dieser Aufforderung nach und warb mit starker Wortgewalt für den Krieg im Namen Gottes gegen die Gottesfeinde. Zumindest verbot er jedoch den christlichen Kriegern, in den christlichen Ländern die Juden zu verfolgen und zu vertreiben.

Im Dezember 1146 begannen der König von Frankreich Ludwig VII. und der deutsche König Konrad III. mit ihren Kriegern den Kreuzzug mit einem Gottesdienst im Dom zu Speyer. Diesem zweiten Kreuzzug war kein militärischer Erfolg beschieden, in Spanien konnte nur die Stadt Lissabon von den Mauren erobert werden. Auch ein Kriegszug gegen die slawischen Wenden im Osten des Deutschen Reiches brachte wenig Erfolg. Nach diesem Scheitern war auch Bernhard bei den Theologen und Fürsten schwerer Kritik ausgesetzt, denn er hatte den Kriegszug gegen die Muslime als göttliches Gericht verkündet.

Für die Vernunft!

In seinen Klöstern ließ Bernhard, trotz seiner Kritik an der Vernunft und der Philosophie, Bibliotheken einrichten, denn er war kein grundsätzlicher Gegner der Wissenschaften. Er wollte vielmehr alle Formen des Wissens mit der persönlichen Gottesliebe verbinden. So suchte er persönlich regelmäßig die Stille und die Meditation und auch die mystische Versenkung in die göttlichen Geheimnisse war ihm nicht fremd. Er verfasste Homilien (Predigten) zum Hohenlied der Liebe, in denen er das Liebesverhältnis des Glaubenden zu Gott pries. Denn durch die emotionale Verehrung der Menschheit Christi könne das göttliche Wort in uns ständig neu geboren werden. Dadurch geschehe eine Läuterung des Herzens, der Glaubende gehe seiner Auferstehung entgegen.

Bernhard sah in seinen Schriften die menschliche Seele als das Abbild des göttlichen Wortes. Die Größe des Göttlichen verberge sich in der Niedrigkeit des Menschensohnes Jesus, er wecke in uns die tiefe Sehnsucht nach dem Ewigen. Dadurch werde die menschliche Seele geadelt, denn sie sei von Gott zur ewigen Seligkeit berufen. Weil Gottes Wesen ewiges Leben sei, müsse auch die menschliche Seele als Abbild des Göttlichen unsterblich sein. Jeder Mensch sei in seinem Willen frei, sich für das Gute oder das Böse zu entscheiden. Er sei für seine Taten immer moralisch verantwortlich. Der Glaubende bindet sich in innerer Freiheit an das Göttliche, er sucht das Größte im Kleinsten des Lebens. Er weiß sich als Sünder, doch sein Leben werde durch die göttliche Gnade verwandelt. Wenn Christus in einem Menschen wohnt, dann ist dieser ein neuer Mensch geworden.[15]

Der Orden der Zisterzienser verbreitete sich schnell, vor allem in Frankreich, Deutschland, England und Italien. Er unterschied sich von den Benediktinern von Cluny vor allem durch den einfacheren Lebensstil, die stärkere Betonung der manuellen Arbeit und der mystischen Frömmigkeit. Zisterzienser bauten ihre Kirchen einfach und ohne große Türme. Sie hatten auch weniger Grundbesitz als die alten Klöster der Benediktiner. Mithilfe der Laienbrüder (*fratres barbati bzw. conversi*) sowie mit Lohnarbeitern (*mercenarii*) schufen sie landwirtschaftliche Musterbetriebe für ganze Regionen. Sie bauten große Kirchen mit einfacher Einrichtung, womit sie ihre Solidarität mit den Armen bekunden wollten. Die Zisterzienser wurden von den Landesfürsten vor allem an die Grenzen ihrer Länder gerufen, etwa nach Spanien, Süditalien, Österreich, Böhmen und Ungarn.

Sie trugen zum Ausbau der Landwirtschaft, des Obstbaus, der Weinkultur, der Pferdezucht, der Fischzucht, des Bergbaus und des Handels wesentlich bei. Das Gotteslob in der Kirche, die persönliche Frömmigkeit und die Arbeit der Hände und des Geistes sollten das Leben der Mönche leiten. Bald wurden auch weibliche Zweige des Ordens (Zisterzienserinnen) gegründet, die den Vorstellungen Bernhards folgten.

Norbert von Xanten (1085–1134)

Eine Vision stellt die Weichen

Der Gründer des Prämonstratenserordens wurde um 1085 in Xanten am Niederrhein in der adeligen Familie der Edelherren von Gennep geboren. Da er in der Bischofstadt Magdeburg gestorben ist, wird er auch oft als Norbert von Magdeburg bezeichnet. Seine Eltern bestimmten ihn früh für das geistliche Leben, denn seine Mutter Hedwig soll in einer Vision die Bedeutsamkeit ihres Sohnes vorausgesehen haben. Da der ältere Bruder die Besitzungen der Familie übernehmen sollte, musste der jüngere Bruder auf ein kirchliches Amt mit guten Pfründen vorbereitet werden. Er kam in die Lateinschule zum Domkapitel nach Xanten, studierte dann die sieben freien Künste und die Wissenschaft der Theologie. Er erhielt die niederen Weihen und wurde Subdiakon. Die höheren Weihen der Priester und Bischöfe strebte er gar nicht erst an. Er wollte seine kirchlichen Pfründe ohne priesterliche Pflichten genießen können, denn er liebte den Reichtum und das adelige Standesbewusstsein. Außerdem hatte er ein aufbrausendes Gemüt.

Er besuchte das Hofleben des Erzbischofs von Köln und den deutschen König Heinrich V. In den Jahren 1110 und 1111 begleitete er den Erzbischof und den König nach Rom, als diese vom Papst das Recht der Investitur (Lehensübergabe und Amtsübergabe) für Bischöfe und Reichsäbte forderten. Als der Papst sich den Forderungen des Königs widersetzte, wurde er von dessen Soldaten gefangen gesetzt, später aber wieder freigelassen. Nach dieser Reise nach Rom zu Pferd bot der König bzw. Kaiser dem jungen Norbert den Bischofssitz von Cambrai an, aber Norbert hatte sich bereits innerlich langsam von der Politik des Königs gelöst und nahm diesen Bischofstuhl deshalb nicht an. Vielmehr trat er im Jahr 1115 in das Kloster Siegburg bei Bonn ein und lernte dort Äbte kennen, die sich für eine Reform der Klöster einsetzten.

Nun erbat er vom Kölner Erzbischof die Weihe zum Diakon und Priester, die ihm gewährt wurde. Er gehörte zu diesem Zeitpunkt noch immer dem Domkapitel zu Xanten an, das ihm reiche Pfründe einbrachte. Jetzt aber entschied er sich, auf diese

Einkünfte zu verzichten und außerdem sein Erbteil seiner Familie zu schenken. Danach begann er ein Leben als Wanderprediger zu führen. Er wollte mit seinen Predigten den Glauben der einfachen Menschen vertiefen und sie zur Nachfolge Jesu aufrufen. Dabei gelang es ihm in vielen Dörfern, Streit in den Familien und Sippen zu schlichten. Er selbst lebte in Armut und Einfachheit. Er trug ein Bußkleid und ging im Sommer ohne Schuhe, wohl wie sein Vorbild Johannes der Täufer. Bald schlossen sich ihm junge Männer an, die seine asketische Lebensform teilten. Einige von ihnen wollten auch im Winter ohne Schuhe gehen, manche von ihnen sollen das nicht überlebt haben.

Von Norbert aber wurde erzählt, dass er viele kranke Menschen heilen konnte, doch er musste zu seiner Zeit mit vielen anderen Wanderpredigern in dieser Hinsicht konkurrieren. Von einem Bischofskonzil in Reims, an dem auch Papst Kallixt II. teilnahm, ließ er sich seine Erlaubnis zu predigen erneuern. Nun berief ihn der Bischof Bartholomäus von Laon in seine Stadt, damit er mithelfe, das Leben der Domkapitulare zu reformieren.[16] Norbert begann mit dieser Aufgabe, doch die Domherren weigerten sich strikt, ihren Lebensstil zu verändern. Daraufhin bot ihm der Bischof in seiner Diözese Land an, damit er dort ein Kloster gründen könne. Norbert versammelte mehrere Anhänger und errichtete im Tal von Prémontré, ca. 20 km von Laon entfernt, ein Kloster, das nach der Regel des Augustinus ausgerichtet werden sollte. Diesem neuen Kloster schlossen sich viele junge Männer an, die im asketischen Leben eine erstrebenswerte Aufgabe und einen Lebenssinn erkannten.

Die Prämonstratenser

Norbert formte diese Gemeinschaft von Chorherren, aber gleichzeitig war er in der Umgebung noch als Prediger tätig. Im Jahr 1126 hat der Papst diese nach der Augustinus-Regel ausgerichteten Chorherren als kirchlichen Orden bestätigt, woraufhin viele Klöster in mehreren Regionen entstanden. Dieser Orden wurde nach dem Mutterkloster der Orden der Prämonstratenser genannt. Allein in Frankreich entstanden in wenigen Jahrzehnten um die 90 Klöster und in ganz Europa waren es im selben Zeitraum um die 600. Bald wurde auch ein weiblicher

Zweig des Ordens gegründet, die Prämonstratenserinnen, die sich vor allem dem Gebet, der Meditation und der Betreuung der Armen und Kranken widmeten.

Im Jahr 1126 wurde Norbert vom Domkapitel zu Magdeburg zum Erzbischof der Stadt gewählt und vom Papst bestätigt. Er nahm mehrere Chorherren aus seinem Stammkloster mit an die Elbe und siedelte sie im Marienstift an. So entstand ein neues Kloster in deutschen Landen, von wo sich der Orden vor allem im Norden und Osten Deutschlands bis nach Riga an der Ostsee verbreitete. Die Klöster waren in Zirkarien (von *circus* = Kreis) zusammengefasst. Solche entstanden in Böhmen, England, Schottland, Spanien und Portugal. Die Chorherren versprachen, zu jedem guten Werk bereit zu sein (*ad omne bonum opus parati*), sie engagierten sich vor allem im Dienst der Glaubensverkündigung in den noch kaum christianisierten Gebieten. Später übernahmen sie die Seelsorge in Pfarreien und regionale Predigttätigkeit. Sie bauten Spitäler und Herbergen für Pilger und waren missionarisch tätig

Norbert - der Politiker

Norbert hatte als Erzbischof von Magdeburg mit vielen Schwierigkeiten zu kämpfen; als er z. B.veruntreute Kirchengüter von den Adeligen zurückforderte, gab es harten Widerstand. Und als er das Domkapitel seinem Orden überlassen wollte, gab es einen Aufstand der Gläubigen der Stadt. Dennoch wurde sein Marienstift in Magdeburg zu einem Zentrum der christlichen Mission an den slawischen Stämmen und Völkern östlich der Elbe. Mit Kaiser Lothar III. zog Norbert als Erzbischof nach Rom, um dort den Papst Innozenz II. wieder in seine Rechte einzusetzen. Als Erzkanzler des Reiches für Italien war er an wichtigen kirchenpolitischen Entscheidungen beteiligt. In Rom holte er sich eine Infektion und kehrte krank nach Magdeburg zurück, wo er im Jahr 1134 verstorben ist. 1582 wurde er vom Papst heilig gesprochen. Seine Zeitgenossen schätzten seine Predigttätigkeit und seinen Einsatz für die Armen.[17]

Dominikus von Guzman (1170–1221)

Der Gründer des Dominikanerordens wurde 1170 in der Nähe der spanischen Bischofsstadt Osma geboren. Seine Eltern hatten dort großen Grundbesitz. Der Knabe wurde von einem Onkel, der Erzpriester war, in der lateinischen Sprache unterrichtet und in die Regeln des kirchlichen Dienstes eingeführt. Mit 20 Jahren kam der junge Domingo an die Domschule nach Palencia, um Priester zu werden. Da zu dieser Zeit in Kastilien eine große Hungersnot bestand, verkaufte der junge Student kostbare Bücher, um den Armen mit Geld helfen zu können. Auch andere Schüler und Lehrer der Domschule folgten diesem Beispiel der Nächstenliebe und Nächstenhilfe. Im Jahr 1198 wurde Domingo in Osma zum Priester geweiht und in das Chorherrenstift des Domkapitels aufgenommen. Dort wurde er bald zum Prior ernannt. Später reiste er mit seinem Bischof nach Rom, um vom Papst die Betrauung mit missionarischen Aufgaben zu erbitten.

Gegen Katharer und Waldenser

Auf einer Reise nach Toulouse lernte er die Lehre und Lebensform der Katharer kennen, die sich zu dieser Zeit stark ausbreiteten. Diese Bewegung der Armen und Besitzlosen ging auf die alte gnostische Lebensform der Bogomilen zurück, die nicht glauben konnten, dass ein guter Schöpfergott eine so ungerechte Welt geschaffen habe, wie sie sie erleben mussten – sahen sie doch den Überfluss der Reichen und die bittere Armut der Massen der Bevölkerung. Die Katharer erhielten ihren Namen, weil sie zum »reinen Christentum« (griech. *katharos* = rein) des Anfangs zurückkehren wollten. Sie wollten den Vorgaben des Evangeliums Jesu folgen und den Besitz untereinander teilen. Unter den Katharern gab es viele Wanderprediger, die arm und asketisch lebten sowie die Selbsthilfe der Notleidenden organisierten. Diese Bewegung fand vor allem bei Bauern, Lohnarbeitern und Unfreien große Zustimmung.

Die Katharer organisierten sich in einer tragenden Elite (*perfecti*) und den vielen glaubenden Anhänger (*credentes*). Sie deuteten, wie schon die Gnostiker in der Antike, die Welt nach einem dualistischen Prinzip, in dem ein guter Gott des Lichtes gegen einen bösen Dämon des Dunkels kämpft. Diese ungerechte und grausame Weltordnung, der es zu entkommen gelte, sei von einem bösen göttlichen Schöpfer eingerichtet worden. Die reinen Christen versuchten nun, die Nächstenliebe zu leben und die Nächstenhilfe zu organisieren, um die Welt gerechter zu machen und dem Gott des Lichtes näher zu kommen. In der Region um die Stadt Albi in Südfrankreich bildeten die Katharer eine Gegenkirche zur Reichskirche der Kleriker, Priester, Bischöfe und Päpste. Dort wurden diese Menschen, die danach strebten, das Evangelium Jesu in seiner ursprünglichen Form zu leben, Albigenser genannt. Doch die Amtskirche kämpfte mit der Unterstützung des Königs und der Fürsten gegen diese neue Glaubensform und verteidigten damit auch das Monopol ihrer Predigt.

In dieser Zeit entstanden viele Bewegungen der Armen und Rechtlosen. Sie kooperierten und wollten sich gegenseitig helfen, ihr schweres Los erträglicher zu gestalten. Viele Laienchristen schlossen sich zusammen, um dem Evangelium Jesu zu folgen, denn dieser Jesus hatte sich, gemäß der Evangelien, der Armen und Unterdrückten angenommen. Zu diesen Bewegungen zählen auch die Beginen und Begarden unter den vielen weiteren Armutsbewegungen, deren Ziele ähnlich waren: Sie wollten Jesus nachfolgen und teilten ihren Besitz untereinander. Auch reiche Menschen verschenkten ihre Güter, um den Notleidenden helfen zu können. Petrus Waldus, ein Kaufmann aus Lyon (gest. 1218) und der Begründer der Waldenser, trennte sich von seiner Frau und übergab seine zwei Töchter einem Kloster zur Erziehung. Dann verschenkte er seinen Besitz an die Armen der Stadt, damit diese leben konnten.[18]

Danach begann Petrus Waldus als Prediger Anhänger für seine Armutsbewegung zu sammeln, die ein einfaches Leben führten und den Armen der Region wirkungsvoll helfen wollten. Der Bischof verhängte über ihn ein Predigtverbot, das ihn aber an seiner sozialen Tätigkeit für die Armen nicht hinderte. So entstand die Bewegung der Waldenser, die sich als Teilkirche entwickelt hat und bis heute Bestand hat – sie führt heute in Rom sogar eine eigene Theologische Hochschule. In dieser

Situation sandte Papst Innozenz III. einen Gesandten (*legatus*) nach Südfrankreich, der die Kleriker darauf vorbereiten sollte, die Armutsbewegungen wieder mit der Reichskirche zu verbinden. Doch die päpstlichen und bischöflichen Prediger hatten bei der armen Bevölkerung des Landes wenig Erfolg, weil sie selbst durch Besitz gut abgesichert waren.

Einen anderen Weg schlugen nun die beiden Chorherren Diego und Domingo aus Osma in Spanien ein. Diego war Bischof seiner Heimatstadt geworden, Domingo war ihm in der Rolle des Priors des Konvents gefolgt. Dieser las nun die »*Unterweisungen der Kirchenväter*« des irischen Mönches Cassianus und holte sich von dort wichtige Anregungen für sein Denken und seinen Glauben. So reiste Domingo mit seinem Bischof nach Dänemark und von dort über die Alpen nach Rom. Beide wollten vom Papst die Erlaubnis erbitten, im Norden und Osten Europas missionarisch tätig sein zu dürfen. Doch der Papst lehnte dieses Ansuchen ab. Er benötige die beiden Kirchenmänner zum Neuaufbau der Reichskirche in Südfrankreich und Nordspanien.

Option für die Ungebildeten und Armen

Als darauf die beiden Glaubensmissionare über Citeaux nach Toulouse zurückritten, trafen sie dort auf päpstliche Gesandte, die ihnen von ihren Misserfolgen bei der Predigt an die arme Landbevölkerung berichteten. Finanziell gut abgesicherte Kleriker waren schließlich damals denkbar ungeeignet, die Armen und Notleidenden über die Armut Jesu zu belehren. Angesichts dessen reifte in Diego und Domingo der Entschluss, sich an der Predigt des Evangeliums an die Armen dieser Region zu beteiligen. Sie wollten das Feld nicht den Katharern, den Albigensern und den Waldensern überlassen. So begannen sie selbst arm zu leben, um die Armut Jesu überzeugend darlegen zu können. Sie waren nicht auf dem Pferd unterwegs, sondern gingen einfach gekleidet zu Fuß von Dorf zu Dorf.

Die beiden verfügten über keinerlei Besitz, sondern lebten vom Betteln und aßen das, was ihnen die arme Bevölkerung schenkte. Sie wollten sich mit dieser Option für die Armut dem Leben der Armen anpassen. Von diesen Motiven angezogen, schlossen sich ihnen auch ein paar Zisterziensermönche an. Oft waren sie ein bis zwei Wochen in einer Stadt, predigten in der einfachen Sprache der Region, die sie bald erlernt hatten, und diskutierten öffentlich mit den Katharern. Einige Male setzten sie auch die Feuerprobe ein, um über die Wahrheit ihrer Lehre zu entscheiden. In Montreal/Spanien kam es zu einem berühmten Streitgespräch mit den Predigern der Katharer, das, misst man es an der Resonanz der damaligen Zuhörer, offenbar unentschieden ausgegangen ist.[19]

In der Folge schickten die Zisterzienser weitere Prediger in dieser Sache und auch Bischof Diego forderte Verstärkung aus Nordspanien an. Mit diesem »Predigtwerk Jesu Christi« wollten diese Missionare den Einfluss der Katharer zurückdrängen und die Reichskirche stärken. Als Bischof Diego gestorben war, musste Domingo die Leitung des Predigtwerkes übernehmen. Bischof Diego hatte in der Stadt Prouille ein Kloster gegründet, das jene Frauen aufnahm, die sich von den Katharern abgewandt hatten. Dieses Kloster wurde nun zum Zentrum der Predigermönche rund um Domingo.

Im Jahr 1209 hatte Papst Innozenz III. ein Heer von Kreuzrittern nach Südfrankreich geschickt, welche die Waldenser und Katharer mit militärischer Gewalt zur Reichskirche zurückführen sollten. Die Kreuzritter eroberten die meisten Städte in Südfrankreich, außer Toulouse, das sich ihnen mit Erfolg widersetzte. Die Menschen mussten nun öffentlich dem Glauben der Katharer und Waldenser abschwören, doch innerlich blieben sie ihm verbunden. Im Jahr 1215 reiste Domingo mit dem Bischof Fulko nach Rom zum Konzil der Bischöfe im Lateranpalast, um vom Papst die Bestätigung der neuen Gemeinschaft der Predigermönche zu erbitten. Der Papst bestätigte die Ordensgemeinschaft, verpflichtete sie aber zur Übernahme einer bereits bestehenden Ordensregel. In Toulouse wählten die Freunde und Schüler des Dominikus daraufhin die Regel des Augustinus, die sie bereits als Kanoniker kennen gelernt hatten.

Die Dominikaner

Die Predigerbrüder, wie sie sich nun nannten, verfassten daraufhin Rechtssatzungen (*Consuetudines*), wobei sie viele der

Bestimmungen aus dem Orden der Prämonstratenser übernahmen. In ihren eigenen Bestimmungen heißt es, die Novizen sollten sich ständig mit geistigen Dingen beschäftigen, um Besonnenheit und klares Denken zu lernen. Diese Lebensordnung legte Dominikus ein Jahr später in Rom vor, Papst Honorius III. bestätigte diese Ordensregel.[20] Damit war ein neuer Predigerorden mit Sitz in Toulouse entstanden, der sich an den drei Evangelischen Räten sowie an der Regel des Augustinus ausrichtete. Dominikus hatte eine innere Vision, dass sich dieser neue Orden auch in anderen Städten ausbreiten müsste. So schickte er jüngere Brüder in die Stadt des Königs, nach Paris, und in andere Städte in Frankreich, wo sie Niederlassungen gründen und Mitglieder werben sollten.

Auch Dominikus selbst ging wieder auf große Predigtreisen. Er besuchte dabei auch seine Ordensbrüder in Bologna und in Madrid. In dieser spanischen Stadt gründete er die erste Ordensniederlassung für Frauen. Sie sollten die Arbeit der Predigerbrüder mit Gebet und Hausarbeit unterstützen. Später reiste er nach Toledo und gründete in Segovia ein Kloster. Über Toulouse und Montpellier reiste der Ordensgründer mit einigen Brüdern zu Pferd nach Paris, um sich beim König für seinen Orden einzusetzen. Durch die Vermittlung des Papstes bekamen die Brüder in Paris das Hospiz Saint Jacques zur Verfügung gestellt, das sie zu ihrem Studienzentrum ausbauten. In Paris interessierten sich auch Lehrer und Studenten der Domschulen und der Klosterschulen für den neuen Orden. Dort schlossen sich die Lehrer dieser Schulen zu einer »Universität« (*Universitas litterarum et scholarum*) zusammen.

Unter den Novizen des Ordens war Jordan von Sachsen, ein Magister der freien Künste und Bacchalaureus der Theologie. Er wurde später der Nachfolger des Dominikus in der Leitung des Ordens. Dominikus selbst reiste damals nach Italien. In Orvieto traf er mit dem Papst zusammen, der ihm den Auftrag gab, auch in Rom Ordenshäuser für Frauen (Dominikanerinnen) einzurichten. Außerdem sollte er in der Lombardei die Predigttätigkeit gegen die Waldenser organisieren. In Rom gründete Dominikus wenig später das Kloster San Sisto, und reiste dann nach Mailand in die Lombardei, um seine Predigtbrüder im Glauben zu stärken. Zuletzt nahm er in Bologna an einer Versammlung

(Kapitel) des Ordens teil, wo dessen innere Struktur festgelegt wurde. In dieser Stadt ist er am 6. August 1221 gestorben.

Daraufhin wurde Jordan von Sachsen zum Nachfolger des Dominikus in der Ordensleitung gewählt. Das Kapitel hatte beschlossen, dass der Orden keine größeren Besitzungen annehmen dürfe, nur die Ordenshäuser und Gärten zur Versorgung der Brüder waren erlaubt. Die Prediger mussten sich in der Seelsorge engagieren, für sie galten die drei Gelübde der Armut, der sexuellen Keuschheit und des Gehorsams. Mittlerweile waren die Predigerbrüder (*Ordo praedicatorum*) zu einem großen Orden der Reichskirche geworden und kämpften weiterhin gegen die Armutsbewegungen, welche sich von den Bischöfen abwenden wollten. Damit trugen sie wesentlich zur Stabilisierung der Reichskirche bei. Ihr Gründer Dominikus wurde schon am 13. Juli 1234, nicht einmal 13 Jahre nach seinem Tod, vom damaligen Papst Gregor IX. heilig gesprochen.[21]

Große Lehrer des Ordens

Die Dominikaner bestehen aus Klerikern und Ordensbrüdern, aber auch die weiblichen Orden leben die Spiritualität des Gründers. Ihr Gründer wusste sich dem Dienst am Wort Gottes verpflichtet, so dass er den großen Predigerorden der Kirche hervorgebracht hat. Dieser Orden war maßgeblich an der päpstlichen und bischöflichen Inquisition beteiligt, in der alle Ketzer und Häretiker ausgerottet werden sollten. Dominikaner leiteten die Gerichtsverfahren und schrieben die großen Bücher der Hexenverfolgung, z. B. den so genannten »*Hexenhammer*«. Sie erlangten im 13. Jahrhundert großen Einfluss auf die entstehenden Universitäten, was sich an den Lehrern Albert von Lauingen (Albertus Magnus) und Thomas von Aquin beispielhaft zeigt. Aus dem Orden sind viele Bischöfe, Theologen und Kirchenpolitiker hervorgegangen. Dominikaner waren und sind an der Weltmission maßgeblich beteiligt.

Große Lehrer aus dem Dominikanerorden waren im 13. Jahrhundert Albertus Magnus und Thomas von Aquin, sowie etwas später Meister Eckhart. Die beiden ersten haben wesentlich dazu beigetragen, die Philosophie des Aristoteles an den lateinischen Universitäten bekannt zu machen. Beide lehrten Philosophie und Theologie in Köln und Paris und Lehrer Albert wie auch Schüler Thomas sahen zwischen den Lehren der Theologie und dem Denken des Aristoteles keinerlei Gegensätze.

Albert von Lauingen stammte aus schwäbischem Adel. Er studierte in Padua und Köln, dann lehrte er Philosophie und Theologie und wurde schließlich Bischof von Regensburg und Legat des Papstes. Er verfasste mehrere Werke über die Naturkunde, über Botanik und Zoologie, über Astronomie und Astrologie.

In Albert war früh das Interesse an der Natur erwacht und dem folgend studierte er die lateinischen Schriften des Galenus und des Ptolemaios. Auf diesem Weg kam er zur Überzeugung, dass wir die Natur zuerst beobachten und das Beobachtete ordnen müssen. Er war sich sicher, dass die Philosophie das Licht ihrer Erkenntnis der natürlichen Vernunft verdankt und nicht göttlichen Eingebungen. Folglich seien die Erkenntnisse der Vernunft allgemein gültig. Ein Konflikt zwischen der Vernunft und dem religiösen Glauben könne nicht entstehen, weil beide Einsichten von Gott stammen. Unsere Erkenntnisse über die Natur beginnen immer mit unseren sinnlichen Wahrnehmungen und bauen auf Beobachtungen auf.[22]

Sein Schüler Thomas von Aquin (gest. 1274) stammte aus süditalienischem Hochadel und war als Kind dem Orden der Benediktiner übergeben worden. Mit 18 Jahren entschied er sich aber für den neu gegründeten Bettelorden der Dominikaner. Er absolvierte seine Studien in Köln und Paris, und war dann Lehrer der Theologie in Paris, Köln und Orvieto. Auch er übernahm die Philosophie des Aristoteles in sein Denken, die er zum Teil über arabische Philosophen (Averroes) und zum Teil durch Übersetzungen aus dem Griechischen durch Wilhelm von Moerbeke kennenlernte. Er verfasste u. a. eine Schrift gegen den Glauben der Muslime (*Summa contra gentiles*) und gegen Ende seines Lebens sein Hauptwerk, die Summe der theologischen Lehren (*Summa theologica*).

Thomas war wenig an der Naturwissenschaft interessiert. Ihm ging es mehr um theologische und ethische Fragen, weshalb er sich auch vor allem mit der aristotelischen Ethik und Metaphysik und ihrer Übersetzung in das christliche Denken beschäftigte. Für ihn war, wie für Aristoteles, Gott der erste

Beweger, der sich selbst denkt; die erste Ursache von allen Geschehnissen, die höchste Notwendigkeit bei aller Zufälligkeit, die oberste Vollkommenheit in einer hierarchischen Weltordnung und schließlich das letzte Ziel der Schöpfung. Gott hat alle seine Möglichkeiten schon verwirklicht (*actus purus*), er ist reine Notwendigkeit. Die gesamte Wirklichkeit ist nach den Regeln der Vernunft geordnet, deswegen können wir sie mit unserem Verstand erkennen. Darüber hinaus ist dem Menschen in der Welt die Erkenntnis im Sinne einer doppelten Ähnlichkeit möglich, nämlich der Analogie der seienden Dinge untereinander sowie der Analogie zwischen den seienden Dingen und dem göttlichen Schöpfer.

Der Weltstoff aber, so Thomas, sei nicht ewig, wie Aristoteles vormals gelehrt hatte, er sei vielmehr von Gott innerhalb der Zeit geschaffen worden. Wir können die gesamte Welt mit den Kräften unserer Vernunft erkennen. Die Wahrheit unserer Aussagen sei dann gegeben, wenn unsere sprachlichen Begriffe mit den bezeichneten Dingen und Sachverhalten übereinstimmen bzw. wenn diese sich ihnen annähern (*adaequatio rei et intellectus*). Die Schöpfung als Ganze sei gut, denn in ihr wirke das natürliche Gesetz (*lex naturalis*). Wenn in uns Menschen die göttliche Gnadenkraft wirksam werde, dann setze sie immer die menschliche Natur voraus (*gratia praesupponit naturam*). Das moralisch Gute sei für uns Menschen das, wonach alle von ihrer Natur her streben, die Natur und die Vernunft bestimmen also das Gute.

Die menschliche Seelenkraft forme den Körper (*anima forma corporis*), sie sei unsterblich. Das Ziel jedes Menschenlebens sei die ewige Schau des Göttlichen (*visio beatifica*) bzw. das Ähnlichwerden mit der Gottheit. Wir Menschen haben einen freien Willen und sind folglich für unsere Entscheidungen und Taten moralisch verantwortlich. Dem Bösen in der Welt komme kein selbstständiges Wesen zu, es sei immer ein Mangel an Gutem. Die Regeln unseres Zusammenlebens können wir aus den Gesetzen der Natur und den Einsichten unserer Vernunft erkennen. Aus der Natur erkennen wir das Naturrecht (*lex naturalis*), doch über diesem sei noch das göttliche Recht (*lex divina*) anzusetzen. Insgesamt hat Thomas wesentlich zur Verbreitung des realistischen Denkens des Aristoteles in Europa beigetragen.[23]

Ein anderer Denker aus dem Orden der Dominikaner war Meister Eckhart (gest. 1328), der die rationale Philosophie mit dem mystischen Erleben verbinden wollte. Er knüpfte wieder an der platonischen Ideenlehre an, der glaubende Mensch strebe immer nach der Vereinigung mit dem Göttlichen. Die ganze Welt und der große Kosmos seien Ausdruck des einen Göttlichen, dieses sei aber von der Welt verschieden. Mit unserem Denken können wir den göttlichen Urgrund nicht mehr erfassen, deswegen versuchen die Mystiker, sich ihm in der ekstatischen Erfahrung zu nähern. Dieses Einswerden mit dem Göttlichen sei für uns Menschen die höchste Glückseligkeit. Das Wesen der Gottheit können wir mit unserer Sprache nicht mehr aussagen, vor ihm bleibt uns nur das staunende Schweigen. Meister Eckhart hat uns Predigten in der deutschen Volkssprache hinterlassen.[24]

Franz von Assisi (1182–1226)

Vom Sohn des Tuchhändlers zum Vater der Armen

Der Gründer des Franziskanerordens wurde im Jahr 1182 in der umbrischen Stadt Assisi geboren. Sein Vater Pietro Bernardone war ein begüterter Tuchhändler, der in Frankreich und Flandern Handelsbeziehungen unterhielt. Seine Mutter Pica stammte aus einer reichen Familie aus Frankreich. Als der Sohn geboren wurde, war der Vater auf einer Handelsreise, daher ließ ihn die Mutter auf den Namen Johannes taufen. Doch als der Vater heimkehrte, nannte er ihn Francesco, d. h. Französlein, wohl weil die Mutter Französin war. Das Kind kam früh in die Lateinschule der Stadt, lernte Schreiben und Lesen und marginal römische Dichter kennen. Dem Jungen wurden hohe Intelligenz, musische Begabung und vitale Lebensfreude zugeschrieben. Da er aus einer reichen Familie stammte, konnte er die Freuden der Jugend mit seinen Freunden hinreichend genießen.

Der Vater wollte den Sohn für den Tuchhandel ausbilden lassen, doch da brach zwischen den Städten Perugia und Assisi ein Krieg aus. Der 20jährige Francesco musste zu den Soldaten seiner Stadt, die Krieger von Perugia trugen den Sieg davon und der junge Kämpfer aus Assisi kam für ein Jahr in die Gefangenschaft der Nachbarstadt. Genau besehen war es ein Krieg der adeligen Familien der Stadt Assisi (*maiores*), die sich mit Perugia verbündet hatten, gegen die neureichen Familien (*minores*) der Stadt. Die Adeligen hatten gesiegt und damit war die alte Sozialordnung wiederhergestellt. Francesco gehörte einer neureichen Familie an. Diese Gefängniszeit ließ den jungen Mann über den Sinn des Lebens nachdenken.

Einige Zeit nach dessen Freilassung warb der junge Heerführer Walter von Brienne Soldaten für einen Krieg gegen Apulien (Puglia) an und der junge Francesco beteiligte sich wieder am Kampf. Doch er kam nur bis Spoleto, wo er schwer erkrankte und umkehren musste. Er war wohl für den Krieg nicht geschaffen und eine innere Stimme riet ihm zur Heimkehr nach Assisi. Nach diesem gescheiterten Versuch im Militärdienst unternahm Francesco eine Pilgerreise zum Grab des heiligen Petrus nach Rom. Vor der Basilika St. Peter soll er mit einem Bettler als Spiel die Kleider getauscht haben, die er aber wieder zurückbekam. Bei diesem Spiel lernte er die Armut von Mitmenschen aus der Nähe kennen.

Als er mit seinem Pferd nach Assisi kam, traf er vor dem Stadttor mehrere aussätzige Bettler, die mit lauten Rufen auf sich aufmerksam gemacht hatten. Nach alter Sitte durfte Francesco ihnen eine Spende geben, aber er durfte sie nicht berühren, um nicht selbst krank zu werden. Doch der junge Mann verspürte tiefes Mitleid mit den Armen. Er stieg vom Pferd und umarmte einen Aussätzigen. Dieses Ereignis, das einer seiner Begleiter berichtete, drückt die Sinneswandlung Francescos, seine Hinwendung zu den armen und leidenden Mitmenschen aus. Von nun an fühlte er sich für die Aussätzigen seiner Stadt verantwortlich und organisierte mit Freunden die Betreuung dieser Bettler mit Nahrung und Kleidern.[25]

Er begann, mit seinen Freunden Steinhütten für die Aussätzigen zu bauen, um sie vor Sonne und Regen zu schützen. Er verkaufte Stoffe seines Vaters, um Geld für die Armen zu bekommen und sie mit diesen Mitteln u. a. mit Kleidern zu versorgen. Für den neureichen Vater bedeutete es offenbar eine große Schande, dass sein einziger Sohn sich vom Tuchhandel abgewandt hatte und nun die Armen der Stadt betreute. Er rief ein Gericht gegen seinen Sohn an und Bischof Guido, der Leiter der Verhandlung, forderte den Sohn auf, alle Güter an den Vater zurückzugeben. Nun gab der Sohn alles Geld und seine kostbaren Kleider dem Vater zurück und begab sich unter den Schutz des Bischofs. Er soll nackt vor dem Vater gestanden sein und seitdem nur noch das Gewand eines Armen getragen haben.[26]

Die Bewohner der Stadt Assisi sahen in dem jungen Francesco bald einen heiligen Narren im Dienst an den Armen. In einer Kirche in Portiuncula hörte er beim Gottesdienst den Bibeltext, in dem Jesus seinen Jüngern sagte, sie sollten ohne Geld und Taschen auf Wanderschaft gehen, um das Evangelium vom Reich Gottes zu verkünden. Das wollte er ab jetzt auch tun, einzig im Vertrauen auf die Hilfe Gottes. Francesco brauchte fast sieben Jahre, bis er seinen Lebensweg klar sehen konnte. Er nahm nun an Jesus Maß und wollte wie dieser den Armen und Notleidenden helfen. Derer gab es zu dieser Zeit viele, so waren zahlreiche Armutsbewegungen entstanden. Doch die meisten dieser Bewegungen trennten sich von der Reichskirche, weil die Bischöfe und Theologen auf der Seite der Besitzenden und der Reichen standen.

Im Kontakt mit der Kirchenleitung

Francesco Bernardone aber wollte die Verbindung zur Kirchenleitung und zum Papst nicht aufgeben, so dass er seinen Dienst an den Armen am Rande der feudalen Reichskirche vollzog. Im Jahr 1209 pilgerte er mit seinen Gefährten ein zweites Mal nach Rom und erbat dort bei Papst Innozenz III. eine Audienz. Der Papst gewährte den jungen Männern das Gespräch und beauftragte sie, Jesus nachzufolgen und den Mitmenschen die Umkehr von den Sünden und die Buße zu verkünden. Sie versprachen dem Papst, ihm über ihre Tätigkeit wieder zu berichten. Sie lebten nun in Assisi wie »Gottesnarren«, gelegentlich arbeiteten sie bei den Bauern auf den Feldern, dann wieder lebten sie von der Bettelei. Sie verstanden sich als »Spielleute Gottes« (*joculatores Dei*), sangen heitere Lieder und zogen wie Jesus und seine Jünger von Dorf zu Dorf in der Umgebung der Stadt.

Die Männer um Francesco sahen sich auch als »Brüder Jesu« und als »Kinder Gottes«. Als solche führten sie ein sorgenloses

Leben. Ihre Kleider waren geflickt und einfach, sie gingen in die Kirchen, um zu singen und zu beten. Sie wohnten in einfachen Hütten und wollten dem Frieden im Land dienen, vor allem wollten sie das schwere Los der Armen und Kranken erleichtern. Jetzt nannten sich die Gottesnarren »mindere Brüder« (*fratres minores*), denn sie wollten ihr Leben lang den Armen und Leidenden wie Brüder helfen. Ihre Zahl wurde bald größer, ihnen schlossen sich auch Männer der mittleren und der unteren sozialen Schichten an. Sie alle lebten in Armut und predigten den Mitmenschen die Umkehr von den Sünden, die Buße und ein gottgefälliges Leben. Als die Gruppe zu groß wurde, teilte sie sich. Einige dieser Büßer zogen nach Apulien und Sizilien, in die Toscana und Lombardei und bauten dort Gemeinschaften der Armen Gottes auf.[27]

Damals gaben sich diese Minderen Brüder eine erste Regel für ihr Zusammenleben, die auf dem vierten Bischofskonzil im Lateran im Jahr 1215 diskutiert wurde. Die Bischöfe und Kardinäle wollten eine genauere Regel für den entstehenden Orden. Die Anhänger dieser Bewegung überschritten in diesem Jahr bereits die Grenzen von Italien, auch in Frankreich entstanden ihre Gemeinschaften und bald auch nördlich der Alpen. Es muss ein starker Bedarf für die soziale Tätigkeit der Minderen Brüder bestanden haben, denn anders lässt sich ihre schnelle Verbreitung nicht erklären. Durch die beginnende Geldwirtschaft und das Anwachsen der Stadtkulturen verarmten große Gruppen der Bevölkerung, die vorher wirtschaftlich gesichert waren. Viele dieser neuen und alten Armen wurden von den Minderen Brüdern betreut.

Die Anhänger dieser Minderen Brüder waren fast durchweg sozial sensible Menschen, welche die Not ihrer Mitmenschen nicht ungerührt und untätig ansehen konnten und wollten. Mit fortschreitender Zeit wollte Francesco Bernardone auch in ferne Länder ziehen, um dort die Botschaft vom Reich Gottes und von der Armut Jesu zu verkünden und zu leben. Bereits im Jahr 1212 wollte er das Heilige Land besuchen, was ihm aber nicht gelang. Doch im Jahr 1219 trat er mit dem Bruder Elias von Neapel aus eine Schiffsreise nach Ägypten an, denn er wollte auch den Muslime, von denen er viel gehört hatte, das Evangelium von Jesus verkündigen. Nach christlichen wie auch nach muslimischen Quellen traf Francesco in Damiette mit dem Sultan Malik al-Kamel zusammen und diskutierte mit diesem über den rechten Glauben.

Im Jahr 1220 kehrte Francesco mit seinen Begleitern wieder nach Italien zurück, doch er hatte sich in Ägypten ein Augenleiden geholt. Mehr wird uns über diese Reise nicht berichtet. Die letzten sieben Jahre seines Lebens verbrachte er in der Umgebung von Assisi, die Leitung des entstehenden Ordens hatte er schon an Bruder Petrus übergeben. Diesem folgte dann der Bruder Elias von Cortona nach, der die entstehenden Gemeinschaften neu organisierte. Im Herbst 1223 zog sich Francesco nach Fonte Colombo zurück, um die endgültige Regel des Ordens zu bearbeiten. Diese Ordensregel wurde am 29. November 1223 von Papst Honorius III. bestätigt, sie erhielt damit kirchliche Rechtskraft.

Francesco war zu dieser Zeit häufig krank, sein Sehvermögen ließ stark nach, so dass er sich einer Augenoperation mit glühenden Eisen unterzog. Er fastete viel und im September 1224 soll er in La Verna die fünf Wundmale Christi an seinem geschwächten Körper empfangen haben. Es wird erzählt, dass er an den Händen, an den Füßen und an seiner rechten Seite regelmäßig zu bluten begann. Die Brüder sagten, ein Engel Gottes (*saraph*) habe ihm diese Wunden Christi eingeprägt. Heute erklären viele diese Wunden als den körperlichen Ausdruck eines seelischen Prozesses der Hingabe an Jesus.

Der Sonnengesang

Die Brüder wollten damit sagen, dass ihr Ordensgründer im Erleiden der Schmerzen Christus gleich geworden sei. Ohne Zweifel lebte Francesco in einer tiefen mystischen Beziehung zum leidenden Christus und zur Gottesmutter Maria. Er schaute in vielen Visionen ihre Bilder und hörte in Auditionen ihre Stimmen. Das Leben des Ordensgründers war von einer starken Liebe zu Christus und von einer tiefen Hingabe an leidende Mitmenschen geprägt. Gegen Ende seines Lebens soll Francesco den berühmten »*Gesang an die Sonne*« verfasst haben, in dem er seine liebevolle und dankbare Einstellung zum Leben und zu allen Mitgeschöpfen zum Ausdruck brachte.

In diesem »*Sonnengesang*« lobte Francesco den göttlichen Schöpfer für alle Wunder dieser Welt. Er dankte für den Anblick der Sonne, des Mondes und der Gestirne; den Wind und die Luft nannte er seine Geschwister. In diesem Text zeigt sich sein tiefes Gefühl, Teil der Natur zu sein, die von Gott geschaffen worden war. Auch die Erde erlebte Francesco wie eine Schwester und Mutter, weil sie den Menschen viele Früchte bringt. Gott erschuf auch uns Menschen, die wir zur Liebe fähig sind sowie Leiden ertragen und verwandeln können. So ging dieser Naturmystiker gefasst auf seinen Tod zu, den er als Bruder anspricht, denn er hoffte, im Sterben dem göttlichen Schöpfer zu begegnen. Dieses große Lied drückt eine demütige und dankbare Lebenshaltung aus, die Glaubenden freuen sich ihres kleinen Lebens, das durch die gegenseitige Liebe und Zuneigung erhellt wird.[28] Der Sonnengesang wurde in altitalienischer Sprache (*Volgare*) verfasst und gesungen. Er prägte die Spiritualität des entstehenden Ordens.

In dieser Zeit ließ Francesco beim Bischof von Assisi sein geistliches Testament niederschreiben. Darin beteuert er, dass allein Gott sein Leben geführt habe. Am 3. Oktober des Jahres 1226 ist er in Portiuncula gestorben, seine Brüder haben ihn mit Gebeten und Gesängen in den Tod begleitet. Dieser von Gott begeisterte Mensch lebte in völliger Solidarität mit den Armen und sah im einfachen Stil des Lebens ein göttliches Geschenk. In der Nachfolge Jesu wollte er den Schwachen und Notleidenden nützlich sein. Das tiefe Mitgefühl mit allen Lebewesen hat sein Leben so geprägt, dasss dieser wandernde Gottesnarr die Lebensform der frühen Jesusbewegung glaubhaft in seine Zeit übersetzt hat.

Diese Spiritualität hat durch viele Jahrhunderte bis in die Gegenwart unzählige Menschen und Gruppen auf allen Erdteilen inspiriert. Francesco wollte seine Armutsbewegung mit der feudalistischen Reichskirche verbinden. So akzeptierte er, dass die Bischöfe und Päpste, die Erzpriester und Prälaten sowie andere kirchliche Funktionsträger als Feudalfürsten lebten. Doch er selbst wollte mit seinen Brüdern und Schwestern unter den Armen leben, um ihnen zu helfen, ein menschenwürdiges Leben zu führen. So war dieser Ordensgründer kein Sozialrevolutionär, denn er dachte nicht darüber nach, wodurch diese Armut bei vielen Menschen ausgelöst werde. In Italien und in vielen

Ländern Europas verbreitete sich der Orden der Minderen Brüder, die nur kurz nach dem Tod ihres Gründers Franziskaner genannt wurden. Bald entstand auch ein weiblicher Zweig des Ordens, in dem Gott geweihte Frauen wertvolle Dienste für die Armen leisteten und noch bis heute tun.

Der Orden der Franziskaner

Der Franziskanerorden verzweigte sich später in die Orden der Minoriten und der Kapuziner, doch das Streben, auf ihre Weise in der Spiritualität des Franz von Assisi zu leben, war und blieb ihnen dennoch gemeinsam. Als Ziele dieser Orden gelten ein dem Evangelium Jesu Christi gemäßen Leben nach dem Motto »Den Spuren Christi folgen« (*sequi vestigia Christi*), die Befolgung der drei Evangelischen Räte der Armut, des Gehorsams und der sexuellen Enthaltsamkeit, die Verkündigung der Frohen Botschaft, vor allem an die Armen und Geringen. Viele begeisterte Menschen schlossen sich diesen Orden an und verkauften oder verschenkten ihren Besitz, um den Notleidenden zu helfen. Vor allem in den entstehenden und sich damals vergrößernden Städten des 13. und 14. Jahrhunderts verbreiteten sich diese Orden, was bald zu Auseinandersetzungen um den Grad der moralischen und asketischen Strenge führte. Die Spiritualen wollten die Konventualen in dieser Strenge übertreffen.

Schon um 1300 dürfte es in Europa um die 30.000 Mitglieder der Franziskanischen Orden gegeben haben. Sie bauten in den Städten einfache Klöster und Kirchen und engagierten sich in der Seelsorge an Außenseitern, Armen und Hilflosen. Sie verteilten Speisen und Kleider, um die bitterste Not zu lindern. Dafür baten sie die reichen Familien um Spenden. So organisierten sie im privaten Bereich eine Umverteilung der Güter, doch an der ungerechten Sozialordnung der feudalistischen Gesellschaft wagten sie nicht zu rütteln. Die Franziskaner entwickelten eine volksnahe Frömmigkeit und gestalteten die kirchlichen Feste auf bildhafte Weise. So trug Franziskus zur Einführung der Weihnachtskrippe bei oder verehrte die Leiden Jesu und der Gottesmutter Maria.[29]

Nicht wenige Franziskaner widmeten sich der theologischen Wissenschaft, etwa Johannes Fidenza, der im Orden Bonaventura genannt wurde, oder der Philosoph Wilhelm von Ockham, der wesentliche Impulse für die nominalistische Weltdeutung und für die Entstehung der modernen Naturwissenschaften gesetzt hatte. Bonaventura (1221–1274) lehrte im Anschluss an Aurelius Augustinus, dass die Vorbilder bzw. Urbilder aller Dinge in Gott seien und nahm die platonische Ideenlehre wieder auf. Die Philosophie stehe immer im Dienst des religiösen Glaubens, jede Menschenseele könne zur Schau der Gottheit gelangen. Doch die Erfahrungen der Mystiker lassen sich in der Sprache nicht mehr ausdrücken.[30]

Auch Johannes Duns Scotus (ca. 1266–1308) war Franziskaner und folgte dem Denkmodell des Aurelius Augustinus. Er war überzeugt, dass wir sowohl die Existenz Gottes, als auch seine vielen Eigenschaften mit den Kräften unserer Vernunft erkennen können. Gott sei das höchste Ziel der moralischen Vollkommenheit, er könne nur in der mystischen Schau voll erlebt werden. Der bedeutendste Denker aus dem Franziskanerorden war der Engländer Wilhelm von Ockham (ca. 1300–1350), der allerdings später den Orden verließ. Er war der Vordenker der so genannten Nominalisten und der beginnenden Naturwissenschaft. Denn nach seiner Überzeugung kommt nur den Einzeldingen eine Realität zu, nicht aber unseren Universalbegriffen (z. B. Menschheit, Natur). Folglich mussten fortan die Einzeldinge erforscht werden, Naturwissenschaft sollte die metaphysische Spekulation ersetzen.

Unsere Universalbegriffe seien sprachliche Generalisierungen von vielen Einzeldingen, ihnen entspricht daher keine Wirklichkeit. Bei der Erforschung der Natur muss mit den Arten und Gattungen sparsam umgegangen werden und ohne Notwendigkeit sollen keine neuen Gattungen eingeführt werden. Die Existenz Gottes und die Unsterblichkeit der Menschenseele können mit philosophischen Argumenten nicht bewiesen werden. Die Bereiche der Wissenschaft und der Religion müssen klar getrennt werden. Auch Roger Bacon (1214–1294) trat in den Orden der Franziskaner ein und wollte schon klar zwischen der empirischen Wissenschaft und dem religiösen Glauben unterscheiden. Die Wissenschaft baue auf der Erfahrung, auf dem Experiment und auf der Mathematik auf. Die Philosophen sollten sich von den alten Autoritäten der Weltdeutung lösen und sich der Beobachtung der Einzeldinge widmen. Die empirische Erfahrung sei ungleich wichtiger als der logische Disput.[31] Roger Bacon beschäftigte sich mit Beobachtungen der Lichtbrechung sowie der atmosphärischen Lichtstrahlen und entwickelte Instrumente zur Lichtbrechung (konvexe Gläser). Er war einer der ersten Naturforscher in Europa.[32]

Der Orden der Franziskaner und seine Nebenzweige verbreiteten sich in der ganzen Welt und waren auch maßgeblich bei der Verbreitung des Christentums in fremden Kontinenten beteiligt. Neben den Männerorden gibt es verschiedene Richtungen der Franziskanerinnen, die sich dem Gebet, der Krankenpflege und der Armenhilfe widmen. Ferner gibt es noch den so genannten Dritten Orden des Franziskus für Laien, für Männer und Frauen, die in der Spiritualität des Gründers leben wollen. Die franziskanische Lebensform genießt bis heute weltweit großes Ansehen wegen ihrer Einfachheit und Glaubwürdigkeit. So hat ein Gottesnarr im frühen 13. Jahrhundert die Grundideen des Wanderpredigers Jesus aus Nazaret wieder belebt und in seine Zeit und Kultur übersetzt.

Klara von Assisi (1193–1253)

In Assisi hörte auch die adelige Tochter Chiara de Favarone de Offreducio von den »Gottesnarren« in der Stadt. Auch sie wollte den Armen und Leidenden helfen. Deswegen floh sie am Palmsonntag des Jahres 1212 aus dem Palazzo ihrer Eltern und zog zu den armen Brüdern nach Potiuncula hinab ins Tal. Sie ließ sich die Haare abschneiden und trat in eine Gemeinschaft von Frauen ein, die der Benedikt-Regel folgten. Ihre Familie war strikt dagegen, doch sie war 18 Jahre alt und konnte über ihr Leben entscheiden. Diesen Frauen schlossen sich bald andere adelige wie nichtadelige Frauen an. Sie bildeten in Dan Damiano eine neue Lebensgemeinschaft der »armen Herrinnen« (*pauperes dominae*) und waren mit den Brüdern um Francesco Bernadone eng verbunden. So entstand ein neuer kirchlicher Orden.

Zuerst erhielten diese Frauen von der Kirchenleitung das Privileg der Armut (*privilegium paupertatis*), denn sie wollten ganz in der Nachfolge Christi leben. Nun bemühte sich Chiara lange

Zeit um eine eigene Ordensregel, die sie selbst entwarf. Erst im Jahr 1253 wurde diese Regel von Papst Innozenz IV. genehmigt, woraufhin in der Umgebung noch andere Klöster dieses Ordens entstanden. Doch zehn Jahre später hat Papst Urban IV. eine zweite Regel approbiert, die den Schwestern privaten Besitz von Gütern erlaubte. Daraufhin lebten bald arme Klarissen nach der Klara-Regel und reiche Klarissen mit der Urban-Regel in Konkurrenz miteinander. Beiden Orden schlossen sich Töchter aus reichen Familien an.

Nun blieben manche Klöster der Klarissen unter der Jurisdiktion eines Bischofs. Doch im 15. Jahrhundert bemühte sich Coletta von Corbie um Reformen des Ordens und so entstand die Gemeinschaft der Colettinnen, die sich vor allem in Frankreich und in den Niederlanden verbreitete. Danach gab es viele Bemühungen, zur ersten Ordensregel zurückzukehren. Im 16. Jahrhundert entstanden die Klarissen-Kapuzinerinnen, die strenge Armut lebten und sich der Meditation hingaben. Der Orden der Klarissen breitete sich in seiner Vielfalt vor allem in Spanien und in Lateinamerika aus. Heute gibt es weltweit rund 800 Klarissenklöster, davon ca. 20 in deutschsprachigen Ländern.[33]

5. Orden und Klöster in der Neuzeit

Die meisten Historiker rechnen ungefähr ab 1500 mit einem neuen Zeitabschnitt, der so genannten Neuzeit. Zwischen Mittelalter und Neuzeit lässt sich aber kein abrupter Bruch feststellen, es handelte sich vielmehr um einen langsamen Übergang, der vor allem durch neue Erkenntnisse der Naturwissenschaften, die Entdeckung und Eroberung neuer Erdteile sowie veränderte Formen der Weltdeutung angebahnt wurde. So wird die beginnende Neuzeit durch viele Entdeckungen der Naturwissenschaften geprägt, welche die bisherige Weltinterpretation veränderten. Es sind Erkenntnisse in Astronomie, Lichtforschung, Physik und Chemie, in Mathematik und Geometrie. Die Philosophen und Historiker erinnerten sich in dieser Zeit des Umbruchs wieder stärker der antiken Kultur und ihrer Lebensformen, vor allem die stoische und epikuräische Weltdeutung kam dadurch erneut in den Blick.

Humanismus und Renaissance

Längst hatten philosophisch Gebildete begonnen, nach dem spezifisch Menschlichen (*humanum*) zu fragen und zu suchen, das gelingende Leben des Individuums drängte nun verstärkt ins Blickfeld. Sinnlichkeit und Sexualität bekamen einen neuen Stellenwert, so dass Maler wie Sandro Botticelli wieder den nackten Menschenkörper malten, was die Theologen fast 1000 Jahre verboten hatten. In den romanischen Ländern sprachen Philosophen und Historiker von einer »Wiedergeburt« (*renascita*) der antiken Kultur der Griechen und Römer. Sie erinnerten sich der vielen Götter und Göttinnen, die voll Sinnlichkeit das Leben der Menschen in allen Lebensphasen begleitet hatten. Diese Götter seien viel menschlicher gewesen als der strenge Christengott, lehrte etwa Gemisthos Plethon (ca. 1350–1452).

In der Politik wurden nun auch wieder demokratische Modelle des Staates diskutiert, welche im Ansatz in den griechischen Stadtstaaten gelebt worden waren. Einzelne Denker wie Pico della Mirandola (1463–1494) begannen nun, von einer allgemeinen »Würde« (*dignitas*) der Menschen zu sprechen, die vom göttlichen Schöpfer gegeben sei (*De dignitate hominis*). Ein Vordenker dieser neuen Weltorientierung war Erasmus von Rotterdam (1466–1536), der das humanistische Denken auch im Norden Europas verbreiten wollte. Er war überzeugt, dass eine neue humanistische Kultur auf zwei Säulen aufbauen müsse, nämlich zum einen auf den Morallehren der antiken Philosophie (Stoiker und Epikuräer), zum andern auf der Ethik des Neuen Testaments. Es sei an der Zeit, sich von den Torheiten und Überheblichkeiten der theologischen und scholastischen Weltdeutung zu verabschieden.

Nur durch eine vernünftige Erziehung und durch der Natur entsprechende Morallehren können sich die Menschen in ihrer Kultur und Lebensform weiterentwickeln. Die Formen der Herrschaft können gerechter und demokratischer werden, viele Kriege können durch vernünftige Verhandlungen verhindert werden. Jeder Mensch habe einen freien Willen, folglich sei er für seine Taten und Entscheidungen voll verantwortlich. Auch der religiöse Glaube müsse durch rationale Überlegungen ergänzt und in Teilbereichen verändert werden.[1]

Das Mönchtum zur Zeit der Reformation

Theologen und Philosophen, aber auch Mönche hatten seit langer Zeit Überlegungen zu einer nötigen Reform der feudalistischen Reichskirche vorgetragen und öffentlich diskutiert. Je mehr sie die Quellen des Evangeliums studieren konnten, umso deutlicher erkannten sie nämlich, dass die bestehende Reichskirche nur wenig mit den Anfängen der Jesusbewegung und der frühen Kirche zu tun hatte. Die Forderungen der Reformwilligen gingen nun dahin, die Rechte und Privilegien der Kleriker einzuschränken, den Laienchristen mehr Autonomie zu geben, auf die großen Besitztümer zu verzichten und das Glaubensleben wieder stärker am Evangelium Jesu zu orientieren. So betonte der tschechische Theologe Jan Hus (ca. 1370–1415) die Autorität des Gewissens für jeden Menschen gegenüber der kirchlichen und der staatlichen Herrschaft. Er forderte auch, dass die Predigten und die kirchlichen Riten nicht in Latein, sondern in der Volkssprache gehalten werden sollten.

Der englische Theologe John Wyclif (ca. 1330–1384) wollte die Interessen der Laienchristen gegenüber den Klerikern stärken, deren Standesprivilegien überhaupt aufgegeben werden sollten, weil sie nicht dem Evangelium Jesu entsprächen. Er konnte und wollte nicht mehr glauben, dass sich bei der Feier der Eucharistie die Substanzen von Brot und Wein in den Leib und das Blut Christi verwandelten. Sündhafte Priester, die nicht im Stand der göttlichen Gnade lebten, könnten keinen göttlichen Segen vermitteln, ihre Riten seien gänzlich ohne Wirkung. Die Kleriker und Bischöfe seien durch ihren großen Reichtum vom Evangelium des armen Jesus abgefallen. Die Fürsten sollten ihnen die Güter wegnehmen, damit sie wieder dem Evangelium folgen könnten.

Martin Luther

Ähnlich dachte auch der junge Augustinermönch Martin Luther (gest. 1546), der aus Eisleben in Sachsen stammte. Er hatte in Erfurt und Wittenberg Theologie studiert und lehrte dort von 1512 bis zu seinem Tod die Auslegung der Bibel. Auch er wollte die Reichskirche nach den Vorgaben der Bibel reformieren, wobei er gänzlich auf die Einsichten der antiken Philosophie verzichtete. Im Gegensatz zu Erasmus von Rotterdam glaubte er, die Bibel allein (*sola scriptura*) reiche aus, um die christliche Kultur und Lebensform zu erneuern. Er hatte gelernt, von Augustinus her zu denken, dass der Mensch allein durch die göttliche Gnadenkraft (*sola gratia*) vor Gott gerechtfertigt werden könne. Denn jeder Mensch sei durch die Erbsünde durch und durch böse geworden. Allein durch den Glauben an Jesus Christus (*sola fide*) können wir Menschen daher die Erlösung von den teuflischen Kräften des Bösen finden. Von diesem düsteren Menschenbild konnte sich der Mönch Luther ein Leben lang nicht trennen.[2]

Nicht die guten Werke der Nächstenliebe brächten den Menschen die Erlösung von den Sünden, sondern allein der feste Glaube an Gott und an Jesus Christus. Gegen Erasmus von Rotterdam betonte Martin Luther, der Mensch habe gar keinen freien Willen, denn entweder sitze ihm Gott oder der Teufel im Nacken. So wurde die Glaubensreformation in Sachsen von einem Mönch ausgelöst und getragen.

Die eigentliche Reformation wurde im Jahr 1517 durch den so genannten Thesenanschlag ausgelöst. Auch wenn es bis heute umstritten ist, ob Luther tatsächlich mehrere Diskussionsthesen an der Schlosskirche zu Wittenberg angeschlagen hat, wie es seit langem Brauch war, ist es doch nicht zweifelhaft, dass er sie verfasst hat. In diesen Thesen forderte er zu einer gründlichen Reform der Reichskirche auf, doch der Papst verhängte 1521 die Exkommunikation aus der Kirche über ihn. Luther betonte, dass der frei gewordene Christ niemandes Knecht sei. Die Laienchristen hätten denselben Rang wie die Kleriker, da es in den Anfängen der Kirche gar keine Kleriker gegeben habe.

Weiter lehrte Luther, die Messfeier sei gar kein Opfer an Gott, sondern Erinnerung an den Tod Christi, und es sei unsinnig, sich durch Geldspenden den Nachlass der Sünden zu kaufen.

Die wahre Kirche Jesu Christi baue sich allein auf dem Wort Gottes auf, ihre Lebensform sei in der Bibel festgelegt. Sie benötige keine Hierarchie von Priestern und Bischöfen, dem die Christen verwalteten gemeinsam das göttliche Wort und die Sakramente. Die demokratische Struktur in den Anfängen der Kirche müsse wiederhergestellt werden, die Gemeinden sollten das Recht bekommen, sich ihre Prediger selbst zu wählen. Was die weltliche Obrigkeit betrifft, so müsse sie die Kirche mit dem Schwert schützen, weil diese keine Kriegsheere habe. Die Ehelosigkeit der Mönche und der Priester entspreche nicht dem Willen Christi, dem die Apostel der Frühzeit seien wie Petrus verheiratet gewesen.

Die Bibel in deutscher Sprache

Die Bibel sollte fortan in der deutschen Sprache gelesen und ausgelegt werden, daher hat sie der Reformator neu übersetzt. Bei der Feier der Eucharistie bzw. des Abendmahls sollten Brot und Wein verwendet werden, wie Jesus selbst es getan hat. Der Papst und die Bischöfe werden nicht mehr als die höchsten Autoritäten in der Kirche anerkannt, denn über ihnen steht das Wort Gottes in der Bibel.[3] Als Martin Luther mit anderen Mönchen heiratete und eine Familie gründete, da hatte das eine starke Vorbildwirkung auf Mönche und Nonnen in ganz Sachsen und bald darüber hinaus. Als ganze Städte und Regionen den neuen Glauben angenommen hatten, lösten sich viele Männer- und Frauenklöster auf. Oft haben die weltlichen Herrscher, Fürsten und Grafen mitgewirkt, diese Klöster aufzulösen, weil sie sich die Vermehrung ihres Besitzes erhofften.

Mit dieser Reformation des Glaubens kehrten viele Mönche und Nonnen in das weltliche Leben zurück, aber sie blieben bei ihren Tätigkeiten, die sie in den Klöstern gelernt hatten. Wo sie heirateten, was häufiger der Fall war, weil die Ehe nun als eine Gegebenheit der Natur angesehen wurde und die Enthaltsamkeit um des Himmelreiches willen seinen Sinn verloren hatte, predigten die früheren Mönche fortan als Familienväter das wahre Evangelium von der Rechtfertigung der Sünder. Die früheren Nonnen waren nun in ihre Familien eingebunden, in die sie viele Kenntnisse und Fertigkeiten aus den Klöstern einbrachten.

Die Reformatoren wollten mit der Pfaffenherrschaft aufräumen und schafften den Stand der Kleriker ab. Dennoch konnten quasi hierarchische Strukturen in der neuen Kirche nicht verhindert werden. An die Stelle des Klerikers trat die Autorität des Predigers, welche die der Priester teilweise sogar übertraf. Schon in der Frühzeit der Reformation traten Prediger miteinander in Konkurrenz, was mehrere Richtungen der Kirchenreformation zur Folge hatte. Die einzelnen Fragen der Kirchenreform wurden in den reformatorischen Gemeinden von allen Christen im Ansatz demokratisch diskutiert, wobei Theologen und Prediger aufgrund ihres Expertenwissens naturgemäß ein deutliches Übergewicht behielten. Es wurde davon ausgegangen, dass alle Getauften am allgemeinen Priestertum Anteil hätten und damit vor Gott gleichwertig seien. Freilich mussten auch in der erneuerten Kirche Ämter und Funktionen verteilt werden, doch die alte Trennung zwischen Klerikern und Laienchristen wurde weitgehend überwunden. Die einzelnen Gemeinden durften sich nun ihre Pfarrer und Prediger selbst wählen, sie wurden nicht mehr von Bischöfen eingesetzt. Mit der Auflösung der Bischofsämter gingen viele Besitzungen in die Hand der Fürsten über, die deswegen die Reformation zumeist unterstützten.

Nun war diese Kirchenreformation ein langsamer Prozess, der sich nicht plötzlich und keineswegs einheitlich vollzog. Viele Städte, aber auch Grafen und Fürsten schlossen sich dieser Reformation an, weil sie sich Vorteile erhofften. Als die Klöster sich auflösten, mussten ihre Dienste, vor allem der Dienst an den Kranken und Armen sowie die Erziehung von Kindern und Jugendlichen, neu organisiert werden. Diese Funktionen mussten nun die Städte übernehmen. Die zölibatäre und asketische Lebensform war weitgehend am Ende. Im Verzicht auf Ehe und Familie wurde kein Sinn und keine Forderung des Evangeliums mehr gesehen. Viel Besitz der Klöster ging nun an Fürsten, Grafen und Städte über, die Gebäude mussten einer neuen Nutzung zugeführt werden.[4]

Verfall der Klöster

Die meisten Klostergebäude wurden auch nach der Glaubensreformation genutzt, vor allem für die Schule und Erziehung, wie auch für die Armenhilfe und den Dienst an den Kranken. Die Lücke, welche die Auflösung der Klöster hinterlassen hatte, wurde allmählich durch Gemeinschaften von Laienchristen geschlossen, welche die verwaisten Dienste der Mönche und Nonnen übernahmen. Da aber kaum weiterer Besitz zu den Klostergebäuden verblieben war, konnten die Gemeinden und Städten diese Gebäude oft nicht erhalten. So sind in der Reformation und danach auch viele Klöster verfallen oder zerstört worden. Die Kirchen mussten ohnehin umgebaut werden, um den neuen Formen der Liturgie Rechnung zu tragen. Auch dies ist eine Folge der Kirchenreformation. Bei vielen Klosterbauten konnten die Mauern und die Dächer nicht mehr repariert werden, die Folge war der natürliche Verfall vieler wertvoller Bauten.

Im Großen und Ganzen hatte die Reformation das Mönchtum und viele kirchliche Orden aufgelöst und beendet. Dieser Prozess vollzog sich nicht überall gleich schnell, denn an manchen Orten blieben noch Stifte für adelige Damen oder Herren bestehen. Doch in weiten Teilen Mitteleuropas und Nordeuropas hat mit dieser Reform die Kultur der Klöster ihr Ende gefunden. Viele Bibliotheken wurden in die Städte und Schlösser der Fürsten überstellt, wobei Handschriften verloren gingen oder zerstört wurden. Daher ist zu dieser Zeit auch ein Bruch in der alten Kultur der Mönche und Nonnen erfolgt, so dass Historiker von einer ersten Säkularisation von Kirchengütern sprechen. Sie betraf auch alle Einrichtungen der Bischöfe, Domkapitel, Erzpriester und bischöflichen Kollegien.

Die Reform der katholischen Klöster

Der Schock der Reformation konnte auch in den katholisch gebliebenen Ländern und Regionen nicht ohne Folgen bleiben und führte zu tief greifenden Reformen im kirchlichen Leben. Vor allem die Ausbildung der Priester, die Strukturen der Seelsorge und auch das Leben der Mönche und Nonnen waren davon betroffen. Zunächst wurde am prinzipiellen Unterschied zwischen Klerikern und Laienchristen festgehalten, auch wenn es eine geringfügige Annäherung gab. Auf dem großen Reformkonzil von Trient (1545–1563) hatten die Bischöfe und Theologen die Grundsätze des katholischen Glaubens neu formuliert. Sie betonten, dass der christliche Glauben sich aus zwei gleichwertigen Quellen speise, nämlich zum einen aus der Bibel, zum andern aus der kirchlichen Tradition, der Lehre. Die kirchliche Hierarchie der Bischöfe und Kleriker habe die Aufgabe, die Laienchristen im Glauben zu belehren und ihnen Vorbilder des moralischen Lebens zu sein. Die Priester sollten nun in eigenen Seminarien (Samenbeeten) nach einem einheitlichen Programm ausgebildet werden.[5]

Die Bischöfe hielten an der bisherigen Kirchenstruktur fest. Sie legten die Zahl der kirchlichen Sakramente auf sieben fest, die Eheschließung wurde der kirchlichen Form (Formpflicht) unterworfen. Kleriker, Mönche und Nonnen durften auf keinen Fall heiraten, da die Ehelosigkeit als göttliches Gnadengeschenk gedeutet wurde. Die Eucharistie durfte nur in der Gestalt des Brotes gespendet werden. Den Klöstern wurden spirituelle Reformen empfohlen und in der Folgezeit entstanden auch ganz neue Orden, die auf Bedürfnisse der Zeit reagieren wollten. Manche Orden haben ihre Regeln verschärft, andere suchten nach neuen Schwerpunkten für ihre Tätigkeit.

Neue Impulse

Die so genannte »Gegenreformation« oder »Katholische Reform« führte in den katholisch gebliebenen Ländern und Regionen auch zu einem Aufblühen der Kultur der Klöster, der Mönche und Nonnen. Es entstanden neue Ordensgemeinschaften, die sich dem Dienst an den Kranken widmeten (Barmherzige Brüder) oder die in der Predigt des wahren Glaubens ihre Aufgabe sahen (Jesuiten). Andere Orden spezialisierten sich auf die Erziehung der Jugend oder auf die wissenschaftliche Bildung und Forschung. Vor allem in der Zeit nach den Glaubenskriegen zwischen katholischen und protestantischen Ländern konnte sich in der Zeit des Barocks eine neue Kultur des klösterlichen Lebens entfalten, die Bauwerke und Kunstschätze aus dieser Zeit beeindrucken noch heute.

Die Frömmigkeit der Mönche und Nonnen sollte ab sofort neuen Zielsetzungen und Methoden folgen (*devotio moderna*). Darin trat der einzelne Gläubige stärker aus der Gruppe heraus, und suchte die persönliche Begegnung mit Gott, Jesus Christus, Maria, den Engeln und den Heiligen. Der ganze Ablauf des Tages wurde dem göttlichen Willen unterstellt, das persönliche Gebet und die regelmäßige Meditation sollte das gemeinsame Stundengebet ergänzen. Zu dieser Zeit profilierten sich vor allem die Jesuiten des Spaniers Ignatius von Loyola als Seelenführer und Beichtväter der Laienchristen. Ihre Frömmigkeit strahlte auf andere Orden und Klöster aus. Wichtig wurde die persönliche Nachfolge Christi (*imitatio Christi*), das Nachleben und Nachfühlen der Lebensstationen des göttlichen Erlösers.[6]

Ignatius hatte mit seinen »*Geistlichen Übungen*« zur Vertiefung der persönlichen Gottesbeziehung aufgerufen. Auch die Kleriker und Mönche sollten lernen, die Lebenserfahrungen des göttlichen Erlösers zu meditieren und zu vertiefen. Auf diese Weise sollte die Seele offen werden für die göttliche Gnade, der Beter sollte sich voll Liebe und Hingabe für Christus öffnen. Die Bildung des Herzens führte zur Generalbeichte und zur Neuordnung des Lebens. Kleriker und Mönche waren fortan die Beichtväter und Seelenführer der Laienchristen, sie wurden deren persönliche Lebensbegleiter. In Italien gab Philipp Neri zu dieser Zeit wichtige Impulse für die Frömmigkeit der Ordensgemeinschaften.

In Spanien waren es vor allem Teresa von Ávila und Johannes de la Cruz aus dem Orden der Karmeliter, die das mystische Erleben aller Glaubensgeheimnisse vertiefen wollten. Die Seele sollte lernen, auch Zeiten der Dürre zu ertragen, bis sie dann zu neuen Wasserquellen des Glaubens vorstoße. Das innere Gebet und die mystische Schau sollen die Seele verwandeln, damit sie auf dem Weg zur moralischen Vollkommenheit voranschreiten könne. Die Mönche und Nonnen mussten auch die Dunkelheit des Kreuzes und die finstere Nacht erleben, um durch erfahrenes Leiden von der göttlichen Gnade verwandelt zu werden. Viele Laienchristen haben diese Impulse der Frömmigkeit aus den Klöstern aufgegriffen und weiterentwickelt.[7]

In Frankreich hatten vor allem Pierre Bérulle und Franz von Sales die Formen der Frömmigkeit geprägt und erneuert. Der

Bischof von Genf wollte ein geheiligtes Leben der Laienchristen mitten in der Welt formen. Die wahre Frömmigkeit setze immer die tiefe Gottesliebe voraus. Im Erleben der göttlichen Gnade öffne sich die Seele für die Größe und Schönheit des göttlichen Schöpfers und werde von einer tiefen Liebe erfasst und verwandelt. In seinem Buch »*Philothea*« gab Franz von Sales sehr konkrete Anweisungen für das spirituelle Leben, da die Gläubigen sollten lernen, sich ganz dem göttlichen Willen zu ergeben. Im Buch »*Theotinus*« gab der Bischof Anweisungen für das Gebet, die Kontemplation und die mystische Erfahrung.[8]

Kultur der Klöster in der Barockzeit

In der Zeit nach den großen Glaubenskriegen zwischen den katholischen und den protestantischen Ländern, die in Europa fast 100 Jahre gedauert hatten und die Bevölkerung in manchen Teilen stark reduzierten, wurde ein relativ friedliches Zusammenleben der beiden christlichen Konfessionen möglich. Zuerst mussten die Zerstörungen des Dreißigjährigen Krieges mühsam beseitigt werden, damit Neues aufgebaut werden konnte. In den katholischen Ländern wurde durch die Bischöfe und Theologen die Gegenreformation durchgeführt, da die Bestimmungen des Konzils von Trient in die Tat umgesetzt werden mussten. Die Träger der geistigen und der spirituellen Erneuerung wurden jetzt vor allem die Jesuiten, doch auch die Benediktiner, die Zisterzienser sowie die Bettelorden nahmen aktiv an der Erneuerung des kirchlichen Lebens teil. So entfaltete sich eine Kultur der Barockzeit, die stark von den Klöstern getragen wurde.

Mönche wie Nonnen hatten gelernt, ihre großen Güter effizient zu bewirtschaften. Rechtlich waren die Klöster mit viel Grundbesitz den Grafen und Fürsten gleichgestellt, da auch sie Grundherren mit Lehensnehmern waren. Auf ihren Besitzungen lebten freie und unfreie Bauern, Tagelöhner, Halbfreie, Knechte und Mägde. Diese waren der Auffassung, dass es unter dem »Krummstab« der Äbte und Bischöfe besser zu leben sei als unter der Herrschaft der Grafen und Fürsten. Die Lehensnehmer mussten Abgaben an die Klöster zahlen und Dienste leisten, zumeist aber keine Kriegsdienste. Dadurch ist es möglich geworden, große Bauten an Kirchen und Klöstern auszuführen und kunstvoll zu gestalten.[9]

Eine Phase des Kirchen- und Klosterbaus

So begann in der Folgezeit des Dreißigjährigen Krieges eine große Bauepoche in ganz Europa. Dabei wurden viele der alten Kirchen abgerissen und durch größere ersetzt. Zur Kultur des Barocks gehören aber auch neue Formen der Musik und Malerei, der Dichtkunst und des Theaters, der Philosophie und wohl auch der Theologie. Die Klöster begannen nun, ihre alten romanischen und gotischen Kirchen zu vergrößern oder umzubauen und mit neuen Stilelementen zu gestalten. Oft wurden auch alte Bischofskirchen abgetragen, um neue und größere Barockbasiliken bauen zu können (Dom zu Brixen, zu Salzburg u. a.). Die Bevölkerung hatte in dieser Zeit wieder zugenommen und es muss mit einer warmen Klimaperiode gerechnet werden. So machte der wirtschaftliche Wohlstand eines kleinen Teils der Bevölkerung diese große Bauperiode in ganz Europa möglich. In den Bildern, in der Musik und im Theater fand ein neues Lebensgefühl der Lebensfreude und der Sinnlichkeit ihren Ausdruck.

Viele Baumeister der Barockkultur kamen aus Italien nach Mitteleuropa, die von dort noch die Bilderwelten der antiken Kultur und der Renaissancefürsten kannten. So entstanden überall in den katholischen Ländern neue Kirchen und große Klosterbauten. Die Bauern und Lohnarbeiter mussten für diese Bauwerke harte Dienste leisten, aber sie identifizierten sich mehrheitlich mit diesen Bauten, wie wir aus schriftlichen Quellen wissen. Denn wenn sie am Sonntag in diese Barockkirchen kamen, dann sahen sie ein Stück des Himmels auf der Erde abgebildet. Diese Kirchenräume zeigten ihnen den Vorschein des glücklichen Lebens, aber auch ein Stück der Lebenskultur der Adeligen und der Mönche. Die Gläubigen sahen in den Kirchen alle Bilder des Glaubens lebendig dargestellt, die himmlische Welt der Engel und die teuflische Welt der Hölle.[10]

Barockes Lebensgefühl

Etliche Klöster waren ähnlich wie die Schlösser der Fürsten und Grafen gebaut, ihre Bewohner hatten einen ähnlichen Lebensstil und auch die Baumaterialien waren dieselben. Viele dieser Klöster waren Zentren der Barockkultur, in denen wunderbare Festsäle und Stiegenhäuser, zumeist für die großen Empfänge der Kaiser, Könige, Fürsten und Grafen gebaut wurden. Fast jedes Kloster baute ein Fürstenzimmer oder einen Kaisersaal, denn die Fürsten mussten auf der Durchreise standesgemäß beherbergt werden. So wurden in den Klöstern auch große Feste gefeiert. Weiterhin wurden sie zu Zentren der Musik und der Musiktheater, wo auch die frühen Oratorien und Opern zur Aufführung gebracht wurden. Zu den großen Festen des Kirchenjahres wurden in den Kirchen große lateinische Messen mit Orchester aufgeführt. Es ist die Zeit der großen Komponisten von bestellter Kirchenmusik.

Auch das einfache Volk konnte diese Messen hören und verfolgen, denn am Sonntag wurde ein Stück Vorfreude auf den Himmel erlebt. In den Klöstern wurde lateinisches Theater gespielt, zumeist für die Mönche und Nonnen, für die Klosterschüler und für adelige und bürgerliche Gäste. Auf den Bildern der Barockkultur wurden die christlichen Tugenden, aber auch die Tugenden der antiken Kultur dargestellt. Das Musiktheater wurde zu dieser Zeit durch das Tanztheater ergänzt, wobei zumeist Themen des religiösen Glaubens dargestellt wurden. Mönche verbreiteten zu dieser Zeit auch in kleineren Ortschaften und Bauerndörfern das religiöse Theater, das zum Teil bis heute Bestand hat. In den Klöstern gab es für die Gebildeten Lesungen aus theologischen und literarischen Werken, teils in lateinischer und teils in der Landessprache.[11]

In den Klöstern wurden von den Schreibern die jährlichen Chroniken geschrieben, die uns über das politische und soziale Geschehen Aufschluss geben. Gleichzeitig waren die Klöster Zentren einer blühenden Wirtschaft, denn sie verwalteten große Felder und Viehweiden. Sie bauten Obst und Wein an, bewirtschafteten die Wälder und besaßen Bergwerke. Die neuere Wirtschaftsgeschichte hat gezeigt, dass auch in dieser Zeit die Klöster erfolgreicher wirtschafteten als viele Grafen,

Fürsten und Könige, pflegten sie doch durch ihre Mönche den Austausch mit fremden Regionen und Ländern. So wurden beispielsweise neue Sorten von Obst, Getreide und Wein in das Land gebracht. Auch mussten die Klöster weniger für ihre Verteidigung ausgeben als weltliche Herrschaften, aber dafür verschlangen natürlich ihre großen Kirchen erhebliche finanzielle Mittel.

So waren die Klöster zu Beginn der so genannten Säkularisation am Ende des 18. und am Beginn des 19. Jahrhunderts wirtschaftlich gut gestellt, oft um Vieles besser als die weltlichen Herrschaften ihrer Umgebung. Das weckte vielfach den Neid von Fürsten und Grafen und deren Bestrebungen nach den Gütern der Klöster wurden vom Denken der Aufklärung noch deutlich verstärkt.

»Stolz auf die Klöster«

Die Klöster hatten gut ausgebildete Ordensbrüder in allen Berufen, die für ihre Gemeinschaft arbeiteten und keinen Lohn erhielten.[12] Heute fragen sich Historiker und Laien, wie es möglich war, in relativ kurzer Zeit so große und kunstvolle Kirchenbauten und Klosterbauten zu errichten. Die Bauern und Tagelöhner, die Hörigen und die Klosterbrüder müssen mit einer starken religiösen Motivation daran mitgearbeitet haben. Sie lebten mit der Überzeugung, zur Ehre Gottes etwas Großes zu schaffen.

Die historischen Texte aus dieser Zeit berichten, dass die Bauern und Hörigen stolz auf ihre Klöster waren und dass sie sich sogar mehrheitlich der Säkularisation oder der versuchten Zerstörung von Kirchen widersetzten. Zwar konnten sie auch nicht verstehen, dass durch staatliche Verordnung plötzlich die Bauwerke abgetragen werden sollten, die von ihren eigenen Vorfahren errichtet worden waren. Ein Beispiel ist die Kirche zum gegeißelten Heiland auf der Wies in Oberbayern, wo die Bauern Geld gesammelt hatten, um ihre Kirche vor der Zerstörung zu retten.

Das Ende des Bildungsmonopols

Auch in der Barockzeit waren die Klöster Zentren der Bildung, aber ihre Bedeutung in dieser Hinsicht sank in dem Maße, in dem die Bildungseinrichtungen sich immer mehr auf die Städte konzentrierten. An den Klöstern gab es zwar weiterhin Lateinschulen und Schreibstuben, auch in der Zeit des Buchdrucks, und oft waren Gymnasien und Lyzäen mit einem Kloster verbunden. In manchen Klöstern gab es auch noch theologische Schulen, doch die Theologie war mehrheitlich an die Universitäten der Städte abgewandert. Die Bildung wurde zu dieser Zeit sehr stark vom Orden der Jesuiten getragen, die große theologische Lehrer hervorbrachten. Allerdings gilt es zu bemerken, dass zu dieser Zeit die Inquisition der Bischöfe noch aktiv war und viele Männer und Frauen als »Ketzer« verbrannt wurden. Auch die Scheiterhaufen und die Folter sind Teil der Barockkultur.[13]

Doch mit Beginn des 18. Jahrhunderts entfaltete sich das Denken der europäischen Aufklärung, das einen tiefen Einschnitt in die Barockkultur und in die Lebenswelt der Klöster mit sich brachte.

Aufklärung und Säkularisation

Die Denker der europäischen Aufklärung suchten nach einer vernünftigen und natürlichen Erklärung der Welt sowie des menschlichen Daseins. Dadurch verloren viele Inhalte der christlichen Religion ihre Plausibilität und Überzeugungskraft. In erster Linie hatten die Philosophen erkannt, dass in den religiösen Glaubenslehren auch viele zerstörerische Kräfte schlummerten, die nun schrittweise durch vernünftiges Denken überwunden werden sollten. Vor allem die englischen Freidenker (*freethinkers*) fragten nach vernünftigen und natürlichen Formen einer Religion, die eventuell zu einer Humanisierung der europäischen Kultur beitragen könnte. Das bedeutete aber, dass alle unvernünftigen und widernatürlichen Anteile der Religion überwunden werden mussten. Zuerst ging es darum, den Monopolanspruch der Bischöfe und Theologen zu relativieren, um auch religiöse Menschen zu mehr Toleranz zu bewegen.

Damit haben die Vordenker der europäischen Aufklärung den bisher größten Lernprozess innerhalb der europäischen Kultur angestoßen und begonnen. Sie gingen von den natürlichen Rechten und Pflichten aller Menschen aus, die von keinen Herrschern und Institutionen verweigert werden dürften. Mit dem Blick auf die allgemeine Menschenwürde und ein allgemeines Naturrecht kritisierten sie die Morallehren und viele Lebensformen der Feudalkirche. Gemessen an den Anfängen der Jesusbewegung und der frühen Kirche waren die Bischöfe und Theologen weit von den ursprünglichen Zielen und Lebensformen abgewichen. Während Jesus die allgemeine Nächstenliebe gelehrt hatte, ließen die Bischöfe durch die Inquisition Andersdenkende hinrichten und verbrennen.[14]

Die Feudalkirche hatte riesige Besitztümer angehäuft, die mit den Anfängen der Jesusbewegung nicht verträglich waren. Auch nahmen diese Kritiker Maß an der Lehre und Lebensform Jesu. Sie sagten, Jesus sei Jude gewesen, doch die Bischöfe und Theologen verfolgten die Juden; Jesu hätte die Liebe zu den Feinden gepredigt, doch die Bischöfe schürten große Kriege im Namen der Religion. Die Theologen legitimierten zu dieser Zeit noch die Verfolgung der Häretiker, die Folter der Gefangenen, den Handel mit Sklaven, die Scheiterhaufen der Inquisition. Nun sagten viele Kritiker, die Bischöfe hätten die Lehren des »milden Jesus« in ihr Gegenteil verkehrt (Pierre Bayle). Und François Marie Arouet, alias Voltaire, mokierte sich lautstark darüber, dass die Kirchenleitung halb Europa mit Leichen und mit leidenden Körpern übersät habe.[15]

Für eine vernünftige Religion

So waren viele Philosophen überzeugt, dass an die Stelle der Feudalkirche eine natürliche und vernünftige Religion treten müsse. Zu deren Säulen gehört der Glaube an ein höchstes göttliches Wesen, in der Aufklärung vor allem in Form des Deismus, die vielgestaltige Verehrung der Gottheit, die gegenseitige Toleranz in Glaubensfragen, die Verwirklichung der moralischen Ziele der Religion, die Bestrafung der Verbrecher sowie der

Glaube an ein außerweltliches göttliches Gericht für alle Menschen. Eine humane und tolerante Religion könne sogar zur Entfaltung des Lebens und zur Erhaltung des sozialen Friedens beitragen. Es seien immer Schurken gewesen, die im Namen Gottes Kriege gegen ihre Mitmenschen geführt hätten.

Im Zuge der großen Geistesbewegung Aufklärung begannen einzelne Länder und ihre Regierungen, die Folter zu beenden, die Inquisition und die Scheiterhaufen aufzugeben sowie den Handel und den Einsatz von Sklaven in Frage zu stellen. Theologen und Kleriker haben diesen kulturellen Wandlungsprozess erst spät befürwortet und sich daran kaum beteiligt. Das Gegenteil war schon eher der Fall. Vor allem der Orden der Jesuiten geriet alsbald in das Schussfeld der Kritik, denn er hatte über 200 Jahre die Politik der katholischen Fürsten in Europa entscheidend mitbestimmt.

Nicht nur der preußische König Friedrich II. zeigte sich darüber empört, dass in den Städten mit den meisten Klöstern die Intoleranz der Menschen am größten sei. In Frankreich war zu dieser Zeit ein Großteil des Grundbesitzes in der Hand von Klöstern, Bischöfen, Fürsten und Grafen, während breite Schichten des Volkes in Armut lebten. Vor allem die aufstrebende Schicht der Bürger wollte eine gerechtere Verteilung des Besitzes erreichen, von einer gewaltsamen Veränderung war die Rede. Dabei haben einzelne Denker, Juristen und Politiker vorgeschlagen, Klöster aufzuheben und ihren Besitz auf breite Schichten zu verteilen.[16]

Von den Denkern der Aufklärung wurde die asketische Lebensform der Kleriker, der Mönche und Nonnen nicht mehr als ein humaner Wert angesehen, was für einzelne Herrscher Grund genug war, um gegen die Klöster vorzugehen. So hob der Habsburger Kaiser Joseph II. in allen seinen Erblanden von Mailand bis Böhmen alle diejenigen Klöster auf, die weder im Sozialdienst noch im Schuldienst tätig waren. Die Güter wurden an Fürsten oder Grafen verkauft, die Mönche und Nonnen mussten weltliche Dienste tun, ob in der Seelsorge oder im Sozialdienst. Es galt für alle Menschen, etwas Nützliches für die Gesellschaft zu leisten, das Gebet und die Meditation allein wurden nicht mehr als Beitrag für die Gemeinschaft akzeptiert.

Sturm auf die Klöster

Den großen Sturm auf die Klöster und die kirchlichen Besitzstände brachte die Französische Revolution im Jahr 1789. Es war ein Aufstand des Bürgertums gegen die Privilegien und Besitzkonzentrationen der Adeligen und der Kleriker. Der französische König hatte es versäumt, den Besitz der Klöster und der Bischöfe wenigstens teilweise zu säkularisieren. So brach die Revolution mit blinder Gewalt über das Land herein und zerstörte viele Klöster, Kirchen und Kulturgüter. Der König selbst wurde ein Opfer dieser Revolution, denn für die Denker der Aufklärung war er nun einmal von keinem Gott in sein Amt eingesetzt. Der kirchliche Besitz der Klöster und der Bischöfe ging nun zum größten Teil an die Schicht der Bürger, zum Teil an den Staat.

Als der Korse Napoleon die geballten Kräfte der Aggressivität und der Selbstzerstörung nach außen zu lenken begann, indem er halb Europa mit Kriegen überzog, kamen die Ideen der Revolution auch in andere Länder. Das Heilige Römische Reich zerbrach im Jahr 1806, als der letzte Kaiser, Franz II., die Kaiserkrone in Wien niederlegte. Der Kirchenstaat war von Napoleon aufgelöst worden, Papst Pius VII. war sein Gefangener in Paris. Der Kaiser der Franzosen schuf nun neue Königreiche in Bayern, Württemberg und Sachsen, wo die Säkularisierung der Kirchengüter begann. Alle geistlichen Herrschaften, Kurfürstentümer und Fürstbistümer wurden aufgelöst, ihre großen Güter wurden von weltlichen Fürsten und Königen übernommen. Zu dieser Zeit wurden viele Klöster geschlossen, die Mönche und Nonnen mussten sich neue Berufe suchen.[17]

Einige Kirchen wurden zu dieser Zeit von Bürgern und Bauern vom Staat zurück gekauft, um sie vor der Zerstörung zu retten. Die Französische Revolution und die Herrschaft Napoleons hatte für weite Teile Europas die Auflösung vieler Klöster zur Folge gehabt. Überlebt hatten diejenigen Klöster, die einen gesellschaftlichen Nutzen im Bereich der Bildung, der Erziehung, der Armenpflege und der Krankendienste nachweisen konnten. Doch in dieser Zeit waren viele Ideen der europäischen Aufklärung in politisches Handeln umgesetzt worden und die Inquisition, die Folter und die Scheiterhaufen waren zu Ende gekommen. Über das Unrecht der Sklaverei wurde lautstark diskutiert, bis einzelne Parlamente beschlossen, den Sklavenhandel zu beenden. Den Anfang machte das englische Parlament in London. Die einzelnen Länder rangen um die Durchsetzung der allgemeinen Menschenrechte, die zuerst in den Vereinigten Staaten von Amerika, in Frankreich und später in England gelang.

Doch nach dem Sieg der europäischen Mächte über Napoleon 1814 wurde auf dem Wiener Kongress die alte Ordnung zum Teil wiederhergestellt. Die drei Großmächte Russland, Preußen und Österreich trugen diese Ordnung und schlossen sich zu einer Heiligen Allianz zusammen. Nun wurde der Kirchenstaat in Italien wiederhergestellt, der Papst kehrte aus Paris nach Rom zurück. Die Rechte der Kirche wurden in den meisten Ländern neu geordnet und gesichert. Nun durften wieder neue Orden gegründet werden, wenn sie in der Seelsorge und Erziehung tätig waren. Auch der Orden der Jesuiten wurde im Jahr 1814 wieder errichtet.[18]

Neue Tätigkeitsfelder für die Orden

Damit begann für die katholische Kirche und für die Klöster und Orden eine neue Zeitepoche. Einige der alten Klöster hatten die Stürme der Revolution und der Säkularisation überlebt, sie suchten neue Tätigkeitsfelder im Bereich der Bildung, der Seelsorge, der Armenhilfe und der Krankenpflege. Zu dieser Zeit wurde der Sklavenhandel beendet, die Leibeigenschaft vieler Bauern wurde aufgehoben und eine gerechtere Sozialordnung war in Teilbereichen im Entstehen. Das Bürgertum gewann an politischem und wirtschaftlichem Gewicht, doch durch die beginnende Industrialisierung der Arbeit entstanden neue soziale Schichten, die am Rand der Armut leben mussten. Die Arbeiterschaft als soziale Klasse bildete sich heraus. Sie musste lange Zeit um soziale Anerkennung und wirtschaftliche Absicherung ringen. Die Ideen des Sozialismus sollten mithelfen, das schwere Los der Arbeiterschaft in kleinen Schritten zu verbessern.

Nach dem Wiener Kongress und in der Zeit der Heiligen Allianz durften wieder neue Orden gegründet werden. Diese organisierten sich vorwiegend in Form der Kongregation, als Zusammenschluss von Priestern und Brüdern bzw. Nonnen, die sich der Glaubensverkündigung, dem Schuldienst, dem Krankendienst und der Armenpflege widmeten. So entstanden im 19. Jahrhundert mehrere Männerorden und Frauenorden, die nicht mehr die großen Besitzstände der alten Klöster hatten. Sie siedelten sich mehrheitlich in den Städten an, wo ihre Dienste dringend gebraucht wurden. Sie beteiligten sich nun auch an der Mission des Glaubens in fremden Ländern und Kontinenten, vor allem in den großen Missionsorden. In diesen Gemeinschaften bildete sich eine neue Spiritualität der Weltnähe und der Weltoffenheit.[19]

6. Ordensgründer in der Neuzeit

In der Neuzeit wurden viele Orden gegründet, welche auf besondere Bedürfnisse oder Notlagen der Zeit eine Antwort geben wollten. Es waren Orden der Glaubensverkündigung, der Krankenpflege, der Erziehung der Jugend, der spirituellen Formung und der Kontemplation. Die wichtigsten Ordensgründer und ihre Gemeinschaften sollen im Folgenden dargestellt werden.

Angela Merici (1474–1540)

Die Gründerin des Ordens der Ursulinen wurde 1474 in Desenzano am Gardasee geboren. Schon als junge Frau erkannte sie ihre Aufgabe in der Erziehung und Bildung der weiblichen Jugend ihrer Region. In einer Vision erlebte sie den göttlichen Auftrag, mit gleich gesinnten Frauen eine Gemeinschaft zu bilden, um für die Bildung und Erziehung der weiblichen Jugend tätig zu werden. So gründete sie im Jahr 1535 in Brescia eine Gemeinschaft junger Frauen aus den oberen sozialen Schichten, die sich unter den Schutz der heiligen Ursula stellten. Diese setzten sich zum Ziel, ihr Leben dazu zu verwenden, um die weibliche Jugend im Wissen der Zeit und im christlichen Glauben zu bilden. Der Bischof von Mailand, Carlo Borromeo (Karl Borromäus), war an der Erstellung ihrer Ordensregel beteiligt.

So wurde der neue Orden vom Papst bestätigt und trägt den Namen »Orden der heiligen Ursula« (*Ordo Sanctae Ur-*

sulae). Bald entstanden auch in anderen Städten Norditaliens Niederlassungen dieser Gemeinschaft, denn die Städte hatten durchaus ein Interesse daran, mithilfe dieser Schwestern die Bildung junger Frauen zu sichern. Die Ordenshäuser der Ursulinen passten sich den gesellschaftlichen Gegebenheiten der Städte an. Papst Gregor XIII. hat die Regeln des Ordens im Jahr 1582 genehmigt. Bald darauf entstanden auch Niederlassungen des Ordens in Deutschland, Frankreich, Belgien und Kanada. Die französischen Klöster gaben sich bald neue Satzungen und folgten stärker der Regel des Aurelius Augustinus. Seit dem 19. Jahrhundert haben die Ursulinen auch Aufgaben in den Missionsländern der Kirche übernommen.

Der Orden der Ursulinen hat in Europa viele Generationen von adeligen und später von bürgerlichen Frauen geprägt und gebildet. Angela Merici unternahm eine Pilgerreise nach Jerusalem, bei der sie zeitweise erblindete. Sie war die Leiterin des Ordens in Brescia. Im Jahr 1540 ist sie gestorben und wurde 1807 vom Papst heilig gesprochen. Ihre Gemeinschaft in Brescia wurde 1866 neu gegründet und den Erfordernissen der veränderten Zeit angepasst. Heute bilden die Ursulinen einen der großen Schulorden in Europa und in der Welt. Sie verbinden die Vermittlung von Wissen mit der Formung im Geiste des Evangeliums.[1]

Ignatius von Loyola (1491–1556)

Auf dem Weg zu einer militärischen Karriere

Der Gründer des Jesuitenordens wurde im Jahr 1491 in Spanien bzw. im Baskenland geboren. Ein Jahr später war die Vertreibung der Muslime aus dem Land abgeschlossen und der König konnte als Sieger in Granada einreiten. Im gleichen Jahr landete der italienische Seefahrer Cristoforo Colombo aus Genua mit seinem Segelschiff Santa Maria auf der Insel Guanahani vor Südamerika, die Entdeckung und Eroberung eines neuen Kontinents hatte begonnen. Inigo (Ignatius) Lopez de Loyola wurde von adeligen Eltern geboren und wuchs mit zwölf Geschwistern auf. Erzogen wurde der Knabe zuerst von einer Bäuerin aus der

Umgebung des Schlosses und wurde dann auf den militärischen Beruf vorbereitet. Einer seiner Brüder wurde Pfarrer und zeugte trotz des Zölibats für Priester vier Kinder. Der junge Inigo sprach baskisch, erst der Hofmeister brachte ihm Spanisch bei.

Schon früh empfing der junge Mann die kirchliche Tonsur (Schnitt der Haare). Damit war er in den Stand der niederen Kleriker aufgenommen und konnte kirchliche Pfründe bekommen. Er kam an den Hof des königlichen Schatzmeisters Velasquez de Cuella in Arevalo, wo er in die Kunst der Waffen und in die Frauenliebe eingeführt wurde. Er wollte ein tapferer Krieger werden und schnellen Ruhm erwerben. Doch es wird auch von Schlägereien berichtet, an denen Inigo mit seinem Bruder beteiligt war. Wegen seiner Tonsur kam er damals nicht vor ein kirchliches Gericht. Er trug zu dieser Zeit prächtige Kleider und gefiel sich als junger Edelmann, seine große Liebe galt einer adeligen Dame.

Ab 1517 kam Inigo in den Dienst des Herzogs von Najeva, dort lernte er den jungen Habsburger König Karl I. (im Deutschen Reich Kaiser Karl V.) kennen. Nach einem großen Turnier in Valladolid leistete er dem König den Treueschwur. Er beteiligte sich am Bau der Befestigung der Stadt Pamplona im Herzogtum Navarra, das von den Franzosen bedroht wurde. Im Mai 1521 belagerten französische Truppen mit 12.000 Soldaten die Stadt, im Kampf wurde Inigo am Bein schwer verletzt. Die Spanier verloren die Schlacht und die Franzosen die Herrschaft über die Stadt übernahmen. Inigo wurde auf einer Tragbahre zum elterlichen Schloss gebracht, wo er gepflegt wurde. Als seine gebrochenen Knochen falsch zusammenwuchsen, mussten sie noch einmal gebrochen werden. Auch Operationen waren notwendig geworden. In dieser Zeit der Genesung versprach Inigo eine Wallfahrt nach Jerusalem und sah im Traum die heilige Jungfrau Maria mit dem Jesuskind.[2]

Neuorientierung

Als er wieder gehen konnte, verließ er das väterliche Schloss und ging zum Marienheiligtum in Aranzazu, wo er der Gottesmutter ewige Keuschheit gelobte, wohl als Dank für seine Genesung. Danach pilgerte er in das Ebrotal hinab zum Benediktinerkloster Montserrat. Dort legte er seine Lebensbeichte ab und kleidete sich in das Gewand eines Pilgers. Seinen Degen und den Dolch übergab er der Gnadenkapelle des Klosters, dann hielt er eine Nachtwache beim Marienbild. Er wollte als Pilger in das Heilige Land Palästina, doch vorher pilgerte er zum Kloster der Dominikaner in Monresa, wo er aufgenommen wurde. Etwas später aber zog er sich in die nahen Felsenhöhlen am Ufer des Flusses Cardoner zurück, um dort zehn Monate im Gebet und Fasten zu leben. Er geißelte seinen Körper, um seine sinnlichen Strebungen niederzuringen. Oft erlebte er tiefe Verzweiflung und innere Leerheit. Dann schrie er laut zu Gott um Hilfe.

Nach einiger Zeit kehrte er zur Kirche der Dominikaner zurück. Als er das Läuten der Ave-Maria-Glocken hörte, schaute er in einer Vision das wunderbare Bild der heiligsten Dreifaltigkeit Gottes. Nun legten sich seine inneren Kämpfe und seine Seele wurde ruhig. Nach diesem Schlüsselerlebnis begann er wieder klar zu sehen, sein Geist reinigte sich und er war innerlich ein anderer Mensch geworden. In der Kirche der Dominikaner warf er sich vor dem Kreuz Jesu zu Boden und dankte Gott für seine ekstatische Erfahrung. Im Februar 1523 verließ er das Kloster in Manresa, in seiner Pilgertasche trug er bereits den ersten schriftlichen Entwurf zu seinen »*Geistlichen Übungen*«. Da er nun seine Wallfahrt nach Jerusalem fortsetzen wollte, bestieg er in Barcelona ein Schiff, das ihn nach Gaeta in Italien brachte.[3]

Von dort pilgerte er zu Fuß nach Rom, in die Stadt des Papstes, wo er im spanischen Hospiz an der Piazza Navona eine Unterkunft fand. Schon nach zwei Tagen bekam er vom Papst den Geleitbrief für seinen Pilgerweg ins Heilige Land. Darin wird er Enecus de Loyola und Kleriker aus Pamplona genannt. Anschließend ging die Pilgerreise zu Fuß nach Venedig, wo er ein Schiff bestiegen wollte, das nach Osten fuhr. Er feierte zuerst Fronleichnam in der Stadt der Dogen, dann bestieg er das Schiff Negrona. Er kam nach Jerusalem und wollte dort den Türken, welche die Stadt besetzt hielten, das Evangelium von Jesus verkünden. Doch der Guardian der Franziskaner der Stadt untersagte ihm dieses Vorhaben.

Im Januar 1524 kam Inigo mit dem Schiff nach Venedig zurück, von dort reiste er weiter zum Hafen nach Genua. Dabei musste er die Kampflinien zwischen den französischen und den spanischen Truppen überschreiten. Ein Offizier aus Bayonne war ihm dabei behilflich, so dass er die Stadt Genua erreichte und von dort mit dem Schiff nach Barcelona kam. In dieser Stadt begann er mit 33 Jahren Latein zu lernen, um Priester werden zu können. Vornehme Damen unterstützten den adeligen Studenten mit Geld, der nun seine geistlichen Übungen täglich fortsetzte. In Inigo war der Entschluss gereift, einige Freunde um sich sammeln, die sich seinen Übungen des geistlichen Lebens anschließen sollten. Drei Gefährten versuchten es, gaben aber bald wieder auf. Ab 1526 durfte Inigo philosophische Vorlesungen in Alcala besuchen, wo er endlich einige Gefährten und Freunde auf seinem geistlichen Weg fand. Sie zogen sich graue Talare an, weswegen sie von den anderen Studenten als »Grauröcke« bezeichnet wurden.

In Alcala und später in Salamanca wurde Inigo zweimal von der kirchlichen Inquisition auf seine Rechtgläubigkeit hin überprüft. Dabei hatten die kirchlichen Richter festgestellt, dass er noch vier Jahre lang studieren müsse, um einen kirchlichen Dienst übernehmen zu können. Nun zog er zu Fuß über die Pyrenäen nach Paris, zum Zentrum der theologischen Wissenschaft. Die Stadt an der Seine hatte damals mehrere Tausend Studenten. Das Geld für sein Studium musste Inigo erbetteln. Er fand spanische Händler aus Flandern, die ihn unterstützten. Er nutzte die Zeit dazu, seine Lateinkenntnisse vertiefen und konnte im Jahr 1533 zum Magister der Philosophie promovieren. Daraufhin nahm er den lateinischen Namen Ignatius an. In der Stadt an der Seine hatte er Freunde und Anhänger seines geistlichen Weges gefunden.

Er wohnte mit seinen Freunden im Barbara-Kolleg. Sie gründeten ein geistliches Bündnis, aus dem später ein kirchlicher Orden wurde. Seine ersten Mitstreiter waren Pierre Favre von Savoyen, Francisco de Jassu y Xavier aus Navarra, der Portugiese Rodriguez, die Spanier Diego Lainez, Alfonso Salmeron und Nicolas Babadilla. Theologie studierte Ignatius vor allem im Kolleg der Dominikaner Saint Jacques. Im Turmzimmer des Barbara-Kolleges machte er mit seinen Freunden täglich seine geistlichen Übungen. Am 15. August des Jahres 1534 legte die Gruppe in der kleinen Kirche am Mont Martre das Gelübde der Armut und der Keuschheit ab. Sie gelobten, den Seelen der Mitchristen auf dem Weg zur Erlösung zu helfen.[4]

Societas Jesu

Ignatius litt an einem Gallenleiden und erholte sich kurze Zeit in seiner Heimat Loyola. Er wohnte aber nicht im Schloss der Eltern, sondern im Armenhaus der Stadt. Denn er wollte den Menschen der Umgebung das Evangelium Christi verkündigen, obwohl er noch nicht zum Priester geweiht worden war. Er kümmerte sich um die Armen und Freudenmädchen der Stadt, aber auch um die Kinder und Jugendlichen. Im Sommer 1535 reiste er wieder nach Italien und kam nach Venedig, wo er sein Studium mit neun Freunden fortsetzte. Sie wollten nun zusammen in das Heilige Land pilgern, doch der Krieg zwischen dem Türkenherrscher Suleiman und der Republik Venedig machte die Reise unmöglich.

Stattdessen widmeten sich die Freunde in Venedig dem Dienst an den Armen und predigten auf den Straßen das Evangelium der Nächstenliebe. Am 24. Juni 1537 wurde Ignatius vom Bischof der Stadt zum Priester geweiht, seine Gefährten feierten ihre Primiz (erste Messe) in einer Kirche in Vicenza. Ignatius wollte seine erste Messe in Bethlehem feiern, doch dazu kam es nicht. Er verteilte nun seine Freunde, mit dem Einverständnis des Bischofs, auf die Städte Padua, Ferrara, Bologna und Siena zur Predigt. In diesen Städten predigten sie das Evangelium, waren im Dienst an den Armen engagiert und warben neue Mitglieder. Ignatius zog mit einigen Freunden nach Rom. Auf dem Weg dorthin machten sie in der Kirche La Storta Rast, wo Ignatius in einer Vision den das Kreuz tragenden Christus schaute. Dieser sprach zu ihm: »Ich will, dass du mir dienst«. Von nun an wusste er sich ganz in den Dienst Jesu gestellt und nannte die entstehende Gemeinschaft nun»Gesellschaft Jesu« (*Societas Jesu*).

In Frascati bei Rom begegnete Ignatius mit seinen Gefährten Papst Paul III, von dem er die Bestätigung der Rechtgläubigkeit für seine Gemeinschaft empfing. Dann kam er nach Rom und konnte in der Basilika Santa Maria Maggiore zu Weihnachten seine Primizmesse feiern. In Rom wohnte er mit seinen Gefährten im Haus der adeligen Familie der Frangipani, wo sie nun die Regeln ihres neuen Ordens entwickelten. Am 29. September 1540 wurde der Orden der Gesellschaft Jesu durch die päpstliche Bulle »*Regimini militantis ecclesiae*« feierlich bestätigt. Danach mussten die Satzungen ausgearbeitet werden, Ignatius wurde zum Ordensoberen gewählt. Sein Beichtvater war ein Franziskanerpater, der ihm den Rat gab, die Wahl anzunehmen, was Ignatius denn auch tat.

Nun erwarb der junge Orden in Rom ein baufälliges Haus bei der Kirche Santa Maria degli Astalli, wo Ignatius zielstrebig seinen neuen Orden aufbaute. Die Mitbrüder errichteten ein Wohnhaus für Freudenmädchen und für gefährdete Mädchen (Martha-Haus), sie organisierten am Mercatello beim Kapitol eine Lateinschule. Diese Schule vermittelte den Schülern die lateinische Grammatik, die Lehren der Humanität und des christlichen Glaubens. Aus dieser Lateinschule ist später das Römische Kolleg (*Collegio Romano*) hervorgegangen, die bedeutendste Hochschule des Ordens. Im Jahr 1552 wurde in Rom ein Kolleg für deutsche Studenten der Theologie gegründet, das später »Germanicum« genannt wurde.[5]

Weltweite Ausbreitung des Ordens

Es entstanden sehr schnell Ordensgemeinschaften der Gesellschaft Jesu in Frankreich, Spanien, Portugal, Deutschland, etwas später auch in Süd- und Nordamerika. Schon früh kamen Jesuitenmissionare bis nach Indien, China und Japan, denn sie wollten überall auf der Erde das Evangelium Jesu Christi verkünden. Im Jahr 1548 wurden die »*Geistlichen Übungen*« des Ignatius in Buchform gedruckt. Damit verbreitete sich die neue Spiritualität des Ordens sehr schnell in ganz Europa und rund um die Welt. Ein Jahr später wurden die Konstitutionen des Ordens fertiggestellt und im Jahr 1550 von Papst Julius III. feierlich bestätigt. Nach einer schweren Krankheit legte Ignatius die Leitung des Ordens nieder, im Jahr 1556 ist er gestorben. Er war klein von Gestalt und maß nur 1,58 m.

Dieser Ordensmann war von einer tiefen Christusmystik und Marienfrömmigkeit geprägt. Seine Mitbrüder sollten täglich die Messe feiern und sich in der Meditation üben. Besonders die geistige Bildung der Jugend war ein Anliegen des neuen Ordens, der bald zur Elite der katholischen Gegenreformation avancierte. Der Gründer wollte in allen Dingen den Willen Gottes suchen, alles sollte zur größeren Herrlichkeit Gottes getan werden (*ad maiorem Dei gloriam*). Der mystische Glaube sollte durch das scharfe rationale Denken ergänzt werden, die Ordensbrüder sollten ihre Mitmenschen ganz für Christus gewinnen. Viele von ihnen wurden Seelsorger bei adeligen Familien, sie wurden zu Beichtvätern bei katholischen Grafen, Fürsten, Königen und Kaisern. Auf diese Weise bekamen sie enormen Einfluss auf die europäische Politik.[6]

Die Jesuiten setzten es sich zum Ziel, den Dienst an den armen Mitmenschen mit dem Engagement in Politik, Wissenschaft und Forschung zu verbinden. Sie wurden überall in Europa als Lehrer an die Universitäten gerufen und haben auch mehrere Universitäten neu gegründet und organisiert. Der Orden verstand sich als die Speerspitze der katholischen Kirche in der Zeit der Gegenreformation und war maßgeblich an der Rekatholisierung Mitteleuropas beteiligt. Neben den Gelübden der Evangelischen Räte (Armut, Gehorsam, Keuschheit) versprachen die Ordensmitglieder den unbedingten Gehorsam gegenüber dem Papst in Rom. Der Orden bekam eine militärische Struktur entsprechend der Ausbildung, die der Gründer in seiner Jugend genossen hatte.

Wie schon bemerkt, bekamen die Jesuiten als Beichtväter großen politischen Einfluss auf alle katholischen Fürsten in Europa und in Südamerika. Sie waren über 200 Jahre die geistlichen Berater der Fürsten und Könige in Spanien, Frankreich, Portugal, Bayern und Österreich. Historiker haben erkannt, dass die Politik der katholischen Länder im Dreißigjährigen Krieg zu einem Gutteil von den Jesuiten gelenkt war. Dieser enorme Einfluss der Jesuiten führte dazu, dass der Orden unter dem Druck der europäischen Aufklärung am Ende des 18. Jahrhunderts aufgehoben wurde. Doch die Jesuiten waren in Europa und Südamerika die Träger der Barockkultur und der geistlichen Erneuerung. Sie prägten die Philosophie, die Moral, das Theater, die Musik und die Dichtkunst.

Kirchenrechtlich gehören die Jesuiten zu den Regularklerikern. Ihre Hauptaufgabe lag lange Zeit im Unterricht an Gymnasien, Lyzäen und Höheren Schulen, in der Lehre und Forschung an den Universitäten, in der Erziehung der Kinder der Adeligen sowie in der Seelsorge an allen Schichten des Volkes.

Bereits im Jahr 1600 zählte der Orden 353 Niederlassungen und 245 Kollegien mit Höheren Schulen. Rund 100 Jahre später hatte der Orden bereits 1190 Niederlassungen und 770 Kollegien und Priesterseminare, fast auf der ganzen Welt verteilt. In der Seelsorge prägten die Jesuiten durch die von ihnen geleiteten »Marianischen Kongregationen« die Erziehung und geistige Formung der Jugend. Sie führten regelmäßig Exerzitien, also Übungen des geistlichen Lebens, für alle Schichten des Volkes durch.

In allen wichtigen Funktionen

Die Jesuiten leiteten die Ausbildung der Kleriker der Diözesen. Sie prägten also das kirchliche Leben nach dem Konzil von Trient maßgeblich mit.[7] Außerdem waren sie in der Militärseelsorge tätig und beteiligten sich an den Reformen der alten Klöster. Ordensmitglieder wie Petrus Canisius oder Robert Bellarmin verfassten große Lehrbücher des Glaubens, so genannte Katechismen. Durch Volksmissionen sollte das Glaubenswissen der Laienchristen angehoben werden. Früh zogen Jesuiten wie Franz Xaverius (Franz Xaver) als Glaubensmissionare in fremde Erdteile, nach China und Japan, um dort den christlichen Glauben zu verkünden. Einige mussten dort ihr Leben lassen, die daraufhin als Märtyrer im Orden verehrt werden. In Paraguay gelang es den Jesuiten sogar, im Jahr 1608 ihre Ordensprovinz in einen vom Orden geleiteten Staat umzuwandeln, der allerdings der spanischen Krone unterstellt blieb. Als der Orden im Jahr 1767 in diesem Land von den Spaniern verboten wurde, führten die Franziskaner die Seelsorge weiter.

Vor allem wegen seines großen politischen Einflusses und wegen seiner kämpferischen Moral kritisierten viele Denker der Aufklärung den Orden der Jesuiten und strebten seine Auflösung an. Philosophen sahen in den politischen Tätigkeiten des Ordens einen Missbrauch der Religion, doch der Papst schützte den Orden noch lange Zeit. Im Jahr 1759 hat der König von Portugal alle Jesuiten aus seinem Land und aus seinen Kolonien in Südamerika ausgewiesen. Im Jahr 1764 stimmten die Könige von Frankreich (Bourbonen) der Vertreibung der Jesuiten aus Frankreich und die Könige von Spanien der Auflösung des Ordens in Spanien und im Königreich Neapel sowie in den südamerikanischen Kolonien zu. Im Jahr 1773 löste Papst Benedikt IV. den Orden der Jesuiten auf.

Diese Maßnahme führte jedoch zu großen Problemen an vielen Universitäten, die von den Jesuiten geleitet worden waren. Nach dem Ausschluss der Jesuiten standen nicht mehr genügend Lehrer zur Verfügung und so wurden einige Universitäten wieder zu Lyzäen zurückgestuft. Viele Jesuiten taten nun als Weltpriester ihren Dienst in der Seelsorge, andere gerieten auch in wirtschaftliche Armut. Im Königreich Preußen und in Weißrussland konnte das päpstliche Aufhebungsdekret des Ordens nicht durchgesetzt werden, weil König Friedrich II. und die Zarin Katharina II. dagegen Einspruch erhoben hatten. Sie setzten weiterhin auf die Jesuiten als Lehrer und so konnten sie in diesen nichtkatholischen Ländern weiterarbeiten. Sie wählten nun eigene Generalvikare für die Verwaltung. Papst Pius VII. bestätigte im Jahr 1801 die Jesuiten in Weißrussland und 1804 wieder im Königreich Neapel.

Im Jahr 1794 war in Belgien die »Gesellschaft des allerheiligsten Herzens Jesu« gegründet worden, die sich 1810 der Gesellschaft Jesu anschloss. Nach den Kriegen Napoleons konnte der Orden wiederbelebt werden. Papst Pius VII. hat ihn im Jahr 1814 durch die Bulle »*Sollicitudo omnium*« wiederhergestellt.[8] Daraufhin breitete sich der Orden in Europa und Amerika wieder sehr schnell aus Zu Beginn hatte er rund 600 Mitglieder, doch 100 Jahre später zählte er bereits 16.900 Mitglieder; im Jahr 1934 waren es 24.270 Personen, die zum Orden gehörten. Die Jesuiten übernahmen nun wieder ihre alten Aufgaben in der Bildung und Erziehung der Jugend, aber sie enthielten sich dabei weitgehend der politischen Einmischung. In der Jugendarbeit suchten sie nach neuen Wegen und gründeten große Jugendorganisationen, etwa in Deutschland den Bund »Neudeutschland« oder in Frankreich die Jeunesse Étudiante Française und die Jeunesse Agricole Chrétienne. Sie errichteten Bildungsakademien und lehrten wieder an den Universitäten.[9]

So ist der Jesuitenorden für die katholische Kultur der Neuzeit prägend geworden. Seine Mitglieder waren große Wissenschaftler, Forscher und Erzieher. Heute hat der Orden seine Schwerpunkte in Seelsorge, spiritueller Bildung, theologischer Forschung und im Dialog mit fremden Kulturen.

Johannes von Gott (1495–1550)

Ein Zeitgenosse des Ignatius war der Portugiese Juan de Dios (Johannes von Gott), der Begründer eines großen Ordens der Krankenpflege. Er wurde 1495 in Montemor in Portugal geboren, wurde als Kind den Eltern geraubt und kam als Schafhirte nach Spanien. Da sein Familienname nicht bekannt war, nannte ihn sein Herr *de Dios* (»von Gott«). Mit 27 Jahren wurde der junge Mann Soldat und nahm am Krieg Kaiser Karls V. gegen die Türken bei Wien teil. Danach lebte er als Tagelöhner in Nordafrika und war zuletzt fliegender Buchverkäufer in Gibraltar und Granada. Im Jahr 1539 hörte er eine Predigt des Reformtheologen Johannes von Ávila, der als Apostel von Andalusien bezeichnet wird. Diese Predigt traf den suchenden Johannes tief ins Herz, bis er sich entschied, sein weiteres Leben der Pflege von kranken Mitmenschen zu widmen. Im selben Jahr errichtete er mit Gefährten in Granada ein Haus für Kranke und organisierte den Pflegedienst.

In diesem Haus sollte jeder Kranke sein eigenes Bett bekommen, was in der bisherigen Krankenpflege oft nicht möglich war, denn in den Hospitälern mussten sich häufig mehrere Kranke ein Bett teilen. Johannes suchte gute Ärzte und Seelsorger. Er führte schriftliche Aufzeichnungen über jeden Kranken und seine Krankheiten und teilte die Betreuten nach ihren Krankheiten in Gruppen ein. Die Menschen sollten auch als Kranke nicht ihre Würde verlieren. In all seinen Maßnahmen liegt der Ansatz zur modernen Krankenpflege in der Neuzeit. Um sein Hospital finanzieren zu können, bat Johannes adelige Familien um Spenden für sein Hospital. Diese flossen so großzügig, dass er in der Stadt schon bald ein zweites Krankenhaus mit 100 Betten einrichten konnte. Auch reiste Johannes durch Andalusien und Kastilien, um bei den Adeligen Geld für sein Werk zu sammeln.

So entstand um Johannes von Gott ein neuer Orden von Krankenpflegern. Es meldeten sich viele junge Männer, die ihren Mitmenschen Gutes tun wollten. Der Gründer pflegte zu seinen Brüdern »*Fate bene fratelli*« (»Tut Gutes, Brüder!«) zu sagen, was zu einem geflügelten Wort der Gemeinschaft geworden ist. Als ein Krankenhaus in Brand geriet, konnten wie durch ein Wunder alle Kranken unversehrt gerettet werden. So wurde der neue Pflegerorden im Volk sehr beliebt, denn es gab viele kranke Menschen, die in ihren Familien nicht ausreichend gepflegt werden konnten. Im Jahr 1550 ist Johannes in Granada gestorben, bereits 1690 wurde er vom Papst heilig gesprochen.

Unter seinem Nachfolger in der Leitung wurde der Orden vom Papst anerkannt; er nahm die Regel des Augustinus an und erarbeitete seine Konstitutionen. Die Brüder der Krankenpflege verbreiteten sich in ganz Europa äußerst schnell, denn für ihr Werk bestand ein großer Bedarf. Bald teilte sich der Orden in einen spanischen und in einen italienischen Zweig mit unterschiedlicher Farbe der Kleidung. Seit 1878 sind beide vereinigt und der Sitz der Ordensleitung ist heute in Rom. Dieser Orden hat in ganz Europa zur Verbesserung und Neuordnung der Krankenpflege beigetragen. Vor allem die Behandlung von seelisch Kranken wurde humaner gestaltet. Aus dem Orden sind große Ärzte und Chirurgen hervorgegangen.

Die Brüder leben in Konventen zusammen, sie befolgen die drei evangelischen Räte und verpflichten sich zum Dienst an den Kranken. In jedem Konvent leben ein bis zwei Priester, welche die liturgischen Dienste und die Seelsorge an den Kranken ausüben. Der Orden unterhält im deutschsprachigen Raum große Krankenhäuser in vielen Städten und ist auch in der Rehabilitation und in der Gesundheitsvorsorge tätig.[10]

Kamillus von Lellis (1550–1614)

Der Gründer des Ordens der Kamillianer war Camillo de Lellis, der am 25. Mai 1550 in den Abruzzen geboren wurde und dort aufwuchs. Er verlor früh seine Eltern und wurde daraufhin bei Verwandten erzogen. Camillo bekam eine gute Ausbildung und ging später in den militärischen Dienst der Republik Venedig. Dort nahm er an mehreren Kriegszügen gegen die Türken teil, die das östliche Mittelmeer beherrschten und die angrenzenden Länder bedrohten. Doch beim Glücksspiel hatte er sein ganzes Vermögen verloren, weswegen er in das Kloster der Kapuziner in Manfredonia eintrat. Dort erlebte er seine innere Bekehrung und wollte im Orden verbleiben, doch aufgrund eines Fußleidens wurde er aus dem Orden entlassen. Er pilgerte nach Rom und fand dort Aufnahme im Hospital des heiligen Johannes. Dort wurde er in der Krankenpflege tätig, zuletzt leitete er das ganze Hospiz.

1584 wurde Camillo zum Priester geweiht und im selben Jahr gründete er eine Gemeinschaft von Krankenpflegern, der sich bald viele Männer anschlossen. Aus dieser Gemeinschaft wurde der Orden der Kamillianer, der Krankenhäuser gründete und leitete. Camillo leitete die Gemeinschaft bis kurz vor seinem Tod. Er wurden 1746 vom Papst heilig gesprochen und gilt seither als Patron der Krankenpfleger und der Spitäler. Der Orden verbreitete sich vor allem in Italien und Spanien. Er verbindet die Krankenpflege mit der Seelsorge an den Kranken. Weil die Ordensbrüder vielen Sterbenden beistanden, hießen sie im Volksmund bald die »Väter vom guten Tod«. Sie hatten eine frühe Form der Sterbebegleitung eingerichtet.

Dem Orden gelang es, durch große Sammelaktionen bei den Adeligen und Besitzbürgern viele kleine Spitäler zu errichten. In Frankreich wurde der Orden durch die Revolution sehr geschwächt, doch in den meisten anderen Ländern Süd- und Mitteleuropas konnte er sich ungehindert ausbreiten. Er unterhält auch seit langem Krankenhäuser in Nord- und Südamerika, selbst in Ostasien. Der Schwerpunkt seiner Arbeit liegt in der Seelsorge in Krankenhäusern und in Altenheimen, aber auch in der Betreuung von Suchtkranken. Ein weiblicher Zweig des Ordens, die Kamillianerinnen, unterstützt die Arbeit der Seelsorge.[11]

Philipp Neri (1515–1595)

Der Gründer der italienischen Oratorien wurde am 21. Juli 1515 in Florenz geboren. Seine Jugend wurde stark durch die Dominikaner von San Marco geprägt. Dort lernte er auch die Schriften des Predigers Savonarola kennen, der von der Inquisition auf dem Scheiterhaufen verbrannt worden war. Mit 18 Jahren kam Philippo zu seinem Onkel nach San Germano bei Monte Cassino, der dort ein großes Handelsunternehmen leitete. Der Junge sollte das Erbe seines reichen Onkels antreten, doch er verzichtete darauf und zog in die Stadt des Papstes. In Rom lebte er zuerst bei einer Adelsfamilie aus Florenz (Galeotto del Caccia), wo er die Erziehung der Kinder übernahm und sie u. a. auch Latein lehrte. Gleichzeitig widmete er sich dem Dienst an den Armen auf den Straßen und war eifrig in Gebet und Bußübungen. Sein Lebensstil war einfach. Er diskutierte mit den Menschen auf öffentlichen Plätzen über Gott und die ungerechte Welt. Philippo war bei seinen Mitmenschen sehr beliebt.

Zu dieser Zeit machte er eine mystische Erfahrung und woraufhin er sich ganz von der göttlichen Gnade getragen und geleitet wusste. Er hatte einen Kreis von Freunden gewonnen, die zusammen beteten, meditierten und diskutierten. Im Jahr 1548 gründete Philippo mit seinem Beichtvater und 15 Gefährten die Bruderschaft zur Heiligsten Dreifaltigkeit (*Confraternita della Santissima Trinita*). Sie stellte sich zuerst die Aufgabe, arme Pilger in der Stadt des Papstes zu betreuen und ihnen Wohnung und Nahrung zu geben. Im Jahr 1551 ließ sich Philippo zum Priester weihen und daraufhin schloss er sich mit seiner Gruppe einer Priestergemeinschaft bei der Kirche San Girolamo della Carita an. Aus dieser Vereinigung ist einige Jahre später der so genannte Oratorianerorden hervorgegangen, der sich dem Gebet und der Meditation widmen wollte.

Das Oratorium

Die Priester dieser Gemeinschaft wollten zur sittlichen Erneuerung der Bevölkerung im Geist des Evangeliums beitragen. Sie widmeten sich der Predigt an Kinder und Jugendliche sowie der Jugenderziehung. Sie sangen geistliche Lieder nicht wie sonst üblich in Latein, sondern in der Sprache des Volkes, , und veranstalteten Wallfahrten zu entfernteren Kirchen der Stadt. Ihre regelmäßigen Meditationen sollten den Glauben vertiefen und lebendig machen. Ihr Lebensstil war einfach, aber diese Priester fielen in Rom durch ihren Humor auf, denn sie lachten viel und erzählten Witze. Zum Oratorium des Philippo Neri zählten bald einflussreiche Personen der Stadt, etwa der spätere Kardinal Baronius.

Doch der junge Orden hatte auch seine Gegner und diese erwirkten beim Papst ein zeitweiliges Verbot der Beichte und der

Wallfahrten für diese Priester. Philippo setzte sich mit seinem heiteren und fröhlichen Glauben schließlich durch. Der Papst hob das Verbot auf und ernannte ihn sogar zu seinem persönlichen Berater. Die an ihn herangetragene Würde eines Kardinals hat er aber abgelehnt. Zu dieser Zeit war er in Rom mit Ignatius von Loyola, mit Carlo Borromeo in Mailand, mit Camillo de Lellis und mit Franz von Sales in Genf freundschaftlich verbunden. Persönlich engagierte er sich in der Erforschung der Kirchengeschichte und der Katakomben in Rom, und auch die Verbesserung der Predigt und der Kirchenmusik war ihm ein Anliegen. Schon zu Lebzeiten wurde er vom Volk wie ein Heiliger verehrt. Im Jahr 1595 ist er verstorben und wurde bereits 1622 vom Papst heilig gesprochen.[12]

Philipp Neri gilt als Erneuerer des Glaubens in der Zeit der Gegenreformation, seine Priestergemeinschaft wurde 1575 von Papst Gregor XIII. bestätigt. Die Priester trafen sich regelmäßig in einem Oratorium zum gemeinsamen Gebet und zu Gesprächen über den Glauben. Sie stärkten sich gegenseitig im persönlichen Glauben und im Dienst am Evangelium Christi. Solche Priestergemeinschaften wurden bald in Fermo, Neapel und San Severino gegründet. Von dort aus verbreiteten sie sich in Frankreich, Spanien und Portugal, später in Nord- und Südamerika. In der Zeit der Säkularisation wurden viele Oratorien aufgehoben, aber im 19. Jahrhundert neu gegründet.

Seit 1943 sind die Oratorien des Philipp Neri weltweit in einer Konföderation verbunden und sind eine Gemeinschaft päpstlichen Rechts. Die Mitglieder verzichten auf besondere Gelübde, sie wollen als Priester im Geist Jesu leben, miteinander verbunden in der Liebe Christi. Sie legen heute auf eine zeitgemäße Seelsorge und auf einen weltoffenen Glauben großen Wert.

Pierre de Bérulle (1575–1629)

Der Begründer der französischen Oratorien (*Congregatio Oratorii Jesu et Mariae Immaculatae*) wurde als Sohn adeliger Eltern am 4. Februar 1575 auf dem Schloss Cerilly in Aube geboren. Er studierte in Paris Philosophie, dann im Kolleg der Jesuiten in Clermont Theologie. Schon früh befasste er sich mit den

Schriften der deutschen Mystiker des Mittelalters und mit Aurelius Augustinus. Im Jahr 1599 wurde er zum Priester geweiht. Die Exerzitien bei den Jesuiten in Verdun bewirkten in ihm eine innere Wende. Nun war seine Frömmigkeit ganz auf Christus hin gerichtet und er verfasste ein Werk über die Nachfolge Christi. Darin wollte er zeigen, welche Eigenschaften ein Christ anstreben und lernen muss, um tief aus dem Glauben leben zu können. Er begann eine umfassende Predigttätigkeit, denn es galt damals, im Land viele Protestanten und Hugenotten wieder zum katholischen Glauben zu bekehren. Deswegen mühte er sich um eine bessere Ausbildung der Priester und Kleriker, wie das Konzil von Trient es gefordert hatte. Er setzte sich darüber hinaus dafür ein, dass sich die unbeschuhten Karmeliter aus Spanien auch in Frankreich ansiedeln konnten.

Um seine spirituelle Tätigkeit voranbringen zu können, gründete er mit Freunden ein Oratorium zu Ehren Jesu und der Unbefleckten Maria, später die École Française zur geistigen Bildung der adeligen Söhne und Töchter. Vom Papst wurde er zum Kardinal ernannt und übernahm damit für Frankreich wichtige Aufgaben in der Kirchenpolitik. In dieser Funktion geriet er in deutlichen Widerspruch zum Kardinal Richelieu, der damals den französischen König beriet. Das Oratorium des Kardinal Bérulle verbreitete sich in ganz Frankreich. Ihm schlossen sich vor allem Weltpriester an, die eine spirituelle Vertiefung suchten. Viele dieser Priester folgten den Gnadenlehren des Jansenius und des Augustinus, die das menschliche Leben fundamental abwerteten.

In der Zeit der Französischen Revolution wurde der Orden aufgelöst, aber im 19. Jahrhundert neu gegründet. Das französische Oratorium unterscheidet sich vom römischen Oratorium durch eine besondere Ausprägung der Spiritualität der Christusfrömmigkeit und der Marienverehrung.[13]

Franz von Sales (1567–1622)

Dieser französische Adelige hatte die Gründung mehrerer Ordensgemeinschaften angeregt und begleitet. Er wurde am 21. August 1567 auf dem Schloss Sales in Savoyen geboren. In Paris studierte er Rechtswissenschaften und Theologie. Zunächst folgte er der strengen Prädestinationslehre des Aurelius Augustinus sowie des Genfer Reformators Johannes Calvin und fürchtete, von Gott zur ewigen Verdammnis bestimmt zu sein. Doch er hielt am katholischen Glauben fest und rang sich nach vielen seelischen Kämpfen zu einer tiefen Gottesliebe durch. So sagte er sich, auch wenn Gott ihn verdammen würde, so würde er ihn ewig lieben. Dieses unbedingte Gottvertrauen prägte fortan sein Leben. Als er vor einer Statue der Gottesmutter betete, erfuhr er die Gewissheit, dass er von Gott zum ewigen Heil bestimmt sei. Nun setzte er die Studien der Theologie in Padua fort.

Im Jahr 1594 wurde Franz von Sales zum Priester geweiht, obwohl sein Vater strikt dagegen war. Der Sohn setzte sich über die Wünsche des Vaters hinweg und meldete sich zur Predigt des katholischen Glaubens in Regionen, in denen die Reformation des Johannes Calvin schon Fuß gefasst hatte. Aufgrund seiner Rednergabe hatte er große Erfolge zu verbuchen und wohl deswegen wurde er bald zum Hilfsbischof von Genf berufen. Er lebte aber in Anecy, von wo aus er die Rekatholisierung des Landes Savoyen organisierte. Als er nach Paris reiste, lernte er dort Kardinal Bérulle und Vincent de Paul kennen. Mit beiden entwickelte er pastorale Konzepte, um den katholischen Glauben im Volk von Neuem zu verwurzeln. Mit starker Überzeugung setzte er sich dafür ein, die Beschlüsse des Konzils von Trient in den einzelnen Diözesen zu verwirklichen.

»Philothea«

So gründete er in der Diözese Genf, nachdem er dort Bischof geworden war, ein Seminar für Priester und begann mit regelmäßigen Visitationsreisen. Im Jahr 1604 lernte er die adelige Dame Franziska von Chantal kennen, deren Seelenführer und Beichtvater er wurde. Mit ihr vertiefte er seine Spiritualität und gründete mit ihr zusammen den Frauenorden von der Heimsuchung Mariens. Die Schwestern nannten sich nach dem Familiennamen des Bischofs Salesianerinnen. Dieser stark von der Meditation geprägte Orden sollte die Arbeit der Priester durch Gebet und mystische Hingabe an Gott unterstützen. Im Jahr 1622 starb Franz von Sales, und schon 1665 wurde er vom Papst heilig gesprochen. Mit seinen spirituellen Schriften, etwa der »*Philothea*«, hatte er großen Einfluss auf die Frömmigkeit der gebildeten Laienchristen.

Auf die Spiritualität des Franz von Sales gehen mehrere Orden zurück. Die Salesianerinnen verbinden das meditative Leben mit dem Dienst an den Armen und Notleidenden. Sie folgen der Regel des Augustinus und sind in Frankreich weit verbreitet. Sie führen zahlreiche Schulen und sind in der Erziehung von Mädchen und jungen Frauen engagiert.

Auf den Ordensgründer beziehen sich auch die Missionare des heiligen Franz von Sales, sowie die Oblaten des heiligen Franz von Sales, die Suore di San Francesco di Sales, die Barmherzigen Schwestern Mariens des heiligen Franz von Sales, die Töchter des Franz von Sales und eine Laiengemeinschaft, indirekt auch die Salesianer Don Boscos. Sie alle wollen in je unterschiedlicher Weise die Spiritualität des Bischofs von Genf in der heutigen Zeit verwirklichen.[14]

Mary Ward (1585–1645)

Die Gründerin der »Englischen Fräulein« (*Ordo beatae Mariae Virginis*) wurde 1585 in Mulwith bei York in England geboren. Sie trat als junge Frau in das Kloster der Klarissen in Saint Omer ein, wo sie ihre geistliche Prägung erfuhr. Später verließ sie den Orden und gründete mit Freundinnen zusammen eine neue Gemeinschaft, die sich stark an den Lebensregeln der Jesuiten orientierte. Diese Frauen wollten ihr Apostolat in der Kirche verwirklichen, indem sie sich der Erziehung von Mädchen und jungen Frauen widmeten. Weil sie keine strenge Klausur akzeptierten, verweigerte der Papst vorerst die formelle Anerkennung der neuen Gemeinschaft. Trotzdem verbreitete sich dieser Orden sehr schnell in England, bald auch in Italien und in Deutschland, denn es bestand ein hoher Bedarf für seine Tätigkeiten.

Die Gründerin wurde 1631 vom Papst nach Rom geladen und dort längere Zeit gegen ihren Willen festgehalten. Als sie nach England zurückkehren konnte, verstarb sie im Jahr 1645 in der Nähe von York. Erst 100 Jahre nach der Gründung erfolgte die päpstliche Zustimmung zum Orden im Jahr 1703. Diese Gemeinschaft von Ordensfrauen verfolgt das Ziel, im Unterricht und in der Erziehung der weiblichen Jugend der oberen und der mittleren sozialen Schichten tätig zu sein. Sie blickte in der geistigen Formung auf Ignatius von Loyola, ohne vom Orden der Jesuiten abhängig zu werden.

Der Sitz der Ordensleitung befindet sich heute in Rom. Der Orden Mary Wards ist mit vielen Niederlassungen und Schulen in Mitteleuropa und in Osteuropa vertreten, seit dem 19. Jahrhundert auch in Lateinamerika. Er verbindet die Vermittlung von christlichen Lebenswerten mit der Bildung der jungen Menschen in allen Disziplinen des Wissens.[15]

Vinzenz von Paul (1581–1660)

Der Gründer des Lazaristenordens und der Barmherzigen Schwestern, Vincent de Paul, wurde 1581 in Puy in Südfrankreich geboren. Seine theologischen Studien absolvierte er in Dax und später in Toulouse. Im Jahr 1600 wurde er zum Priester geweiht. Er wirkte als Seelsorger und Prediger in Rouen und später in Paris. Dort studierte er noch das kirchliche Recht, um sich auf Verwaltungsaufgaben vorzubereiten. Während seines Aufenthalts in der Hauptstadt lernte er Pierre de Bérulle kennen, der ihm den Rat gab, die Pfarrei Clichy in Paris zu übernehmen. Dies tat er, doch er war zugleich Seelsorger und Lehrer im Haus eines königlichen Generals. Bei dieser Tätigkeit erkannte er die Notwendigkeit der Volksmission und der Betreuung der armen Menschen in der Stadt. Er wurde Pfarrer in Châtillon sûr Seine und lernte dort die Nöte der Landbevölkerung kennen.

Die Lazaristen

Im Zuge seiner Seelsorgstätigkeit sammelte er Weltpriester um sich und gründete im Jahr 1625 eine Missionskongregation für die Predigt des Evangeliums unter dem einfachen Volk (*Congregatio missionis*). Diese Kongregation hatte ihren Sitz zuerst im College de Bons Enfants und später im Priorat Saint Lazare in Paris. Nach diesem Ort wurde der Orden bald Lazaristenorden genannt. Diese Priestergemeinschaft legte den Schwerpunkt ihrer Arbeit auf die Volksmission, um die ungebildeten Schichten des Volkes tiefer zum Glauben hinzuführen. Ihre Mitglieder organisierten geistliche Übungen (Exerzitien) für die Landbevölkerung, unterstützten aber auch die reguläre Pfarrseelsorge. Sie beteiligten sich an der Gründung von Priesterseminaren und in Saint Lazare wurden die so genannten Dienstagskonferenzen für die Weltkleriker eingerichtet.

Der neue Orden, der sich schnell auch in anderen Ländern Europas verbreitete, wollte dazu beitragen, die religiöse Erneuerung des Klerus und der Laienchristen voranzubringen. Ein zweiter Schwerpunkt des Ordens war die karitative Tätigkeit für die Armen und Mittellosen. Der Orden initiierte große Spendensammlungen bei reichen Bürgern und Adeligen, um mit dem Erlös den Notleidenden wirksam helfen zu können.

Vinzenz hatte schon als Pfarrer in Chatillon eine Schwesternschaft der Damen der Nächstenliebe (*Confrérie des Dames de la Charité*) gegründet, der sich vor allem Frauen aus dem Bürgertum anschlossen. Sie übernahmen in den Pfarreien die Pflege von Armen und Kranken. Aus diesen Gruppen der tätigen Nächstenliebe entstanden später die so genannten Elisabeth-Konferenzen, die sich bald in ganz Frankreich verbreiteten.

Die Barmherzigen Schwestern

Nun gründete die Pariser Gemeinschaft der Damen der Nächstenliebe die Vereinigung der »Töchter der Nächstenliebe« (*Filles de la Charité*), aus der später der Orden der »Barmherzigen Schwestern« geworden ist. Diese Schwestern wurden, nach dem Vornamen des Gründers, Vinzentinerinnen genannt und gehörten bald zum größten Orden der Krankenpflege in der katholischen Kirche. Die Mitbegründerin des Ordens war Luise de Marillac, die zusammen mit Vinzenz die Mädchen in den ländlichen Regionen in der Krankenpflege und im geistlichen Leben unterrichtete. Diese Frauen betreuten die Kranken in ihren Wohnhäusern und in den Hospitälern, sie nahmen ausgesetzte Kinder und Waisenkinder in ihre Häuser auf und besuchten außerdem Galeerensträflinge in ihren Lagern. Sie unterrichteten Schulkinder und nahmen sich der alten und geisteskranken Menschen an. Bedarf für den Dienst der Barmherzigen

Schwestern oder Vinzentinerinnen gab es allenthalben, auch auf den vielen Kriegsschauplätzen der damaligen Zeit, wo sie Verwundete betreuten und pflegten.

»Der Vater der Armen«

Vinzenz errichtete in Saint Lazare eine große Volksküche, in der die Armen und Notleidenden der Umgebung versorgt wurden. Auch er musste ständig bei den Adeligen und reichen Bürgern um Geld für sein Hilfswerk betteln, womit ihm zumindest eine geringfügige Umverteilung der Reichtümer des Landes gelang. Aufgrund seines Einsatzes für die Minderbemittelten und Notleidenden galt Vinzenz schon zu Lebzeiten als »Vater der Armen«. Der Schüler von Pierre de Bérulle und Franz von Sales begann damit, die tätige Nächstenliebe flächendeckend im ganzen Land zu organisieren, was ihm zum Teil zumindest auch gelungen ist. Er konnte viele Frauen, aber auch Männer, zum Dienst an den Kranken und Armen motivieren.

Vinzenz lebte persönlich einfach und arm wie Jesus. Er stellte das biblische Doppelgebot ins Zentrum seines Wirkens und wollte Gott und die schwachen Mitmenschen lieben. Im Jahr 1614 ist er gestorben, 1739 wurde er vom Papst heilig gesprochen und wird seither als Patron aller kirchlichen Sozialdienste verehrt. Der Orden der Lazaristen und die Barmherzigen Schwestern führten bald weltweit sein Werk der aktiven Nächstenliebe weiter. Beide Orden sind als Kongregationen organisiert. Zu den Lazaristen gehören Weltpriester und Laienbrüder, sie sind nach Provinzen geordnet, an deren Spitze Provinziale stehen. Der Schwerpunkt ihrer Arbeit ist weiterhin die Volksmission und die Betreuung der Armen. Die Barmherzigen Schwestern sind bis heute auf allen Kontinenten in der Krankenpflege und in der Bildung von Mädchen und jungen Frauen tätig.[16]

Alfons von Liguori (1696–1787)

Der Gründer des Redemptoristenordens wurde am 27. September 1696 in Marianella bei Neapel geboren und stammt von altem Landadel ab. Der Name der Familie leitet sich wahrscheinlich vom römischen Märtyrer Ligorius ab. Der Sohn studierte in Neapel zuerst Rechtswissenschaft, später Theologie und wurde 1726 zum Priester geweiht. Als Mitglied eines Vereins von Weltpriestern nahm er an vielen Volksmissionen teil und engagierte sich in der Armenhilfe. Bald gründete er ein »Werk der Kapellen« (*Opus delle Capelle*), in dem Laienchristen für den Dienst an den Armen geschult wurden. Der Bischof Tommaso Falcoja von Castellamare drängte ihn, diesem sozialen Verein möglichst bald eine rechtliche Form zu geben.

So gründete Alfons im Jahr 1731 den meditativen Orden der Redemptoristinnen (*Ordo Sanctissimi Redemptoris*). In Scala bei Amalfi richtete er ein erstes Frauenkloster ein, das er nach der Regel der Salesianerinnen ausrichtete. Zusammen mit der Schwester Maria Celeste verfasste er eine Ordensregel, aus der später die Regel für den Männerorden der Redemptoristen abgeleitet wurde. Diese Regel betont die Nachahmung des Erlösers Jesus Christus im alltäglichen Leben und die regelmäßige Betrachtung der Glaubensgeheimnisse. So gründete Alfons im Jahr 1732 den Männerorden der Redemptoristen. In Scala bei Amalfi schlossen sich seine Gefährten zu einer Missionsgemeinschaft für die Volksmission im eigenen Land zusammen.

Für die Glaubensverkündigung

Diese Priestergemeinschaft engagierte sich nun für die Glaubensverkündigung unter dem einfachen Volk. Sie veranstaltete vor allem Exerzitien, um die Geheimnisse des Glaubens zu vertiefen. Diese Priester wollten anfänglich keine Pfarreien übernehmen, vielmehr zogen sie die Tätigkeit in der überregionalen Seelsorge vor. Das Staatskirchentum der Bourbonen in Neapel war dem neuen Orden gegenüber kritisch eingestellt, aber dennoch konnten im Königreich Neapel mehrere Niederlassungen des Ordens gegründet werden. Der Orden verbreitete sich sehr schnell im Kirchenstaat des Papstes und daraufhin in ganz Italien. Alfons wurde zum Leiter des Ordens (*Rector maius*) ernannt und war nun rund 30 Jahre lang als beliebter Volksmissionar in verschiedenen Regionen Italiens tätig.

13 Jahre wirkte Alfons als Bischof von Santa Agatha dei Goti und bemühte sich dort um die Erneuerung des katholischen Glaubens aus dem Geist des Evangeliums. Gleichzeitig galt er als ein Vater der Armen, zumal es ihm gelang, viele reiche Adelige und Bürger zu großen Spenden für seine sozialen Werke zu bewegen. Im Jahr 1775 gab er sein Bischofsamt auf und kehrte in das Kloster seines Ordens zurück, zwölf Jahre später ist er gestorben. Er wurde in Pagani begraben und im Jahr 1839 vom Papst heilig gesprochen. Alfons wird als Kirchenlehrer verehrt und gilt als Patron der Beichtväter und der Moraltheologen. In seiner Lehre setzte er sich deutlich von der rigiden Gnadenlehre der Jansenisten ab.

Alfons baute seine Theologie vor allem auf der göttlichen Barmherzigkeit auf: Jeder Mensch sollte die göttliche Gnade erbitten. Er verfasste ein Buch über das große Gnadenmittel des Gebetes, das alle Christen lesen bzw. hören sollten. In der Gottesmutter Maria offenbare sich uns die göttliche Gnadenkraft in der Gestalt einer Mutter. Sie sei ohne Sünden geboren und am Ende ihres Lebens in den Himmel aufgenommen worden. Die Moraltheologie müsse vor allem der Seelsorge dienen. Die Beichtväter sollten lernen, ihre Mitchristen mit Geduld auf dem Weg des Glaubens zu führen. Die strenge Moral der Jansenisten sollte in allen Bereichen überwunden werden, denn sie ängstigte viele Menschen. Ein Beichtvater müsse mit Liebe und Güte bei der Christusnachfolge vorangehen.[17]

Die Redemptoristen bis heute

Die Redemptoristen sind als Orden heute auf allen Erdteilen tätig und engagieren sich weiterhin in den Volksmissionen und in der Armenhilfe. Klemens Maria Hofbauer war in Wien ein Mitglied dieses Ordens und trug zur Zeit Napoleons wesentlich zur Erneuerung des kirchlichen Lebens bei. Seit dem 19. Jahrhundert hat der Orden auch Aufgaben in den Missionsländern übernommen. Seine Spiritualität wird vor allem von der Verehrung des göttlichen Erlösers und der Jungfrau Maria geprägt. Die Priester bemühen sich, ihr Ohr an den Problemen der Zeit zu haben.

7. Ordensgründer im 19.und 20. Jahrhundert

Einen tiefen Einschnitt in die Kultur der Klöster und Orden brachte die Französische Revolution mit sich. Das religionskritische Denken der rationalen Aufklärung führte zur Säkularisation vieler Klöster und zur Auflösung einiger Orden. Viele Ordensgemeinschaften mussten sich angesichts dessen neu orientieren und ihre soziale oder seelsorgliche Tätigkeit stärker betonen. Doch nach dem Wiener Kongress entstanden auch neue Ordensgemeinschaften, die auf die Notlagen der Zeit reagieren wollten. Es waren vor allem Kongregationen von Priestern und Ordensfrauen, die nicht mehr mit der alten Feudalkirche verbunden waren. Die neuen Klöster und Orden erwarben nur soviel Besitz, wie sie zum Leben und für ihre Tätigkeit benötigten. Sie waren keine Lehnsherren mehr. Ihre Gemeinschaften gliederten sich in Priester und in Laienbrüder.[1]

Diese neuen Gemeinschaften rangen um eine veränderte Spiritualität des christlichen Glaubens und waren stark auf die veränderte Lebenswelt ihrer Mitchristen bezogen. Sie antworteten auf die neuen Bedürfnisse der Zeit, indem sie sich der Erziehung und Betreuung der Jugendlichen in den schnell wachsenden Städten widmeten. Ein großes Ziel im 19. Jahrhundert war die Glaubensverkündigung in fremden Erdteilen, so dass viele Missionare mit den europäischen Kolonialherren nach Afrika, Südamerika und Asien zogen. Die Orden lebten und dachten von jeher übernational, aber sie konnten dennoch nicht den damals aufkeimenden Nationalismus in Europa verringern oder gar aufhalten.

Die Katastrophen des nationalistischen Denkens traten im Ersten und Zweiten Weltkrieg ultimativ zutage. Der christliche Glaube war nicht fähig, diese Katastrophen aufzuhalten, er war sogar zum Teil daran beteiligt. So mussten sich die Orden nach diesen Zusammenbrüchen der christlichen und europäischen

Kultur neu orientieren, was vor allem auf dem Zweiten Vatikanischen Konzil (1962–1965) geschah. Seither orientieren sich die Orden wieder stärker an den Anfängen der Kirche und begannen, die neueren Erkenntnisse der Humanwissenschaften über das soziale Leben zu rezipieren. Vor allem wurden die Ziele und Methoden der Glaubensmission neu definiert, der Monopolanspruch des Gottesbildes wurde relativiert. Eine global werdende Theologie machte eine Neuorientierung vieler Orden nötig.[2]

Die Ziele der Orden lagen weiterhin in der spirituellen Vertiefung des Glaubens, in den sozialen Diensten der Krankenpflege und der Armenhilfe, im Schuldienst und in der Erziehung der Jugend, sowie in der Betreuung von Kindern und alten Menschen. Doch nun entwickelten auch die einzelnen Staaten flächendeckend ihre sozialen Einrichtungen, welche die Tätigkeit der Orden ergänzten. Nach dem Zweiten Weltkrieg machten die demokratischen Staaten einen großen kulturellen Wandlungsprozess durch, der in der weitgehenden Akzeptanz und politischen Umsetzung der allgemeinen Menschenrechte und Menschenpflichten seinen wesentlichsten Ausdruck gefunden hat.

Diesen Wandlungsprozess haben auch die christlichen Kirchen mitgetragen. Für die katholische Kirche hat er sich in ihrer Öffnung für die »Zeichen der Zeit« im Zweiten Vatikanischen Konzil deutlich dokumentiert. Mit der Forderung Johannes' XXIII. zum aggionamento der Kirche (Heutigwerden der Kirche) wurde dem Konzil die Marschlinie vorgegeben: Mutige Schritte in die Zukunft wurden unternommen, andere stehen noch aus. Dieser Wandlungsprozess betrifft auch die Orden. Der lange deutlich spürbare Graben zwischen den Klerikern und Laienchristen einerseits und Priestern und Brüdern andererseits ist geringer geworden, womit sich die Frage nach neuen Idealen der monastischen Gemeinschaftsstrukturen stellt. Durch die Anerkennung der Erkenntnisse der Humanwissenschaften hat auch die menschliche Sexualität einen neuen Stellenwert bekommen. Mönche und Nonnen sind gefordert, eine Neubewertung der sexuellen Askese vorzunehmen, nachdem sie nicht mehr einen Wert an und für sich darstellt. Auch wird der bedingungslose Gehorsam in vielen Orden und Klöstern kritisch hinterfragt, scheint er doch mit einem eigenständigen und reifen Glaubensleben schwer vereinbar zu sein. Die Orden ringen um ihr Selbstverständnis unter veränderten Bedingungen. Das Menschenbild der antiken, mittelalterlichen und vormodernen Kultur, das den meisten der Ordensregeln zugrunde liegt, hat ausgedient. Wie lassen sich die Ideale der Orden in eine veränderte Welt übersetzen?

Eine durchaus kreative Antwort auf diese veränderten politischen und kulturellen Situationen boten und bieten die verschiedenen Säkularinstitute, die zu Beginn des 20. Jahrhunderts entstanden sind, und die verschiedenen »Movimenti«, die sich in den letzten Jahrzehnten in der Kirche gebildet haben und die weiterhin im Entstehen begriffen sind. Auch sie sollen in diesem Buch übersichtlich dargestellt werden.

Guillaume Chaminade (1761–1850)

Der Gründer des Marianistenordens wurde 1761 in Perigeux geboren. Er studierte Theologie und wurde 1785 zum Priester geweiht. In der Zeit der Französischen Revolution wirkte er als Seelsorger und widersetzte sich der Zerstörung vieler Kirchen und Kapellen. Wegen seines Widerstands wurde er für drei Jahre nach Spanien verbannt, erst im Jahr 1800 durfte er nach Frankreich zurückkehren. Nun gründete er in Bordeaux eine Marianische Kongregation, die sich der religiösen Erziehung von Jugendlichen widmen sollte. Aus dieser Kongregation entstanden später zwei kirchliche Ordensgemeinschaften, nämlich die Marianisten oder die Marienbrüder (*Frères de la Societé de Marie* bzw. *Societas Mariae*) und die Marientöchter (*Filles de Marie*). Im Jahr 1850 ist dieser Ordensgründer gestorben.

Die Marianisten sind eine Kongregation von Priestern und Laienchristen, deren Ordensregel 1891 vom Papst bestätigt wurde. Zu ihren speziellen Aufgaben gehören die Erziehung der Jugend, der Unterricht an Schulen und die Lehrtätigkeit an Universitäten. In der Marianischen Kongregation sollten die Eliten der Laienchristen und der Priester für den Orden erzogen werden. Die Priester leiten auch Pfarreien und haben ihr Leben der Jungfrau Maria geweiht. Die Mitglieder des Ordens wissen sich einer gemeinsamen Spiritualität verpflichtet, wobei Maria das große Vorbild ihrer Lebensgestaltung ist. Sie wollen dazu beitragen, den christlichen Glauben in einer zeitgemäßen Sprache und Lebensform zu verkündigen.[3]

Vincenzo Pallotti (1795–1850)

Der Gründer des Pallottinerordens wurde 1795 in Rom geboren. Er erhielt im Alter von 23 Jahren die Priesterweihe und wirkte anschließend in seiner Heimatstadt als Seelsorger der Jugend, Kranken und Gefangenen. Früh betätigte sich Vincenzo als Prediger bei Volksmissionen und hielt Exerzitien zur Vertiefung des geistlichen Lebens. So wurde er zum Spiritual am Seminar für junge Kleriker berufen, zugleich wirkte er aber auch als Beichtvater in verschiedenen Studienhäusern. Im Jahr 1834 gründete er die Gesellschaft des katholischen Apostolats zur Verbreitung und Vertiefung des christlichen Glaubens. Aus dieser Gesellschaft bildete sich eine Priestergemeinschaft, deren Mitglieder sich nach ihrem Gründer Pallottiner nannten. Sie sahen ihre Hauptaufgabe in der spirituellen Vertiefung des Glaubens in der Nachfolge Jesu.

Bald nach 1834 initiierte Vincenzo Pallotti die Gründung einer Schwesterngemeinschaft, deren Mitglieder später Pallottinerinnen genannt wurden. Zu ihren Aufgaben gehörten die Versorgung der Armen und Kranken sowie das meditative Gebet. Dem Gründer gelang es, viele Laienchristen zu gewinnen, die sein Werk ideell und wirtschaftlich unterstützten. Er rief seine Mitarbeiter zum Glaubensapostolat in der entstehenden bürgerlichen Gesellschaft auf, so entstand ein frühes Apostolat von Laienchristen. Auf dieses Apostolat hat sich 100 Jahre später Papst Pius XI. berufen, als er im Jahr 1925 die Katholische Aktion (*Actio catholica*) gründete. Dabei hat er deutlich auf die Impulse von Vincenzo Pallotti zurückgegriffen. Der Gründer des Ordens wurde 1963 heilig gesprochen und gilt als Patron der priesterlichen Missionare des Glaubens. Die Pallottiner heißen offiziell »Gesellschaft des katholischen Apostolats« (*Societas Apostolatus Catholici*). Sie bilden eine Priestergemeinschaft ohne Gelübde, doch sie versprechen ein Leben in Armut, die Beharrlichkeit im Glauben, den Gehorsam vor den Oberen, die sexuelle Keuschheit und das gemeinsame Leben.

Katholisches Apostolat

Die Mitglieder des Ordens streben keine kirchlichen Ämter an, aber sie beteiligen sich an der Seelsorge in den Pfarreien, vor allem in städtischen Gebieten. Die Kirche der Kleriker sollte durch das Apostolat der Laienchristen erneuert werden. Die Pallottiner arbeiten als Lehrer in verschiedenen Schulen, veranstalten Exerzitien, nehmen an den Volksmissionen teil und sind in der Priesterausbildung tätig. Zu ihren weiteren Aufgaben gehört das Apostolat für die modernen Medien sowie die Formung und Erziehung der Jugend. Im 19. Jahrhundert sind sie auch als Missionare nach Afrika gegangen, um dort den christlichen Glauben zu verkünden. Die Pallottinerinnen ergänzen die Arbeit des Männerordens durch den Schuldienst und ihre Arbeit in der Armenhilfe.[4]

Josef Kentenich und die Schönstatt-Bewegung

Aus dem Orden der Pallottiner heraus entstand in Deutschland die »Schönstatt-Bewegung« bzw. das »Schönstatt-Werk«, das von Josef Kentenich (1885–1968) gegründet wurde. Dieser Priester wirkte am Gymnasium zu Schönstatt bei Vallendar am Rhein als Lehrer und geistlicher Erzieher. Er gründete 1914 ein Werk zur Verbreitung und Vertiefung des katholischen Glaubens, an dem Priester und Laienchristen mitarbeiten sollten. Im Jahr 1953 wurde die Schönstatt-Bewegung vom Papst als Apostolische Bewegung zur Verbreitung, Verkündigung und Verinnerlichung der christlichen Lebens bestätigt. Das Werk steht unter der Generalleitung des Ordens der Pallottiner, die Spiritualität wird stark von der Marienverehrung geprägt. In besonderer Weise wird die wunderbare Mutter und Königin von Schönstatt angerufen.

Zum Schönstatt-Werk gehören der Apostolische Bund und die Apostolische Liga, die aus Klerikern und Laien bestehen, ferner die Säkularinstitute der Marienschwestern und der Marienbrüder, sowie die Vereinigung der Schönstatt-Priester. Die Mitglieder möchten den Problemen der Zeit mit einem aufrechten Glauben begegnen und den heimatlos gewordenen Zeitgenossen spirituellen Halt geben. Ihre Frömmigkeit wird stark vom gemeinschaftlichen emotionalen Erleben geprägt.

Johannes Don Bosco (1815–1888)

Der Gründer des Salesianerordens, Giovanni Bosco, wurde 1815 in Becchi in Norditalien geboren. Früh lernte er die Nöte der Jugendlichen in den großen Städten kennen, die wenig soziale Betreuung hatten. Es war die Zeit der beginnenden Industrialisierung, in der viele Kinder und Jugendliche schwere körperliche Arbeit leisten mussten. Deswegen gründete Johannes Bosco ein Jugendwerk, das sich vor allem den sich selbst überlassenen und sozial benachteiligten Jugendlichen widmen sollte. Nach vielen Hindernissen konnte er zum Priester geweiht werden. 1841 begann er in Turin mit der Seelsorge und Betreuung der arbeitenden Jugendlichen. Spirituell geprägt wurde er von seinem Beichtvater Giuseppe Cafasso, aber auch von den Ideen des Alfons von Liguori, Philipp Neri und besonders Franz von Sales.

So gründete Don Bosco in Turin Tagesheime für allein gelassene Jugendliche, die keine Familie hatten. Später errichtete er mit den Spenden reicher Bürger der Stadt für diese Jugendlichen Grundschulen und Berufsschulen, damit sie mit einer guten Ausbildung in den Arbeitsprozess einsteigen könnten, denn nach seiner Überzeugung sollten alle sozialen Schichten Zugang zur Bildung bekommen. Dieser Seelsorger war eine starke Persönlichkeit, der sich gut in die Lebenswelt von Jugendlichen einfühlen konnte. Er selbst lebte in einem mystischen Verhältnis zu Jesus Christus, so dass er auf intuitive Weise bestimmte Nöte und Problemsituationen seiner Mitwelt erkannte.

Die Salesianer Don Boscos

Johannes Bosco wurde als engagierter Seelsorger zum Organisator eines flächendeckenden Schulwesens in Norditalien. Er gründete im Jahr 1857 in Turin den Orden der Salesianer (*Societas Sancti Francisci Salesii*), der 1874 vom Papst bestätigt wurde. Dieser neue Orden besteht aus Klerikern und Laienbrüdern, die unter den einfachen Gelübden der Evangelischen Räte zusammenleben und gemeinsam für die Verkündigung des Glaubens arbeiten. Im Oratorium von Valdocco in Turin hatte die Gemeinschaft ihre Arbeit begonnen, wo Don Bosco im Jahr 1888 starb.

Der Orden bekam seine Formung auch durch den Kirchenkampf im Königreich Piemont. Die Mitglieder bewahrten ihre bürgerlichen Rechte, versprachen aber persönliche Armut. Die Laienbrüder und die Kleriker haben keine besondere Ordenstracht, in ihren Regeln des Zusammenlebens finden sich demokratische Elemente.

Die Priester und Ordensbrüder leiten Erziehungsheime für Lehrlinge und für arbeitende Jugendliche. Sie kümmern sich um sozial gefährdete Jugendliche und gestalten deren Freizeit mit. Vor allem bemühen sie sich um eine gute berufliche Ausbildung ihrer Schüler, um die Formung des Charakters und um soziale Verantwortlichkeit. Die Priester beteiligen sich auch an der Seelsorge in Pfarreien und an der Volksmission, um Nachwuchs für den Orden werben zu können.

Die Salesianer Don Boscos verbreiteten sich in ganz Europa und waren bald auch in den Missionsländern tätig. Zu den Schwerpunkten ihrer Arbeit zählen die Nutzung der modernen Mittel der Kommunikation, die Bildung der Kleriker, die Glaubensmission und die Sozialarbeit. Zur größeren geistlichen Gemeinschaft gehören auch die Don Bosco Schwestern und der Fromme Verein der Salesianischen Mitarbeiter.[5]

Daniele Comboni (1831–1881)

Der Gründer der Comboni-Missionare vom Heiligsten Herzen Jesu wurde 1831 in Limone am Gardasee in Italien geboren. Er studierte in Verona Theologie und wurde 1854 zum Priester geweiht. Drei Jahre später ging er für mehrere Jahre in die Mission nach Zentralafrika. 1864 aus Khartoum zurückgekehrt, gründete er 1867 in Verona eine Missionsgesellschaft, aus der sich später die Kongregation der »Söhne des Heiligsten Herzens Jesu« (*Figli del Sacro Cuore di Gesù* bzw. *Filii Sanctissimi Cordis*) herausbildete. Neun Jahre später initiierte er einen Frauenorden für die Mission in fremden Ländern, der den Namen »Fromme Mütter der Negerländer« (*Pie Madri della Nigrizia*) erhielt. Die Ordensfrauen sollten die Arbeit der Kleriker und der Brüder in der Mission tatkräftig unterstützen und waren vor allem in der Erziehung der weiblichen Jugend tätig.

Daniele Comboni wurde vom Papst zum Protovikar und zum Apostolischen Visitator von Zentralafrika ernannt. Er organisierte in dieser Region die Mission und ließ mit Spenden aus Europa Schulen, Krankenhäuser und Armenhäuser aufbauen. Im Jahr 1881 ist dieser weit blickende Missionar in Khartoum gestorben. Der Orden ist bis heute vor allem in Italien, Portugal, England, in den USA und in Südamerika tätig, unterhält aber auch Niederlassungen in Mitteleuropa. Nach wie vor spielt er eine wichtige Rolle bei der Inkulturation des christlichen Glaubens in den außereuropäischen Zivilisationen. Die Mitglieder des Ordens haben auch eine zeitgemäße Spiritualität entwickelt und engagieren sich vor allem in der Bildung sowie im sozialen Dienst an den Armen.[6]

Charles Lavigerie (1825–1892)

Der Begründer des Missionsordens der Weißen Väter wurde in Bayonne in Südfrankreich geboren. Er studierte Theologie und wurde zum Priester geweiht, danach unterrichtete er Kirchengeschichte an der Universität Sorbonne in Paris. Ab 1863 wirkte er als Bischof in Nancy in Lothringen, vier Jahre später wurde er vom Papst zum Erzbischof von Algier ernannt, das damals französische Kolonie war. Er bekam den Titel eines Primas von ganz Afrika, im Jahr 1892 ist er verstorben.

Schon 1856 hatte er ein Werk zur Förderung der Schulen im Orient und in den französischen Kolonien gegründet, da er den Dialog der Christen mit den Muslimen und mit der arabischen Kultur fördern wollte. Im Jahr 1868 gründete er die Missionsgesellschaft der Weißen Väter (*Pères Blancs*) und ein Jahr später die Gemeinschaft der Weißen Schwestern (*Soeurs Blanches*), die sich auch Missionsschwestern Unserer Lieben Frau von Afrika nennen.

Der Ordensgründer bemühte sich sein Leben lang, neue Missionszentren in Afrika zu gründen und die Methoden der Mission zu verbessern. Er verfasste Bücher und Schriften über die Glaubensverkündigung in fremden Kulturen, später gründete er auch in Malta und in Jerusalem Schulen für die christlichen Missionare. Politisch engagierte er sich für das französische Protektorat Tunesien und rief in Frankreich die Katholiken zur Versöhnung mit dem laikalen Staat auf. Es war ihm ein großes Anliegen, dass der Handel mit Sklaven überall in Afrika, in Europa wie in Südamerika beendet würde. Die »Weißen Väter« sind eine Kongregation von Klerikern, die sich zur Mission in fremden Ländern verpflichten. Der Orden wurde 1908 vom Papst anerkannt.

Die Mitglieder dieses Missionsordens erfahren eine umfassende Ausbildung, währenddessen sie auch die Sprachen ihrer Einsatzländer lernen. Ein Teil ihrer Arbeit besteht in der Inkulturation des christlichen Glaubens in fremden Lebenswelten, in der Anpassung der christlichen Riten und Lebensformen an fremde Zivilisationen. So gelang es dem Orden schon früh, afrikanische Priester auszubilden und Priesterseminare zu gründen. Der Orden verbreitete sich in großen Teilen Europas. Er sammelt Spenden von Laienchristen für die Missionsarbeit. Die »Weißen Schwestern« unterstützen die Arbeit der Missionare, sie leiten Kindergärten und Schulen für Mädchen und widmen sich der Krankenpflege.[7]

Arnold Janssen (1837–1909)

Der Gründer der Steyler Missionare vom göttlichen Wort (*Societas Verbi Divini*) wurde 1837 in Goch im Rheinland geboren. Arnold Janssen studierte Theologie und wurde 1861 zum Priester geweiht. Zuerst unterrichtete er an einem Gymnasium in Bocholt, danach übernahm er die Leitung eines Gebetsapostolats in der Diözese Münster. Bald wollte er sich ganz der Verkündigung des Evangeliums in allen Teilen der Welt widmen. So gründete er im Jahr 1875 in Steyl, in Holland, ein Missionshaus für katholische Missionare, in Holland deshalb, weil im Deutschen Reich durch den Kanzler Bismarck die Gründung neuer Orden zeitweilig verboten war. Das Haus war dem heiligen Michael geweiht. Zur gleichen Zeit gab er in Steyl eine Zeitschrift »Kleiner Herz Jesu Bote« heraus.

Der Orden der Missionare verbreitete sich schnell und auch viele Frauen wollten in den Missionen mitarbeiten. So gründete Arnold Janssen bereits 1889 die Missionsgenossenschaft der Dienerinnen des Heiligen Geistes, aus der später die Steyler Missionsschwestern wurden. Im selben Jahr wurde im Kaiserreich Österreich-Ungarn die erste Ordensniederlassung St. Gabriel in Mödling bei Wien gegründet. In diesen beiden Zentren in Steyl und Mödling wurden viele Missionare ausgebildet und in alle Welt geschickt, um den christlichen Glauben zu verkünden. Aus diesem Orden sind große Kulturwissenschaftler und Ethnologen wie P. Gusinde, P. Schmid und P. Schebesta hervorgegangen, welche die Lebenswelten der fremden Kulturen systematisch erforschten.

Der Orden betreute bald Missionsstationen in Südchina, Togo in Afrika, in Neuguinea, er sandte aber auch Priester nach Nord- und Südamerika. Arnold Janssen förderte die Verehrung des Heiligen Geistes und der Heiligsten Dreifaltigkeit. Im Jahr 1909 ist er gestorben. Zehn Jahre später wurde der Orden vom Papst anerkannt. Die Steyler Missionare als Gesellschaft vom göttlichen Wort setzen den Schwerpunkt ihrer Arbeit auf die Glaubensverkündigung in fremden Ländern und Kulturen. Sie haben in ganz Europa Niederlassungen mit Schulen, sie betreuen auch Pfarreien und bemühen sich um den Nachwuchs für den Orden. Die Kleriker legen einfache Gelübde ab und werden von einem Generalsuperior geleitet, der in Rom seinen Sitz hat.[8]

Ein großes Studienzentrum des Ordens ist die Hochschule St. Augustin bei Bonn, wo ein großes ethnologisches Museum und Forschungszentrum eingerichtet wurde. So ist der Orden zu einem Träger des interkulturellen Austausches geworden. Zudem hat er die Zielvorstellungen der Mission im Geist des Zweiten Vatikanischen Konzils verändert. Die Einladung zum christlichen Glauben wird als wechselseitiger Lernprozess der Kulturen verstanden. Die Missionare werden in allen Humanwissenschaften ausgebildet und sind miteinander weltweit verflochten.

Die Steyler Missionsschwestern unterstützen die Arbeit der Missionare in den Missionsländern. Sie unterhalten Schulen, Waisenhäuser, Krankenhäuser und engagieren sich im Dienst an den Armen. Die Steyler Missionare und Missionsschwestern gehören heute zu den größten Missionsorden der katholischen Kirche.

Franz Pfanner (1825–1909)

Er war der Gründer der Ordensgemeinschaft von Marianhill und wurde 1825 in der Nähe von Bregenz am Bodensee geboren. Franz, ehemals Wendelin, Pfanner studierte Theologie in Feldkirch, Innsbruck und Padua. Im Jahr 1850 wurde er zum Priester geweiht. Danach wirkte er als Spiritual der Barmherzigen Schwestern in der kroatischen Stadt Agram (Zagreb). 1863 trat er in das Priorat der Trappisten von Mariawald in der Diözese Aachen ein, um sein Leben spirituell zu vertiefen. In dessen Nähe, nämlich in Heimbach, befindet sich die Wallfahrtskirche zur Schmerzhaften Mutter Gottes, der er sich stark verbunden wusste. Von Mariawald aus gründete Pfanner ein Priorat in Maria Stern bei Banjaluka in Bosnien, wo er ein Waisenhaus mit einer landwirtschaftlichen Schule einrichtete. Und doch zog es den unruhigen Seelsorger bald in die Mission, Südafrika war sein Ziel.

Nach einiger Zeit der Missionstätigkeit gründete er ein Priorat in Kapland und später eines in Marianhill. Dort wirkte er als Missionar und wurde von der Gemeinschaft zum Prior gewählt. Bald darauf gründete er in Marianhill auch die Missionsschwestern vom kostbaren Blut Christi, welche die Missionsarbeit der Missionare kräftig unterstützen sollten. In der Folgezeit wurde Marianhill zum bedeutendsten Missionszentrum in Südafrika. Von dort aus wurden viele Missionsstationen gegründet und betreut. Im Orden gab es jedoch bald Konflikte um die innere Ausrichtung und schließlich wurde Pfanner von der Ordensleitung entbunden. Er arbeitete aber weiter als Missionar bis zu seinem Tod im Jahr 1909 in einer Missionsstation in Emaus. Marianhill, das in der Nähe der Stadt Durban liegt, wurde zum Zentrum der Missionsarbeit des Ordens.

In Marianhill wurden große landwirtschaftliche Betriebe eingerichtet. Es wurden Schulen und Krankenhäuser gebaut, die arme Bevölkerung sollte dort mit Nahrung und Kleidung versorgt werden. An den Schulen des Ordens wurden auch afrikanische Priester ausgebildet. Aus Europa kamen viele Spenden für diese Missionstätigkeit des Ordens. Bis 1909 war der Orden rechtlich dem Orden der Trappisten zugeordnet, seit

1909 bildet er durch ein päpstliches Dekret eine eigenständige Missionskongregation. Die Missionare unterstehen der Leitung eines Generalsuperiors. Sie sind in den deutschsprachigen Ländern und in den Vereinigten Staaten verbreitet.[9]

8. Ordensgründerinnen im 19. und 20. Jahrhundert

Im 19. Jahrhundert nach der Zeit der Französischen Revolution wurden in ganz Europa viele neue Frauenorden gegründet, die auf die aktuellen Nöte und Probleme ihrer Mitmenschen eine Antwort geben wollten. Die meisten dieser Orden befassen sich mit der Bildung junger Menschen in den Schulen, mit der Pflege von Kranken und alten Menschen, mit den sozialen Diensten an den Ärmsten der Gesellschaft und auch mit der Verbreitung des christlichen Glaubens in fernen Ländern. Manche dieser Orden haben nur eine regionale Bedeutung gewonnen, andere sind international und interkulturell tätig geworden.

Für alle diese Gemeinschaften gelten die drei Gelübde bzw. Versprechungen der evangelischen Räte, nämlich ein Leben in sexueller Keuschheit und ohne Familie, die Befolgung des Gehorsams gegenüber den Vorgesetzten und die persönlichen Armut. Darüber hinaus zielen diese Orden jeweils auf eine bestimmte Spiritualität und geistige Formung, die von den Regeln vorgegeben werden. Die Lebensformen der Ordensschwestern haben sich stark den beruflichen Betätigungsfeldern angepasst, so dass eine große Vielfalt von Gemeinschaften entstanden ist.

Im Folgenden sollen nur einige dieser Orden und ihrer Gründerinnen exemplarisch dargestellt werden.

Madeleine Sophie Barat (1779–1865)

Die Gründerin der Ordensfrauen vom Heiligsten Herzen Jesu (*Sacré Cœur*) wurde 1779 in Joigny in eine französische Winzerfamilie geboren. Ihr um elf Jahre älterer Bruder Louis, bereits Lehrer an einer Schule, unterrichtete seine jüngere Schwester im ganzen Lernprogramm. Er hatte in Paris Bilder des Heiligsten Herzens Jesu gekauft, die seine Schwester tief beeindruckten. Im Jahr 1789, als die Französische Revolution ausbrach, kam Madeleine Sophie zur Erstkommunion. In dieser Zeit wurde ihr Vater von den Revolutionären verhaftet und kam erst 1795 wieder in die Freiheit. In diesem Jahr wurde ihr Bruder Louis zum Priester geweiht und brachte seine Schwester nach Paris. Dort wohnte sie in der Rue de Touraine, ging heimlich zur heiligen Messe und unterrichtete gleichzeitig die armen Kinder in ihrem Wohnviertel im Lesen und Schreiben.

In dieser Zeit überlegte sie, in ein Kloster des Karmel einzutreten. Doch im Jahr 1800 begegnete sie Pater Joseph Varin, der ein weibliches Institut des geistlichen Lebens (*Dilette di Gesù*) gegründet hatte. Diese geistlichen Frauen widmeten sich der Erziehung der bürgerlichen und der armen Mädchen, gleichzeitig verehrten sie das Heiligste Herz Jesu. Madeleine Sophie Barat trat dieser Gemeinschaft bei. Ein Jahr später wurde sie mit Henriette Grosier und Genevieve Deshayes zur Gründung eines neuen Klosters nach Amiens geschickt. Dort schlossen sich bald viele Frauen der neuen Gemeinschaft an, sie wollten ein Herz und eine Seele im Herzen Jesu (*cor unum et anima una in corde Jesu*) sein. Fortan unterrichteten sie viele Kinder aus allen sozialen Schichten, so dass ein neuer Schulorden entstand.

»Ein Herz und eine Seele im Herzen Christi«

Dieser Orden richtete Pensionate für Mädchen ein, in denen diese wohnen konnten und ganztägig betreut wurden. Gleichzeitig führte er Schulen für externe Schüler, die bei ihren Eltern wohnten. Im Kaiserreich unter Napoleon musste sich der neue Orden von den Dilette di Gesù trennen und und durften auch nicht den Namen des Herzens Jesu führen, weil darin eine klerikale Propaganda gesehen wurde. So wurde der Orden als christliches Erziehungsinstitut (*Dames de l'Instruction Chrétienne*) anerkannt. Bald entstand ein neues Kloster in Grenoble, wo die junge Frau Philippine Duchesne als Novizin eintrat.

Madeleine Sophie Barat wurde zur Generaloberin des Ordens auf Lebenszeit gewählt. Sie reiste nun durch ganz Frankreich und andere Länder in Europa, um ihren Orden zu verbreiten. Es wurden viele neuen Niederlassungen gegründet, da der Bedarf an Schulschwestern groß war. Zwischen 1807 und 1813 wurde um die spirituelle Ausrichtung des Ordens hart gerungen, da eine Gruppe von Schwestern stärker monastisch, asketisch und meditativ leben wollte. Doch schließlich setzte sich die Gründerin mit ihrem offenen Modell durch. Sie wollte einen weltoffenen und modernen Erziehungsorden. Ab 1815, als in Frankreich wieder die Monarchie eingerichtet wurde, durfte sich der Orden »Gesellschaft vom Heiligsten Herzen Jesu« (*Sacré Cœur*) nennen. Die Konstitutionen wurden vom Bischof anerkannt und die päpstliche Approbation erfolgte im Jahr 1826.[1]

Die Sacré-Cœur-Schwestern bis heute

Seither verbreitete sich der Orden in ganz Europa und Amerika, eine Gruppe um Philippine Duchesne war nach Luisiana in die Vereinigten Staaten von Amerika gegangen. Größere Niederlassungen entstanden in Italien, England, Spanien, Österreich-Ungarn, Belgien, Irland, Holland, Algerien, Kanada und Südamerika. Dieser für die damalige Zeit liberale Orden bekam allerdings Probleme mit den konservativen Regierungen in der Schweiz und in Norditalien, in deren Folge Schulen geschlossen werden mussten. Doch in den meisten Ländern verbreitete sich der Orden sehr schnell, da die Pensionate für die Töchter aus bürgerlichen Familien sehr beliebt waren. Mit der Schultätigkeit war die Verehrung des Heiligsten Herzens Jesu verbunden, daher heißen die Schwestern Sacré-Cœur-Schwestern.

Der Orden begann auch, behinderte Kinder und Waisenkinder zu betreuen. Im 20. Jahrhundert wurden auch Knaben in die Schulen aufgenommen. Die Schüler organisierten sich seit 1816 als »Marienkinder«, denn sie sollten sich dem Schutz der Gottesmutter anvertrauen. Seit 1832 werden regelmäßige Exerzitien zur Glaubensvertiefung für die Absolventinnen der Schulen angeboten. So bilden die Sacré-Cœur-Schwestern einen modernen Schulorden. Die innere Organisation wurde neu geregelt, im Jahr 1865 starb die Gründerin. In diesem Jahr hatte der Orden bereits 3539 Mitglieder in 89 Ordenshäusern, davon waren 64 in Europa und 20 in den Vereinigten Staaten von Amerika angesiedelt.

Im 20. Jahrhundert erreichte der Orden über 7000 Mitglieder. Die Schwestern widmen sich der Erziehung und Formung der Jugendlichen beiderlei Geschlechts im Geiste Jesu Christi. Ursprünglich sollten nur Mädchen auf ihre Aufgaben als Mütter und Hausfrauen vorbereitet werden, doch heute hat man die Arbeit auf beide Geschlechter ausgedehnt und sich mit der Berufsvorbereitung ein weiteres Tätigkeitsfeld erschlossen. Die Gründerin des Ordens wurde 1908 selig gesprochen, seit 1925 darf sie als Heilige verehrt werden. Auch die Gründerin des ersten Klosters in den USA, Philippine Duchesne, wurde im Jahr 1988 heilig gesprochen. Seit dem II. Vatikanischen Konzil hat sich der Orden erneuert und betont nun stärker die globale Verantwortung der Christen für die Länder der Dritten Welt sowie die Hinwendung zu den Armen.

Die Klausur der Schwestern wurde aufgehoben. Sie tragen mehrheitlich weltliche Kleider, damit sie ihren Dienst in der Welt der Schule besser ausüben können. Diese Reform hatte einen neuen Lebensstil für viele Mitglieder im Orden zur Folge. Jetzt wurden viele neue Gemeinschaften in Südamerika gegründet, die auf die Nöte der armen Bevölkerung besser reagieren können. Seit dem Ende des Kommunismus in Osteuropa engagiert sich der Orden auch in vielen postkommunistischen Ländern. Auf dem Generalkapitel von 1982 wurden neue Konstitutionen des Ordens ausgearbeitet, die 1987 vom Vatikan approbiert wurden. Im Jahr 1994 wurde erstmals eine Generaloberin aus Südamerika gewählt. So will der Orden seinen ursprünglichen Auftrag in einer veränderten Lebenswelt erfüllen und bewusst neue Wege in der Erziehung und im Unterricht gehen.[2]

Karoline Gerhardinger (1797–1879)

Die Gründerin der Armen Schulschwestern Unserer Lieben Frau wurde 1797 in Stadtamhof in Oberfranken geboren. In ihrer inneren Entwicklung wurde sie stark vom Regensburger Theologen und Seelsorger Georg Michael Wittmann (1760–1833) geformt. Bei ihm lernte sie die Notwendigkeit der Erziehung und des Unterrichts für Kinder aus allen sozialen Schichten kennen. Sie wurde zur Lehrerin ausgebildet und machte sich dabei mit den Ideen des französischen Priesters Pierre Fourier vertraut, der bereits im 16. Jahrhundert in Frankreich den Lehrorden der Chorfrauen Unserer Lieben Frau ins Leben gerufen hatte.

Nach diesem Modell gründete Karolina Gerhardinger im Jahr 1833 in Neuburg vorm Walde in der Oberpfalz mit einigen Freundinnen und Gefährtinnen einen neuen Schulorden. Dabei folgte sie der Regel des heiligen Augustinus und den Vorgaben des Pierre Fourier. Der Orden hatte das Ziel, Kinder aus allen sozialen Schichten umfassend zu bilden und in ihnen den christlichen Glauben zu vertiefen. Der neue Orden der Schulschwestern wurde im Königreich Bayern von König Ludwig I. genehmigt, im Jahr 1854 folgte die päpstliche Anerkennung in Rom. Die Schwestern erhielten vom König das alte Angerkloster in München zugewiesen, wo sie ihr Mutterhaus einrichteten. Von München aus eröffneten sie viele Schulen, die sich die praktische Ausbildung junger Frauen zum Ziel setzten. Es wurden Lehrwerkstätten für die wichtigsten weiblichen Berufe der Zeit eingerichtet, denn die Schülerinnen sollten ihr theoretisches Wissen auch im Beruf anwenden können.

Für diese Schulen gab es in ganz Bayern großen Bedarf, so dass in kurzer Zeit viele neue Klöster des Ordens gegründet wurden. Bald entstanden Niederlassungen des Ordens auch außerhalb von Bayern in vielen Ländern Europas, seit 1847 sind die Schwestern auch in Südamerika und in Nordamerika tätig. Heute betreibt dieser Schulorden fast alle Schultypen in Europa und in den Missionsländern. In Lateinamerika hat das soziale Engagement für die arme Bevölkerung einen besonders hohen Stellenwert für die Arbeit der Armen Schulschwestern erhalten.

Das Mutterhaus in München war 1944 von Bomben zerstört worden, wurde aber 1957 wiederaufgebaut. Heute hat die Ordensleitung ihren Sitz in Rom. Die Kongregation der Schulschwestern kennt keinen Unterschied zwischen Chorschwestern und Laienschwestern.[3]

Antonia Lampel (1807–1850)

Die Gründerin der Schulschwestern von Graz-Eggenberg war als Lehrerin an einer privaten Erziehungsanstalt für Mädchen tätig. Ihre Schwester unterrichtete an dieser Schule und ergriff die Initiative zur Fortführung dieser Einrichtung. Als sie früh verstarb, übernahm ihre Schwester Antonia die Leitung der Schule und warb Lehrerinnen an, die im christlichen Geist unterrichteten. Sie bildete mit diesen Lehrerinnen eine religiöse Gemeinschaft und bat um die kirchliche Genehmigung ihrer Initiative. Daraufhin wurde die private Schule in ein Institut für religiöse Erziehung und Unterricht umgewandelt. Dabei schlossen sich sechs junge Frauen zu einer religiösen Lebensgemeinschaft zusammen. Der Bischof bestimmte den Guardian der Franziskaner, Pater Alois Gogg, zum geistlichen Leiter und Seelsorger dieser neuen Gemeinschaft.

Unter der Anleitung des Franziskanerpaters arbeiteten die Schwestern an einer Verfassung für ihre Gemeinschaft, die mit den Regeln der bestehenden Orden verträglich sein sollte. Die von den Schwestern verabschiedeten Konstitutionen folgten über weite Strecken der Spiritualität des Dritten Ordens des heiligen Franz von Assisi und wurden vom Bischof an den Vatikan übermittelt. Papst Gregor XVI. hat sie im Jahr 1843 approbiert. Die Schulschwestern in Graz widmeten sich seither dem Unterricht und der Erziehung von Mädchen. Sie errichteten eine Tagesschule und ein Pensionat für Schülerinnen und betreuten auch Kleinkinder.

Aus dieser Gründung ist sehr schnell ein großer Schulorden geworden, der sich in der österreichisch-ungarischen Monarchie verbreitete. Auch hier war ein großer Bedarf an Bildung für Kinder aus bürgerlichen wie aus armen Familien. Viele Pfarrer haben mitgeholfen, junge Frauen für diesen und andere Orden anzuwerben. Die Schulschwestern von Graz-Eggenberg engagieren sich heute für eine zeitgemäße und weltoffene Pädagogik. Sie verbinden die neuen Erkenntnisse der modernen Pädagogik mit der Vermittlung von christlichen Lebenswerten.[4]

Clara Fey (1815–1894)

Die Gründerin des Ordens der Schwestern vom Armen Kinde Jesu wurde 1815 in Aachen geboren. Sie wuchs dort mit vier Geschwistern auf, zwei ihrer Brüder wurden später Priester. Clara besuchte die weibliche Erziehungsanstalt St. Leonhard. Dort war die Dichterin Luise Hensel ihre Lehrerin, die den jungen Menschen den Blick für die Bedürfnisse ihrer Mitmenschen öffnete, welche vielfach immens waren, denn in der Frühzeit der Industrialisierung war die Zahl der Not leidenden Bevölkerung rasch angestiegen. Mit einigen Freundinnen und ihrem Bruder Andreas erwog Clara Fey, für arme Mädchen der Stadt eine Schule zu gründen. Denn auch sie sollten ein Mindestmaß an Bildung bekommen.

Diese jungen Leute mieteten ein kleines Zimmer in der Aachener Bendelstraße. Sie sammelten alte Schulbänke aus der Kirche, Bücher und Schreibtafeln und besorgten für die Kinder u. a. auch Holzschuhe zum Anziehen. So eröffnete die kleine Schule mit zwölf Schülern. Doch die Kinder mussten nach der Schule wieder in ihre ärmlichen Verhältnisse, meist ungesunde Wohnungen, zurück. Deswegen beschlossen die jungen Lehrerinnen, mit Spenden von Bürgern ein Haus zu kaufen, wo die armen und oft kranken Kinder wohnen konnten. Sie wollten die Kinder betreuen, ihre Krankheiten heilen und sie zu Jesus hinführen.

Die Schwestern vom Armen Kinde Jesu

In dieser Zeit erwog Clara Fey, in das Kloster der Karmelitinnen einzutreten, doch dann hätte sie den Dienst an den armen Kindern aufgeben müssen. Daher beschloss sie mit ihren Gefährtinnen Leocardia Startz, Wilhelmine Istas und Louise Vossen eine neue Ordensgemeinschaft zu gründen. Beraten wurde sie von ihrem Bruder Andreas Fey, der Priester war, von Kaplan Wilhelm Sartorius und von Bischof Johannes Theodor Laurent. Mit deren Unterstützung gründete sie eine Kongregation von Schwestern, die sich ganz in den Dienst der Erziehung von armen Kindern stellen wollte. Am 2. Februar 1844 wurde die Kongregation der Schwestern vom Armen Kinde Jesu mit bischöflicher Erlaubnis gegründet. Ihr erstes Haus war in der Königsstraße in Aachen

Die Schwestern setzten es sich zum Ziel, die Kinder aus armen Familien an Leib und Seele zu versorgen, und die Zahl der Schüler an der von ihnen gegründeten Schule wuchs schnell. Bald wollten auch die reicheren Familien ihre Kinder in diese Schule schicken, doch die Schwestern wussten sich ausschließlich den Ärmsten verpflichtet. Im Jahr 1848 erhielten die Schwestern vom Bischof das Ordenskleid, zwei Jahre später legten sie ihre Gelübde ab. Diese jungen Schwestern lasen nun in den Schriften des Aurelius Augustinus, des Dominikus Guzman, der Teresa von Ávila und des Franz von Sales, von deren Ideen sie sich anregen ließen. Sie wollten wie die ersten Christengemeinden leben und im Geist Jesu die Liebe zu den Kindern verwirklichen. Mit der Zeit schlossen sich weitere Frauen diesen Schwestern an. Auch sie wollten mithelfen, die Armut und Bildungsnot zu verringern.

Bald entstanden auch in anderen Städten im Königreich Preußen Niederlassungen der neuen Ordensgemeinschaft mit Schulen für die Kinder der niederen sozialen Schichten. Bis zum Jahr 1872 wurden allein in Preußen 27 Niederlassungen des Ordens gegründet. Es gab also offenbar einen erheblichen Bedarf an derartigen Schulen und sozialen Einrichtungen. Im Jahr 1872 kam es zu einem derben Rückschlag für die Schwesterngemeinschaft, als der deutsche Reichskanzler, Fürst von Bismarck, seinen Kulturkampf gegen die katholische Kirche begann, in dessen Rahmen er anordnete, dass alle Ordensleute aus dem Schuldienst austreten mussten. An die 600 Schwestern mussten daraufhin ihren Schuldienst aufgeben, ihre Ordenshäuser wurden aufgelöst. Nur das Haus in Aachen-Burscheid durfte als Pflegestätte für die älteren Schwestern erhalten bleiben.[5]

Wiedererstarken nach dem Kulturkampf

18 Häuser der Schwestern wurden in Preußen aufgelöst. Im Gegenzug wurden von den Schwestern sieben neue Klöster in anderen Ländern gegründet, vor allem in England, Frankreich, Belgien und Holland. Als im Jahr 1887 der Kulturkampf Bis-

marcks zu Ende kam und die Schulorden in Preußen wieder zugelassen wurden, konnten dort fünf neue Klöster gegründet werden. Die Gründerin des Ordens ist 1894 im neuen Mutterhaus des Ordens in Simpelveld in Holland gestorben. Seither wurden neue Ordensniederlassungen im ganzen Deutschen Reich, in Österreich-Ungarn, Spanien, Luxemburg, aber auch in Indonesien, Peru, Kolumbien und Lettland gegründet. Dieser große Schulorden will im Geist Jesu zur Bildung und Erziehung der Kinder aller sozialen Schichten beitragen.

Im Jahr 2002 wurden die Ordensstatuten bei einem Generalkapitel neu formuliert. Die Schwestern wollen die Spiritualität des Evangeliums in einem einfachen Lebensstil leben und an der Erziehung und Entwicklung der Jugendlichen mitwirken. Wichtig ist ihnen der offene Dialog mit den neuen Erkenntnissen der Wissenschaften, aber auch mit den fremden Kulturen dieser Welt. Sie lehnen jede Form von Gewalt in der Erziehung ab, sie wollen mit der Kraft von Argumenten und mit ihrer Lebensform die jungen Menschen formen und überzeugen. Wichtig bleibt ihnen das persönliche und gemeinschaftliche Engagement für die sozial Schwächeren, für die Armen und Entrechteten. Darin sehen sie ihren ursprünglichen Auftrag von Jesus Christus.[6]

Katharina Scherer (1825–1888)

Die Mitbegründerin der Barmherzigen Schwestern vom Heiligen Kreuz (Kreuzschwestern) wurde 1825 in Meggen am Vierwaldstättersee in der Schweiz geboren. Sie wuchs auf einem Bauernhof auf, mit 16 Jahren begann sie einen Dienst im Bürgerspital in Luzern. Dabei lernte sie, mit Hingebung und Demut den Armen und Kranken zu dienen. Bei einer Wallfahrt nach Maria Einsiedeln erkannte sie, dass sie von Gott zum Ordensleben berufen sei. So trat sie 1845 in das Institut der Lehrschwestern vom Heiligen Kreuz ein, das jüngst von Theodosius Florentini (1808–1865) in Menzingen gegründet worden war. Dieser Kapuzinerpater besaß eine überaus starke Überzeugungskraft und verstand sich selbst als Sozialreformer. Er gründete mehrere geistliche Einrichtungen, aber auch Fabriken, um seine sozialen

Dienste finanzieren zu können. Für Katharina Scherer war die Begegnung mit Florentini das ihr weiteres Leben bestimmende, entscheidende Ereignis.

In Menzingen war sie zuerst als Lehrerin tätig, bis sie später zum Armendienst in der Stadt Näffels bestimmt wurde. Als Florentini, damals Dompfarrer der Bischofstadt Chur, ein Krankenhaus eröffnete, wurde Katharina Scherer zu dessen Leiterin bestellt. Dort wirkte sie vier Jahre lang, bevor sie mit Pater Florentini nach Ingenbohl ging.

Dort gründeten beide auf einem Gutshof die Gemeinschaft der Barmherzigen Schwestern vom Heiligen Kreuz. Katharina Scherer organisierte als erste Leiterin der Gemeinschaft die vielen Dienste der Schwestern in den Waisenhäusern der Umgebung, in den Armenhäusern, Spitälern und Schulen. Die Schwestern betreuten auch körperlich behinderte Kinder, denn sie sahen im Dienst an den Schwachen und Kranken ihre geistliche Berufung. Wenige Jahre später wurden schon neue Ordenshäuser gegründet, da der Bedarf hoch war und sich genügend junge Schwestern für diese Aufgabe meldeten.

Bald wurden Ordenshäuser auch außerhalb der Schweiz gegründet, zuerst in Teilen der österreichisch-ungarischen Monarchie. Die Schwestern errichteten mit staatlicher Hilfe Krankenhäuser und arbeiteten in den Lazaretten des Militärs. Sie wollten mit ihrem ganzen Leben dem Willen Gottes dienen.

1888, im Todesjahr von Katharina Scherer, gab es bereits 397 Häuser des Ordens mit 1595 Schwestern. Dieser große Orden der Krankenpflege ist heute vor allem in den Ländern Mitteleuropas weit verbreitet. Er betreibt neben der Krankenpflege auch Einrichtungen der schulischen Bildung für junge Menschen. Das Kreuz Christi ist ihm ein Symbol der Hingabe an Christus und an die leidenden Mitmenschen.[7]

Frauenorden – heute und morgen

Ganz allgemein haben die Frauenorden seit dem II. Vatikanischen Konzil erhebliche Erneuerungen bezüglich ihrer Lebensform und Spiritualität vollzogen. Sie haben sich demokratischere Strukturen in der Verwaltung gegeben, folgen deutlicher denn je der Spiritualität der Bibel und nehmen neue Erkenntnisse der Theologie in ihr Lebensprogramm auf. Die Prioritäten in ihren Handlungsfeldern haben sich für viele dieser Orden mit der Zeit verändert, doch die zentralen Aufgaben im Bereich der Bildung junger Menschen, der Betreuung von kranken und alten Mitmenschen und der Hilfe für Arme und Notleidende sind bis heute geblieben. Viele dieser Aufgaben können vermutlich nur mit einer starken religiösen Motivation hinreichend erfüllt werden, deswegen bleiben die kirchlichen Orden weiterhin sehr aktuell und unbedingt erforderlich. Was sich vielleicht in der nahen Zukunft verändern könnte, sind die spezifischen Lebensformen und einige Grundeinstellungen zum Leben, zu Gott und zu den Mitmenschen.[8]

Exkurs: Große Ordensfrauen – ein Überblick

Wie bereits dargestellt, entstanden schon in der frühen Kirche weibliche Gemeinschaften des besonders intensiv gelebten Glaubens und der christlichen Spiritualität. Sie wurden von Gott geweihten »Jungfrauen« und Witwen gebildet, die ein asketisches Leben führten, um Jesus nachzufolgen. Als die Männer als Einsiedler und Anachoreten in die »Wüste« zogen, taten es ihnen bald auch Frauen gleich. Doch den Bischöfe und Klerikern waren solche Eremitinnen und Anachoretinnen vielfach suspekt und so drängten sie darauf, dass diese Frauen in geschützten Gemeinschaften zusammenlebten. So entstanden im Laufe der Zeit mit den Männerorden auch die vielen Frauenorden. Sie folgten der Spiritualität eines Ordensgründers und – angesichts der herrschenden patriarchalen Gesellschaftsform – viel seltener einer Gründerin und engagierten sich vielfach wie die Mönche in sozialen Werken.

In späteren Zeiten gelang es zunehmend auch Frauen, selbstständig Ordensgemeinschaften zu gründen, wobei sie immer männliche Seelsorger als Berater oder Fürsprecher bedurften, wie überhaupt Priester als Sakramentenspender in den weiblichen Ordensgemeinschaften von jeher unverzichtbar waren. So entstanden vor allem im 19. Jahrhundert viele Frauenorden, die sich dem Schuldienst, der Krankenpflege und der Glaubensmission in fremden Kontinenten widmeten. Alle diese Orden mussten von Bischöfen oder Päpsten approbiert werden und bekamen feste Regeln und Konstitutionen. Im 20. Jahrhundert entstanden die verschiedenen »Säkularinstitute«, an denen Frauen maßgeblich beteiligt waren und sind. Hier kommt die Lebensform von Laienchristen stärker zum Tragen. Viele Ordensfrauen haben das Glaubensleben der Kirche nachhaltig geprägt, einige seien hier genannt.

Makrina die Jüngere wurde um 327 in Kaisareia in Kappadokien geboren, sie war die ältere Schwester der Theologen Basilios und Gregorios von Nazianz. Nach dem Tod ihres Verlobten heiratete sie nicht mehr, sondern führte mit ihrer Mutter Eumelia und einigen Dienerinnen der Familie auf dem Landgut Iris bei Annesis ein asketisches Leben mit Gebet, Fasten, Meditation und Bußübungen. Diese Frauen und ihre theologischen Ratgeber waren davon überzeugt, durch diese Lebensform Jesus in besonderer Weise nachzufolgen, obwohl Jesus kein Asket war.

Scholastika war die Schwester des Klostergründers Benedikt von Nursia, sie starb um 547. Nach der Lebensgeschichte des Benedikt, die Papst Gregor I. verfasst hatte, wurde Scholastika schon als Kind Gott geweiht. Später lebte sie in der Nähe des Klosters auf dem Monte Cassino in einer Gemeinschaft von Frauen. Auch sie führte ein asketisches Leben mit Gebet und Meditation, um Gott nahe zu sein. Später siedelte sie in eine Gemeinschaft gottgeweihter Frauen in Piumarola und Subiaco über, wobei sie weiterhin, einmal im Jahr, mit ihrem Bruder Benedikt zum geistlichen Gespräch zusammentraf. Als Scholastika starb, sah Benedikt die Seele seiner Schwester als Taube in den Himmel aufsteigen. Sie gilt als Patronin der Benediktinerinnen, die Bauern rufen sie als Schützerin vor Blitzschlag an.[9]

Lioba stammte aus einer angelsächsischen Adelsfamilie und wurde im Kloster Thanet in der Grafschaft Kent erzogen, bevor sie in das Kloster Wimborne als Nonne eintrat. Sie war eine Verwandte des Missionars Wynfried (Bonifatius), des Apostels der Deutschen. Als dieser in das Fränkische Reich wanderte, um dort den christlichen Glauben zu verkünden, zog sie mit ihm. Sie unterstützte seine Arbeit, auch die Gründung von Klöstern. Im Jahr 735 wurde sie Äbtissin eines Frauenklosters in Tauberbischofsheim, von wo aus mehrere Klöster entlang des Mains gegründet wurden. Lioba wirkte bis zu ihrem Tod im Jahr 782 als Lehrerin und Erzieherin in Schornsheim bei Mainz. Sie wurde in Fulda beigesetzt und bereits im Jahr 836 heilig gesprochen.

Seit 1920 gibt es den Orden der Benediktinerinnen von der heiligen Lioba, sie werden Liobaschwestern genannt. Ihre Gründerin war Mutter Maria Benedikta Föhrenbach (gest. 1961). Die Schwestern sind im Schuldienst und in sozialen Diensten tätig, sie leiten Krankenhäuser, Kindergärten, Haushaltsschulen und Gymnasien.

Hroswith (Roswita) war eine adelige Nonne im Reichsstift Gandersheim, sie wurde um 935 geboren. Früh lernte sie die lateinische Sprache und verfasste später selbst lateinische Dichtungen. Sie schrieb acht Legenden in Hexametern mit religiösen Inhalten: Maria; De Ascensione Domini; Gongolfus; Pelagius; Theophilus; Basilius; Dionysius und Agnes. Außerdem verfasste sie sechs Dramen in gereimter Prosa: Gallicanus; Dulcitius; Paphnutius; Sapientia; Callimachus; Abraham. Sie hatte den römischen Dichter Terentius gelesen, der sie zu ihrem Werk angeregt hat. Außerdem verfasste sie zwei größere Epen, nämlich die Gesta Ottonis imperatoris über die Herrschaft des Kaisers Otto I. und die Primordia coenobii Gandersheimensis über die Geschichte ihres Klosters. Diese Dichterin und Nonne hat durch ihr Schaffen die Literatur des Mittelalters bereichert.[10]

Hildegard von Bingen war eine große Dichterin und Theologin. Sie wurde um 1098 in Germersheim als Tochter adeliger Eltern geboren. Früh wurde sie dem Frauenkloster auf dem Disibodenberg zur Erziehung übergeben, wo die Nonne Jutta ihre Lehrerin war. Nach dem Tod ihrer Lehrerin leitete Hildegard dieses Kloster. Um 1150 gründete sie ein neues Kloster für Frauen auf dem Rupertsberg bei Bingen, 16 Jahre später ein Kloster in Eibingen bei Rüdesheim am Rhein. Sie hatte eine starke Fantasie und nahm die gelernten Inhalte der Religion in inneren Bildern auf, die sie später zum Teil auch malte. Schon früh machte die große Mystikerin ekstatische Erfahrungen und sah die göttliche Welt und ihre Geheimnisse in vielen Bildern.

Hildegard hatte im Kloster Latein gelernt, folglich schrieb sie ihre Werke in dieser Sprache. Ab 1141 begann sie, ihre geschauten Visionen niederzuschreiben, wobei ihr der Mönch Volmar und die Nonne Richardis halfen. So entstand das Werk »*Liber*

Scivias« (Buch »Erkenne die Wege«), das die Schöpfung und Erlösung der Welt in bildhafter Weise darstellt. Die geschauten Bilder nannte Hildegard die »Schatten des lebendigen Lichtes« (*umbra lucis viventis*). Papst Eugen III. und eine Bischofsynode in Trier akzeptierten diese Visionen als rechtgläubig und für den Glauben nützlich. Hildegard hatte der Rang einer Äbtissin. Als solche griff sie schriftlich in die Politik der Kirche und des Heiligen Römisches Reiches ein. Sie verfasste viele Briefe an Päpste, an Fürsten und an den Kaiser Friedrich I. Barbarossa.

Als Äbtissin ritt sie zu Pferd auf mehreren Predigtreisen. Sie trat mit dem Hirtenstab auf und predigte mit Zustimmung bzw. auf Einladung der Bischöfe in mehreren Bischofskirchen. Ihre erste Predigtreise führte nach Mainz, Würzburg und Bamberg, die zweite Reise ging nach Trier, Metz und Lothringen, die dritte Reise unternahm sie nach Boppard, Siegburg, Köln und Lüttich. Ihre vierte Reise führte sie nach Maulbronn, Hirsau, Kirchheim und Zwiefalten in Schwaben. Daher wurde diese Nonne aus Bingen die »deutsche Prophetin« (*prophetissa teutonica*) genannt. Den Christen ihrer Zeit predigte Hildegard die Umkehr von den Sünden und die Wege der Buße. Sie lud zu Demut und Gehorsam Gott gegenüber ein und warnte vor Stolz und Unrechttun. Ihr Ziel war es, zur Heiligung der Seelen beizutragen, doch die Welt sollte mit klarer Vernunft betrachtet werden.

Ihr Kloster war ein Zentrum der Klostermedizin, wie es Kaiser Karl der Große um 800 angeordnet hatte. Dort wurden die Menschen der Umgebung mit Heilkräutern versorgt und medizinisch behandelt.[11] Aus diesem Kräuterwissen, das die Äbtissin niedergeschrieben hat, wurde später die so genannte Hildegardmedizin, die bis heute ihre Anhänger hat. Hildegard verfasste auch ein Buch über das verdienstvolle Leben (*Liber vitae meritorum*), in dem die christlichen Tugenden dargelegt und erklärt werden. Ein Buch über die göttlichen Werke (*Liber divinorum operum*) beschreibt die gesamte Natur als göttliche Schöpfung. Darin werden die Heilkräuter und Mineralien, die Körpersäfte und Charaktereigenschaften der Menschen erläutert. Andere Schriften der Äbtissin befassen sich mit den »Dingen der Natur« und mit den »Himmlischen Offenbarungen«, sowie mit der Lebensgeschichte der Missionare und Prediger Rupert und Disibod. Außerdem verfasste sie geistliche Lieder (*Carmi-*

na) für ihre Mitschwestern. Ihre eigene Lebensgeschichte wurde von den Mönchen Gottfried und Theoderich aufgeschrieben, sie hat ihre Zeit stark spirituell geprägt und wurde ab dem 15. Jahrhundert in vielen deutschen Ländern als Heilige verehrt und in Notlagen angerufen.

Erstaunlich mag die positive Einstellung dieser Nonne zu Sinnlichkeit und Sexualität erscheinen, die sich allerdings aus grundsätzlichen Einsichten ergibt. In Hildegards ganzheitlicher Sicht vom Menschen spielt Harmonie eine besondere Rolle. In Bezug auf den menschlichen Leib ist diese Harmonie oder Ausgeglichenheit dadurch zu erreichen, dass die Körpersäfte des Menschen regelmäßig fließen. Wo dies nicht geschieht, erkrankt der Mensch. Gelebte Sexualität trägt dazu bei, dass der Mensch gesund bleibt. Die höchste Erfahrung ist für Hildegard aber das Erleben der Ekstase, in der sie die göttliche Welt schaute. Das Ziel der Vereinigung mit dem Göttlichen wollte sie in drei Stufen erreichen, zuerst auf der Stufe der Reinigung von Schuld, dann auf der Stufe der göttlichen Schau, und zuletzt auf der Stufe der vollen Vereinigung mit dem Ewigen. Diese Nonne und Äbtissin verband ein sinnliches Leben mit mystischen Erfahrungen des Heiligen. Sexualität und Religion waren für sie keine Gegensätze.[12]

Mehrere große Ordensfrauen im Mittelalter trugen den Namen Gertrud. Eine von ihnen ist *Gertrud von Helfta* im 13. Jahrhundert, die schon als Kind in einem Kloster zu Helfta bei Halle aufgenommen wurde. Dort lernte sie Latein und erhielt humanistische und theologische Bildung. Die Zisterzienserinnen von Helfta waren sehr gebildet und hatten ihr Kloster zu einem Zentrum der weiblichen Mystik gemacht. So erlebte auch Gertrud schon früh ekstatische Visionen, in denen sie den Erlöser Jesus Christus sah, wie er sich voll Erbarmen zu ihr neigte. Sie erzählte ihrem Beichtvater von diesen Visionen, der ihr riet, sie in lateinischer Sprache aufzuschreiben, was sie auch tat. Bei der Feier der Eucharistie schaute sie des Öfteren das Heiligste Herz Jesu, das sich voll Liebe für alle Menschen öffnete. So verstand sie sich selbst als eine »Braut Christi«, die mit ihrem ganzen Leben ihrem Bräutigam dienen wollte. Im Jahr 1302 ist diese Mystikerin gestorben. Sie wird als Heilige und als Vorbild des geistlichen Lebens verehrt.[13]

Eine andere Gertrud, etwas älter als die erstgenannte, aber ebenfalls Nonne und darüber hinaus zweite Äbtissin von Helfta, war *Gertrud von Hackeborn*, die um 1232 geboren wurde. Sie trat ursprünglich in ein kleines Kloster ein, siedelte aber später mit ihrem Konvent nach Helftaüber. Dort förderte sie die Studien der lateinischen Sprache, der Bibel sowie der römischen Literatur und kaufte viele Bücher und Handschriften für ihr Kloster. Für die Menschen der Umgebung war sie eine weise Seelenführerin und Ratgeberin, an die sich viele Menschen um Hilfe in seelischen Nöten wandten.

Gertrud von Altenberg war eine Tochter der Landgräfin Elisabeth von Thüringen, sie wurde um 1227 geboren. Schon als Kind kam sie in das Kloster der Prämonstratenserinnen in Altenberg bei Wetzlar. Mit ihren geerbten Gütern baute sie eine frühgotische Kirche, ein Armenhaus sowie ein Haus für Kranke und Hilflose. Sie lebte asketisch und konnte viele Menschen von ihren Krankheiten heilen. Sie hat sich auch dafür eingesetzt, dass in ihrem Kloster und in der Stadt Altenberg die Fronleichnamsprozession eingeführt wurde.

Eine Ordensfrau aus der merowingischen Zeit war *Gertrud von Nivelles*, die im 7. Jahrhundert lebte. Sie war die Tochter des Frankenkönigs Pippins des Älteren und verzichtete auf die Heirat mit einem Fürstensohn. Ihre Mutter Iduberga hatte in Nivelles ein Kloster für adelige Frauen gegründet, in das Gertrud eintrat. Sie machte dort die Ausbildung in der Bibelauslegung und wurde bald Äbtissin. Als solche förderte sie das Studium der Bibel im Kloster und richtete sich außerdem ein Haus für die Versorgung der Armen ein. Sie holte irische Mönche in ihr Gebiet, die den christlichen Glauben verkünden und mehren sollten und setzte sich für die ordnungsgemäße Durchführung von Gottesdiensten ein. Zu diesem Zweck ließ sie auch liturgische Bücher aus der Stadt Rom kommen.

Mechtild von Dießen, Tochter des Grafen Berthold von Andechs, lebte im 12. Jahrhundert im Kloster der Augustiner Chorfrauen in Dießen am Ammersee in Bayern. Dort wurde sie in lateinischer Sprache in den sieben freien Künsten unterrichtet. Später hat sie selbst an der Klosterschule gelehrt und fungierte als Novizenmeisterin. Aufgrund ihres Rufes hat sie der Papst mit der Reform des Frauenklosters Edelstetten bei Krumbach in Schwaben betraut, dem sie mehrere Jahre als Äbtissin vorstand.[14]

Eine große Mystikerin war *Mechtild von Hackeborn,* die im 13. Jahrhundert im Kloster Helfta lebte. Sie stammte aus einer adeligen Familie und wurde mit sieben Jahren dem Kloster Rodersdorf bei Halberstadt übergeben, wo sie in der Klosterschule Latein lernte. Später wurde sie die Leiterin der Klosterschule und war als Vorsängerin im Chor tätig. Im Jahr 1258 siedelte ihr kleiner Konvent in das größere Kloster Helfta über. Dort widmete sich Mechthild vor allem der Gestaltung der Liturgie und der Lehrtätigkeit. Sie war u. a. an der Endredaktion eines lateinischen Werkes über die göttliche Gnade (*Liber specialis gratiae*) beteiligt. Das Buch beschreibt die Feste des Kirchenjahres und bezieht sie auf die göttliche Trinität. Mechtild lebte in einer mystischen Liebesbeziehung zu Jesus Christus. Von ihr sind viele Gebete überliefert, die dies eindrücklich zeigen. Sie hat in ihrer Zeit zur Verbreitung der Verehrung des Heiligen Herzens Jesu beigetragen.[15]

Eine andere Mystikerin war *Mechtild von Magdeburg,* die ebenfalls im 13. Jahrhundert lebte. Auch sie stammte aus einer alten Adelsfamilie und erhielt im Kloster ihre Ausbildung. Mit zwölf Jahren hatte sie ihre ersten mystischen Erfahrungen, in der Folge schaute sie in Visionen oft den leidenden Christus. Sie erzählte ihre Erlebnisse ihrem Beichtvater, der sie anleitete, diese Bilderfahrungen aufzuschreiben. So schrieb sie in lateinischen Versen und Hymnen über ihre mystischen Erfahrungen, schildert darin sowohl die Qualen ihrer Seele wie auch das tiefe Glück des Glaubens. Der Dominikanermönch Heinrich von Halle hat später die Aufzeichnungen von Mechtild in sein Werk »*Das fließende Licht der Gottheit*« aufgenommen. Mechtild war eine unbequeme Mahnerin und Kritikerin von Mitschwestern und Laienchristen, war aber als Ratgeberin bei vielen Menschen geschätzt. Im Jahr 1298 ist sie gestorben.[16]

Die Ordensfrau *Katharina von Siena* lebte im 14. Jahrhundert, sie wurde 1347 in der Toscana geboren. In jungen Jahren trat sie in das Kloster der Bußschwestern des heiligen Dominikus ein, die sich *Mantellate* nannten. Wegen ihrer eigenständigen Religiosität musste sie ihre Rechtgläubigkeit vor dem Ordenskapitel der Dominikaner verteidigen. In einem Pestjahr pflegte sie in Siena

Pestkranke, dabei erkrankte sie lebensgefährlich, überlebte aber. Sie lebte in einer intensiven Beziehung zum leidenden Christus, den sie in vielen Visionen schaute. Bei einer dieser Visionen soll sie die fünf Wundmale Jesu an ihrem Körper erfahren haben. Sie galt in Siena als weise Frau und Ratgeberin von Grafen und Fürsten.

Als die Adeligen und Bürger von Florenz gegen die weltliche Herrschaft des Papstes im Kirchenstaat protestierten, drängte sie Papst Gregor XI., der in Avignon residierte, er möge bald nach Rom zurückkehren. Der Papst gab dem nach, kam wenig später nach Rom zurück und leitete wieder von dort aus die Kirche. Katharina rief zu Reformen der Klöster auf und auch der Kampf gegen die Ketzer war ihr ein Anliegen. Papst Urban VI. bat die Nonne aus Siena, nach Rom zu kommen, um dort an der Reform von Klöstern mitzuwirken. Sie siedelte in ein römisches Kloster über und engagierte sich dort mit ihren Schwestern für die Erneuerung der Kirche. Sie verehrte das kostbare Blut Christi, das für die Sünder vergossen worden war, und war gleichzeitig im Dienst an den Armen und Notleidenden tätig. Für viele Laienchristen war sie ein Vorbild der Nächstenliebe. Im Jahr 1380 starb sie und wurde schon 1461 vom Papst heilig gesprochen.[17]

Johanna Franziska von Chantal wurde als *Jeanne Françoise Frémyot* 1572 in Dijon geboren, ihr Vater war Parlamentspräsident der Adeligen in Burgund. Sie heiratete den Grafen Christoph de Chantal, dem sie vier Kinder gebar. Als dieser plötzlich starb, ließ sie die Kinder von der Familie versorgen und zog sich zu einem Gott geweihten Leben zurück. Sie lebte im Gebet und in der Meditation und organisierte gleichzeitig die Erziehung ihrer Kinder sowie den Dienst an den Armen und Kranken. Im Jahr 1604 lernte sie den Bischof Franz von Sales als Beichtvater und Seelenführer kennen, zu dem sich eine tiefe geistliche Freundschaft entwickelte. Auf dessen Anregung hin gründete sie 1610 den Orden der »Heimsuchung Mariens«, die später Salesianerinnen genannt wurden. Der Orden hatte seinen Sitz in Annecy, von dort aus wurden in kurzer Zeit 81 Klöster gegründet. Die Gründerin lebte als Mystikerin ganz für die Gottes- und Nächstenliebe, 1641 ist sie gestorben, 1767 wurde sie heilig gesprochen.[18]

Eine große Mystikerin und Reformerin der Klöster in Spanien war *Teresa von Ávila*, die 1515 in einer adeligen Familie geboren wurde. Mit 15 Jahren wurde sie den Augustinerinnen in Ávila zur Erziehung anvertraut, aber aus gesundheitlichen Gründen kehrte sie nach drei Jahren wieder in die Familie zurück. Zu Hause las sie die Briefe des heiligen Hieronymus und entschied sich nun freiwillig für das Leben im Kloster. 1535 trat sie in das Kloster der Karmelitinnen in Ávila ein und wollte sich ganz dem Gebet und den Bußübungen hingeben. Dabei erkrankte sie wieder, wurde aber geheilt. Durch den Mönch Francisco de Osuna lernte sie die Methode des inneren Gebets kennen.

Im Jahr 1539 erkrankte sie neuerlich schwer. Sie rang vier Tage mit dem Tod und war anschließend eine Zeitlang gelähmt. In dieser Zeit der Genesung erlebte sie mystische Visionen, bei denen sie den leidenden Christus sah, der sich ihr voll Zärtlichkeit zuwandte. Nun erlebte sie die göttliche Gegenwart in ihrem Leib und in ihrer Seele, ein Gefühl tiefer Glückseligkeit erfüllte sie. In einer mystischen Ekstase verlobte sie sich mit Jesus Christus und wollte fortan als seine »Braut« leben. Ab 1557 übernahmen zwei Jesuitenpatres, Jean Pradanos und Balthasar Alvarez, ihre Seelenführung, doch die Mitschwestern hegten Misstrauen gegen Teresas mystische Erlebnisse. Sie sah auch die schrecklichen Bilder der Feuerhölle für die sündigen Menschen. Angesichts dessen wollte sie ihren Orden zu mehr Strenge anleiten und reformieren.

Sie versammelte eines Abends einige Mitschwestern, um über die neuen Ideale im Kloster zu reden. Unter der Anleitung des Seelenführers Petrus de Alcantara entschloss sie sich, in der Umgebung von Ávila einige Einsiedlerinnenklöster zu gründen, um damit zu den Ursprüngen des Karmelitenorden zurückzukehren, denn auch der erste Karmel war aus Einsiedlergruppen gebildet worden. Als die Mitschwestern diesen Plan erfuhren, legten sie dagegen beim Ordensgeneral Protest ein. Teresa wurde in ein Kloster nach Toledo versetzt, wo sie begann, ihre geistliche Berufung niederzuschreiben. Petrus de Alcantara suchte währenddessen beim Papst in Rom um die Erlaubnis zu anachoretischen Reformklöstern an, die er auch bekam.[19]

Im August 1552 wurde in Ávila ein neuer Ordenskonvent der reformierten Karmelitinnen gegründet, gegen den Widerstand des Mutterklosters und des Stadtrats. Der Beichtvater David Banez verteidigte aber den neuen Orden, aber es kam zu einem

Prozess am Hof des Königs. Doch der neue Orden konnte sich behaupten, und es durften nun auch zwei reformierte Männerklöster und mehrere Frauenklöster gegründet werden. Damit war der Orden der Unbeschuhten Karmelitinnen bzw. Karmeliter geboren, der in Spanien große Wirksamkeit entfaltete. Die Schwestern im neu gegründeten Orden gingen im Sommer barfuß – daher der Name – und lebten zeitweilig wie Einsiedlerinnen. Nun verfasste Teresa zwei geistliche Werke in altspanischer Sprache, den »*Weg der Vollkommenheit*« (*Caminade de perfection*) und Meditationen über geistliche Lieder (*Meditaciones sobre los Cantares*).

In Duruelo hatten mittlerweile Johannes vom Kreuz und Antonio de Jesus das erste Kloster der Unbeschuhten Karmeliten gegründet. Teresa war die Priorin ihres Klosters, Johannes vom Kreuz war ihr Beichtvater. Beide wollten die Spiritualität ihres Ordens formen. Die Fastenvorschriften wurden gelockert und an einigen Tagen des Jahres wurde auch Fleischverzehr erlaubt. Teresa schloss mit Jesus Christus eine geistliche Vermählung, sie wollte ganz für ihren Seelenbräutigam leben. Nun schrieb sie ein Buch über ihre Klostergründungen (*Libro de los fundaciones*). In der Kirchenleitung gab es noch große Widerstände gegen diesen neuen Orden, der als Rückschritt in die anachoretische Lebensform gewertet wurde. Aber der Prozess war nicht aufzuhalten, denn schon in ganz Spanien wurden solche Klöster der Reform gegründet und der Erzbischof ernannte für diese sogar einen eigenen Generalvikar.

Im Jahr 1581 ist Teresa gestorben, 1622 wurde sie heilig gesprochen. Seit Ende des 20. Jahrhunderts wird sie als Kirchenlehrerin verehrt. In ihrem Werk »*Die Seelenburg*« stellt sie das mystische Leben umfassend dar. Sie war überzeugt, dass Gott in ihr wohne und dass sie ihm im Gebet und in der Ekstase besonders nahe komme. Sie erlebte auch die dunkle Nacht des Kreuzes, die auch ihr Beichtvater Johannes vom Kreuz zum Ausdruck gebracht hat. Der Orden der reformierten Karmelitinnen ist heute in der ganzen katholischen Welt verbreitet.[20]

Eine große und kindliche Mystikerin war *Theresia von Lisieux*, die 1873 in Alençon geboren wurde. Sie stammte aus einem religiösen Elternhaus, die ältere Schwester war schon in den Karmel in Lisieux eingetreten. Deswegen wollte Theresia schon mit 15 Jahren in dieses Kloster. Der Papst gab dazu die Dispens, weil sie noch minderjährig war. 1890 legte sie die Gelübde des Ordens ab und erhielt das Ordensgewand. Sie wurde früh mit der Betreuung der Novizinnen beauftragt. Sie weihte ihr junges Leben Jesus Christus, um ganz Gott zu dienen. Nun begann in ihrer Seele aber ein hartes Ringen, sie erlebte die dunkle Nacht des Kreuzes Christi und die Abwesenheit ihres geliebten Erlösers. Doch sie wollte ihr Leben der göttlichen Gnadenkraft hingeben, durch Askese sollte die menschliche Schwachheit überwunden werden.

Der »kleine Weg« der Mystik bestehe darin, sich voll Vertrauen dem göttlichen Willen hinzugeben, denn alles im Leben sei Gnade. In Gott werde auch die harte Wirklichkeit des Leidens mit Liebe umkleidet. Wer sich der göttlichen Liebe hingebe, dessen Leben werde von innen her verwandelt. Theresia war oft krank und musste vielfältige körperliche Leiden ertragen. Sie opferte die kleinen Leiden der göttlichen Liebe, um viele Mitmenschen von den Kräften des Bösen zu erlösen. Sie wollte durch Gebet und Fasten zur Verbreitung des Evangeliums in der ganzen Welt beitragen, deswegen wird sie als Patronin der Missionen verehrt. Sie wollte dafür leben, dass die Sünder von ihren bösen Taten umkehren und den Weg zum göttlichen Vater finden. Mit 24 Jahren starb sie in Lisieux, 1925 wurde sie heilig gesprochen. Sie wird als Patronin Frankreichs verehrt.[21]

Eine besondere Bedeutung für das christliche Leben im 20. Jahrhundert hat die als Jüdin geborene Karmelitin *Edith Stein* erlangt, die in einem Konzentrationslager der NS-Diktatur ermordet und vom Papst heilig gesprochen wurde. Sie wurde 1891 in Breslau in einer jüdischen Familie geboren, dort besuchte sie die Grundschule und das Gymnasium. Mit 20 Jahren begann sie das Studium der Philosophie und der Germanistik, hörte darüber hinaus Vorlesungen in Psychologie. Schon früh wurde sie mit dem Denken des Philosophen Edmund Husserl bekannt, der mit seiner Phänomenologie der Philosophie eine neue feste Grundlage geben wollte. Es ging ihm um die Rettung des Objektiven vor seiner psychologischen Auflösung, um eine Wende zum Objekt und zum Leben selbst. Im Jahr 1913 zog Edith Stein nach Göttingen, wo Husserl lehrte.

Dort erlebte sie in der »Philosophischen Gesellschaft« den jungen Philosophen Max Scheler, der einen starken Eindruck auf sie machte. Während des ersten Weltkriegs machte sie die Lehramtsprüfung und unterrichtete danach in einem Gymnasium Latein, Geschichte und Geographie. Dann zog sie zu Edmund Husserl nach Freiburg, wo dieser nun lehrte, um bei ihm eine philosophische Dissertation zu schreiben. Sie fühlte sich eine Zeitlang als Atheistin, bekehrte sich aber langsam zum christlichen Glauben. Nun las sie die Schriften des Ignatius von Loyola und der Teresa von Ávila, im Jahr 1922 wurde sie getauft.[22]

Anschließend arbeitete sie als Lehrerin an mehreren Gymnasien, sie lernte das Benediktinerkloster Beuron kennen, das sie stark beeindruckte. Nach der Machtergreifung der Nationalsozialisten trat sie in das Kloster der Karmelitinnen in Köln ein, am 15. April 1934 wurde sie dort eingekleidet und erhielt den Namen Benedicta a Cruce. Nun lebte sie in einem kontemplativen Orden, verfolgte aber weiterhin philosophische Ideen. Als die Verfolgung der Juden akuter wurde, musste sie in das holländische Kloster in Echt übersiedeln, ihre Ausreise wurde genehmigt. In dieser Zeit befasste sie sich mit den Schriften des Johannes vom Kreuz. Nachdem die Nationalsozialisten Holland erobert hatten, begann auch dort die Verfolgung der Juden.

Edith Stein wurde am 2. August 1942 von der Gestapo aus dem Kloster in Echt abgeholt und in das Konzentrationslager in Auschwitz gebracht, wo sie einige Tage danach umgebracht wurde. Papst Johannes Paul II. hat diese Nonne 1998 heilig gesprochen. Sie gilt als eine Patronin Europas und als Blutzeugin des exzessiven Judenhasses. Edith Stein steht für den Dialog zwischen der jüdischen und der christlichen Kultur, zwischen der kritischen Philosophie und dem aufrechten Glauben. So ist diese mystische Denkerin eine Lichtgestalt im Dunkel der europäischen Geschichte.[23]

9. Movimenti und Säkularinstitute

Vor allem im 20. Jahrhundert entstanden meist unter der Anleitung von Klerikern und Ordensleuten geistliche Bewegungen von Laienchristen, welche der Verbreitung des Reiches Gottes in der Gesellschaft und der persönlichen Heiligung dienen wollen. Diese Laienbewegungen wurden seit der Mitte des 20. Jahrhunderts – so auch im kirchlichen Gesetzbuch, dem Codex Juris Canonici von 1983 – unter der Bezeichnung »Säkularinstitute« zusammengefasst. Damit soll zum Ausdruck kommen, dass es sich um Institutionen von Laienchristen handelt, die von der Kirchenleitung anerkannt und gefördert werden.

Andererseits werden viele spirituelle Bewegungen, die in den letzten Jahrzehnten entstanden sind und weiterhin entstehen, meist unter der Bezeichnung »*Movimenti*« (Bewegungen) zusammengefasst. Damit wird die innere Dynamik eines spirituellen Prozesses ausgedrückt, der heute von vielen Laienchristen gelebt wird. Die Grundstruktur all dieser Bewegungen ist eine ähnliche, hier wollen Laienchristen jeden Alters zur Neuevangelisierung unserer Kultur beitragen.

Die Säkularinstitute

Die Anfänge dieser Laienbewegungen unter klerikaler Anleitung gehen ins 19. Jahrhundert zurück. Sie sollten in der Zeit der beginnenden Säkularisation von Glaubensinhalten wieder von Neuem christliche Lebensformen verwirklichen. Dies geschah in verschiedenen Bereichen der Gesellschaft und durch eine Vielfalt von sozialen Diensten. Die einen engagierten sich in der sozialen Arbeit für Arme und Entrechtete, andere widmeten sich der Bildung und dem Schuldienst, der Erziehung der Jugend sowie der Betreuung alter und kranker Mitmenschen. Alle diese Dienste waren bisher von Ordensleuten getragen worden, die nun von Laienchristen übernommen werden sollten.

Papst Pius XII. hat im Jahr 1947 die Säkularinstitute in seiner Apostolischen Konstitution »*Provida Mater Ecclesia*« als kirchliche Einrichtungen anerkannt. Sie heißen »*Instituta saecularia*« und gelten als Genossenschaften (*societates*) von Klerikern und Laienchristen, deren Mitglieder sich zur Erreichung der christlichen Vollkommenheit und zur Ausübung des Apostolats in der Welt bekennen. Alle diese Genossenschaften erhalten ihre besonderen Regeln, die mit dem Kirchenrecht verträglich sein müssen.[1]

Die Anwärter und Anwärterinnen für diese Bewegungen müssen eine Zeit der Probe und der Vorbereitung durchschreiten, danach können sie in diese Gemeinschaften aufgenommen werden. Sie verpflichten sich durch Gelübde oder durch Versprechen zu einem Leben in Demut und Gehorsam. Die meisten von ihnen übernehmen die evangelischen Räte der Keuschheit, des Gehorsams und der Armut. Sie leben dann unverheiratet in kleinen Gemeinschaften zusammen, andere bleiben auch als Einzelpersonen in ihren Familien. Die Mitglieder der Säkularinstitute tragen meist keine besondere geistliche Kleidung, sondern passen sich den Gepflogenheiten ihrer Umwelt an. Sie leben in einer besonderen, von ihren jeweiligen Gründern geprägten Spiritualität und gehen häufig weltlichen Berufen nach.

Von den Mitgliedern wird erwartet, dass sie auch in ihrem weltlichen Wirken Jesus Christus bezeugen, also der Verpflichtung zum missionarischen Auftrag der Kirche nachkommen. Sie leben zwar in der modernen Welt und Gesellschaft, wollen sich aber in der Lebensform vom so genannten Mainstream unterscheiden. Auf diese Weise sollen traditionelle christliche Lebenswerte und Glaubensinhalte in der modernen Kultur präsent gehalten werden. Viele Mitglieder arbeiten in sozialen Einrichtungen, etwa in der Drogenberatung, der Betreuung von Suchtkranken, der Resozialisation von Straftätern, der Pflege von AIDS-Kranken u. a. Gerade in diesen problematischen Lebensbereichen moderner Gesellschaft soll Jesus Christus bezeugt werden.

Die Mitglieder der Säkularinstitute verstehen sich von ihrer Grundoption her als das »Salz der Erde«, als welches Jesus in der Bergpredigt des Matthäus seine Jünger, und nicht nur sie, bezeichnet hat (Mt 5,13). Entsprechend wollen sie mehr Licht und Wärme in eine kalte und harte Lebenswelt bringen (Mt 5,14-16). Oft verstehen sie sich – ebenfalls in Verwendung eines jesuanischen Bildes vom Reich Gottes (Mt 13,33) – als »Sauerteig« des christlichen Lebens, der schrittweise in der menschlichen Gesellschaft zum Wirken kommt. Von der Mitgliedern werden Ausdauer im Glauben, Hingabe an Gott, Demut im Umgang mit den Schwächeren sowie Gehorsam gegenüber den Vorgesetzten gefordert. Die einzelnen Mitglieder wissen sich von einer Gemeinschaft von Gleichgesinnten getragen: Viele entwickeln missionarische Kräfte, andere leben unscheinbar in einer säkularisierten Lebenswelt, verwirklichen aber an ihrem je eigenen Platz die Zielwerte des Evangeliums.[2]

Stichwort Laienapostolat

Einer der Initiatoren eines Apostolats der Laienchristen war der Franzose Pierre Joseph de Clorivière aus dem Orden der Jesuiten. Er wurde 1735 in Saint Malo geboren und wurde 1756 Mitglied des Jesuitenordens. Als dieser Orden aus Frankreich ausgewiesen wurde, setzte er sein Studium in Belgien fort. Noch vor der Revolution kehrte er nach Paris zurück und war als Seelsorger tätig. Zur Zeit der Revolution gründete er in Paris eine Gesellschaft von Priestern des Heiligsten Herzens Jesu und später eine Gesellschaft der Töchter des Herzens Mariens. Unter Napoleon musste er fünf Jahre im Gefängnis verbringen.

Nach der Herrschaft des Kaisers kehrte er nach Paris zurück und leitete seine Priestergemeinschaft. Im Jahr 1820 ist er gestorben. De Clorivière gilt in Frankreich als religiöser Ideengeber in politisch schwierigen Zeiten. Die beiden von ihm gegründeten religiösen Gesellschaften sollten in der Zeit der Revolution den christlichen Glauben im Stillen bezeugen. Ihre Anregungen wurden zu Beginn des 20. Jahrhunderts wieder aufgegriffen, als neue Säkulargemeinschaften zur Verbreitung des christlichen Evangeliums gegründet wurden. Viele dieser Gesellschaften waren kirchlichen Orden zugeordnet, in deren Spiritualität sie leben wollten. Vor allem in den romanischen Ländern entstanden mehrere Säkulargemeinschaften bischöflichen oder päpstlichen Rechts.[3]

Zu den Säkularinstituten päpstlichen Rechts gehören: die Gemeinschaft von St. Paul in Rom, die Vereinigung der Weltpriester des Corazon de Jesus in Madrid, die Priester des Prado in Lyon, die Priestergemeinschaft des Heiligen Kreuzes und das Opus Dei in Rom, das mittlerweile von Papst Johannes Paul II. in eine päpstliche Personalprälatur umgewandelt wurde.

Zu den weiblichen Gemeinschaften gehören: die Apostelinnen vom Heiligsten Herzen in Udine, die Gemeinschaft der Liebe Christi in Marseille, die Töchter des Herzens Jesu in Bitonto, die Töchter der Königin der Apostel in Rom, die Gemeinschaft Unserer Lieben Frau vom Wege in Wien, die Institute der heiligen Teresa in Madrid, die Missionarinnen des Namens Jesu in Mailand, die Gemeinschaft von Notre Dame in Paris, die Werke der göttlichen Liebe in Neapel sowie der weibliche Zweig des Opus Dei in Rom.[4]

Das Opus Dei

Dieses apostolische Werk ist 1982 von einem Säkularinstitut zu einer päpstlichen Personalprälatur umgewandelt worden. Diese Form der kirchlichen Gemeinschaft wurde nach dem II. Vatikanischen Konzil eingerichtet. Nun ist die Prälatur vom Heiligen Kreuz und Opus Dei ein Bestandteil der hierarchischen Struktur der Kirche und international organisiert. Nach der Grundoption des Opus Dei sind alle Christen zur Heiligkeit des Lebens und zum Glaubensapostolat aufgerufen. Die Laienchristen sollen diese Berufung mitten im Leben, in ihren Berufen und Familien verwirklichen.

Der Gründer des Opus Dei, Josemaría Escrivá de Balaguer y Albás, wurde 1902 in Aragonien in Spanien geboren, seine Eltern führten ein Textilgeschäft in Barbastro. Mit 17 sah er im Winter im Schnee die Fußspuren eines barfüßigen Karmeliters, die zu dessen Kloster führten. Diese Spur beeindruckte ihn so sehr, dass er seine Berufung zum Priesterdienst erkannte. Er studierte daraufhin Theologie in Logrono und Saragossa, 1925 wurde er zum Priester geweiht. Zuerst war er in einer Landpfarrei tätig, bevor er in Madrid das kirchliche und das römische Recht studieren durfte. Am 2. Oktober 1928 wurde er sich einer weiteren besonderen göttlichen Berufung bewusst. Er lehrte nun Kirchenrecht, widmete sich aber gleichzeitig der Armenhilfe.

Darüber hinaus sah er sich ganz dem »Werk Gottes« (*opus Dei*) verpflichtet und sammelte Freunde und Anhänger für die Etablierung einer neuen geistlichen Bewegung um sich. Mit Spenden reicher Geldgeber gründete er eine Akademie für Jura und Architektur (DYA) und richtete ein Studentenheim ein. Während des spanischen Bürgerkriegs musste er nach Frankreich flüchten, kehrte aber über Lourdes wieder in sein Land zurück. In Madrid eröffnete er ein neues Studentenhaus und wirkte als Seelsorger für Professoren und Studenten. Gleichzeitig war er Beichtvater im Kloster Santa Isabel der Augustinerinnen. Escrivá hielt Einkehrtage und Vorträge und verbreitete damit sein missionarisches Werk in ganz Spanien. Der Bischof von Madrid unterstützte seine Arbeit und im Jahr 1944 wurden die ersten drei Priester des Opus Dei geweiht.[5]

Nun gliederte sich die neue Bewegung in Laienchristen und in Kleriker. Sie gründete mithilfe von Geldgebern und Sponsoren Niederlassungen in ganz Europa, Lateinamerika und den USA, in Afrika und auf den Philippinen. Die Leitung des missionarischen Werkes wurde mittlerweile nach Rom verlegt, dort wurden das Römische Kolleg vom Heiligen Kreuz zur Ausbildung der männlichen Mitglieder und das Kolleg Sancta Maria zur Ausbildung der Frauen eingerichtet. Der Gründer wurde vom Papst zum Prälaten und zum Konsultor der Vatikanischen Kongregationen ernannt. Escrivá hat für die Verbreitung seines Werkes in der ganzen Welt gewirkt, 1975 ist er gestorben. Bereits im Jahr 2003 wurde er vom Papst heilig gesprochen und gilt in der Kirche als moderner Ordensgründer.[6]

Heiligung des Lebens und Verkündigung des Glaubens

Zur Spiritualität des Opus Dei gehört die Einsicht, dass jeder Christ zur Heiligung des Lebens und zur Verkündigung des Glaubens berufen ist, und zwar an dem Platz, an dem er tätig ist. Zur moralischen Vervollkommnung gehört die Befolgung der Bergpredigt und der Gebote der Kirche. Der Gründer orientierte sich an den Anfängen der Kirche und am Wirken der Ordensgemeinschaften in der Geschichte. Er hat vor allem viel von Ignatius von Loyola und von der »Nachfolge Christi« des Thomas von Kempen gelernt. Er wollte sich mit seiner Bewegung nicht der Lebensform der modernen Welt angleichen, sondern in deutlicher Distanz dazu leben. Die berufliche Arbeit soll der Ort der persönlichen Heiligung sein, jede Arbeit soll geheiligt werden. So sollen alle Christen an der Verbesserung der Welt mitarbeiten.

Alle Berufe gelten als gleichwertig, alle Christen sollen am schöpferischen Wirken Gottes teilhaben. In der Liebe zu den Schwächeren soll sich die Liebe Gottes widerspiegeln. Christen müssen ihren Glauben in Treue, Loyalität zur Kirche und Redlichkeit bezeugen, sie müssen persönliche Freiheit mit Verantwortung für die Gemeinschaft verbinden. Die Intentionen des II. Vatikanischen Konzils sollen befolgt werden. Das Opus Dei wurde 1947 als Säkularinstitut vom Papst errichtet, im Jahr 1982 wurde es in eine päpstliche Personalprälatur umgewandelt, die nun direkt dem Papst unterstellt ist. In diesem Werk wirken Priester und Laienchristen eng zusammen. Er gibt verheiratete und nicht verheiratete Mitgliede: Numerarier, Assoziierte, Supernumerarier, Mitarbeiter. Sie finanzieren das Werk mit einem Teil ihres Einkommens.[7]

Sie verpflichten sich zum regelmäßigen Gebet (Rosenkranz), zur Meditation biblischer Texte, zur Gewissenserforschung, zu regelmäßigen Bußübungen und monatlich zu geistlichen Einkehrtagen. Einmal im Jahr sollen Besinnungstage mitgemacht werden, um das geistliche Leben zu vertiefen. Alle verpflichten sich zur theologischen und spirituellen Weiterbildung. Die Buße wird als Zeichen der Umkehr verstanden. Die Aufnahme, der Austritt und der Ausschluss aus dem Werk sind rechtlich geregelt. Durch finanzielle Spenden sollen Bildungseinrichtungen und soziale Werke der Kirche finanziert werden.

Das Buch »*Der Weg*« des Gründers gilt als spiritueller Wegweiser und ist bereits in viele Sprachen übersetzt worden. Auch andere Schriften des Gründers über den Rosenkranz, die Christusnachfolge, den Kreuzweg oder schließlich die Freundschaft mit Gott werden viel gelesen. Wichtig ist die Verehrung der Gottesmutter, der regelmäßige Besuch der Messe, die Abtötung von bösen Begierden, das regelmäßige Gebet, der Gehorsam gegenüber den Oberen und die Verbundenheit mit dem Papst. Christus, Maria und der Papst sollen die Bezugspunkte des Lebens sein.[8] Besonders geachtet wird die Würde des Priestertums und die persönliche göttliche Berufung. Dieses Werk hat viele Elemente der alten Orden, vor allem des Jesuitenordens neu belebt und hat in der letzten Zeit großen Einfluss auf die Kirchenleitung bekommen. Von ihm gehen starke Impulse für das kirchliche Leben aus.[9]

Kritiker dieser Personalprälatur sehen vor allem die autoritäre Struktur als problematisch an, werde doch von den Mitgliedern nahezu blinder Gehorsam gefordert. Auch die Bußpraxis mit Selbstgeißelung und mit einem Bußgürtel um den Körper erinnere an die Zeit des Mittelalters. Durch die enorme Anhäufung von finanziellen Mitteln durch hohe Mitgliedsbeiträge werde der Einfluss des Werkes auf die Kirchenleitung immer größer. Die Frauen würden stark abgewertet und es seien keine allgemeinen Menschenrechte akzeptiert sondern hier werde eine fundamentalistische Form des Glaubens gelebt. Die Verantwortlichen in dieser Bewegung bemühen sich heute, diese Kritikpunkte abzuschwächen und daraus zu lernen. Entscheidend für eine Akzeptanz des Opus Dei in breiten Schichten wird es sein, ob es dem Werk gelingt, von seiner Intransparenz und Heimlichtuerei Abstand zu nehmen.

Die Movimenti

Mit dieser italienischen Bezeichnung werden verschiedene geistliche Bewegungen der Kirche zusammengefasst, die in den letzten Jahrzehnten entstanden sind. Sie reagieren auf bestimmte Problemlagen der Zeit und wollen sich an der zeitgemäßen Verkündigung des Glaubens beteiligen. Papst Johannes Paul II. hat diese Bewegungen 1998 zu einem Treffen nach Rom eingeladen, unter Papst Benedikt XVI. fand zu Pfingsten 2006 in Rom ein zweites Treffen statt, bei dem 400.000 Teilnehmer gezählt wurden. Es handelt sich um starke Erneuerungsbewegungen innerhalb der katholischen Kirche, die vielfach weltweit tätig sind.

Die meisten werden stark von Laienchristen geprägt, andere folgen der Spiritualität von Klerikern oder Ordensleuten. Sie alle wollen in einer säkularisierten Gesellschaft den christlichen Glauben bezeugen und in die Tat umsetzen. Dabei werden alle sozialen Schichten und Lebensalter angesprochen. In diesen Bewegungen zeigt sich viel Kreativität, Lebendigkeit, Begeisterung und Hingabe. Hier sollen einige dieser Bewegungen kurz vorgestellt werden.

Action 365

Diese Laienbewegung geht auf die spirituelle Anregung des Jesuitenpaters Josef Leppich zurück, der in den 1960er Jahren als Prediger wirkte. Er wollte nach dem Krieg die Christen zu einem bewussten Glauben aufrufen, die den Notleidenden wirksam helfen sollten. So bildeten sich Kleingruppen aus allen sozialen Schichten, deren Mitglieder regelmäßig zu Gebet und Glaubensgespräch zusammenkommen. Diese Gruppen bzw. Teams sollen nicht mehr als zehn Mitglieder haben und werden stark von der Spiritualität des Jesuitenordens geprägt. Sie treffen sich monatlich zum Gottesdienst, zum Erfahrungsaustausch und zur Planung konkreter Aktionen. Die Mitglieder und Freunde nehmen regelmäßig an Exerzitien teil, um den Glauben zu vertiefen. Sie engagieren sich für den Frieden in der Welt, den Dialog der Religionen, die Hilfe für Arme und Notleidende sowie für die zeitgemäße Verkündigung des Glaubens.

Bewegung für eine bessere Welt

Diese geistliche Bewegung wurde nach dem zweiten Weltkrieg vom italienischen Jesuitenpater Riccardo Lombardi ins Leben gerufen. Er wurde 1908 in Neapel geboren, in Rom zum Priester geweiht und war Mitarbeiter der Jesuitenzeitschrift »*Civiltà cattolica*«. 1942 trat er in den Orden der Jesuiten ein und begann nach dem Krieg eine breit angelegte Predigttätigkeit in mehreren Städten Italiens. Sein primäres Ziel war es, am Aufbau einer gerechteren Welt mitzuarbeiten. Im Jahr 1952 proklamierte Papst Pius XII. die »Bewegung für eine bessere Welt«, die von R. Lombardi geleitet wurde. Er engagierte sich in vielen Schriften und Predigtreisen für diese Bewegung, im Jahr 1979 ist er gestorben.

Heute strebt diese Bewegung den Dialog über viele Grenzen hinweg an, alte Gegensätze und Vorurteile sollen überwunden werden, Gegner sollen sich versöhnen. Die christliche Religion kann zu einer gerechteren Welt beitragen, wenn viele Christen nach den Vorgaben des Evangeliums leben. Priester und Laienchristen wollen gemeinsam ihr Leben nach der Bergpredigt Jesu formen. Der Gründer organisierte viele Glaubenskurse (*eserzi-*

tazioni), in denen die Kerngruppen der Gemeinschaft (Promotoren) gebildet wurden.[10] Sie fühlen sich durch den göttlichen Geist berufen, das Evangelium Jesu zu verbreiten. Das Reich Gottes soll in kleinen Schritten näher kommen, dafür müssen die Zeichen der Zeit erkannt werden. Der Glaube zwingt die Christen zu Taten der Nächstenliebe. Angestrebt wird das Gespräch mit den Nichtglaubenden, auch sie sollen zum Evangelium eingeladen werden.

Zu den Arbeitsmethoden dieser Bewegung gehören regelmäßige spirituelle Treffen für Mitarbeiter und Interessenten, das Erleben der Gemeinschaft im Glauben, die gemeinsame Feier der Liturgie, Meditation und Gebet sowie das Erleben von Freundschaft. In Gemeinschaftswochen sollen die Freude am Glauben und die Begeisterung für das Evangelium geweckt werden. Das rationale Denken soll mit dem emotionalen Erleben verbunden werden. Auf diese Weise sollen auch die Pfarrgemeinden von innen her erneuert werden. Alle sollen die Nähe zu Gott erleben können. Die Christen wissen sich zum Dienst an den Mitmenschen und an der Schöpfung berufen, sie verstehen sich als Sauerteig für eine gerechtere Welt.

Die einzelnen Gruppen sollen, wenn möglich, die Zahl von 30 Mitgliedern nicht überschreiten, weil sonst das gemeinsame Gespräch schwierig wird. Sie agieren auf geschwisterlicher und demokratischer Basis. Sie wollen konkrete Nöte der Umwelt erkennen und schnell helfen, soweit dies möglich ist. Es werden Netzwerke des Glaubens geknüpft, die Mitglieder fühlen sich im Gebet miteinander verbunden.[11]

Charismatische Erneuerung

Die Charismatische Erneuerung geht auf Impulse der Pfingstbewegungen in den USA des vergangenen Jahrhunderts zurück, die an einigen Universitäten lebendig waren und sind. Vor allem junge Christen wollten durch das Erleben des göttlichen Geistes den Glauben und die Kirche erneuern. Sie sind überzeugt, dass der schöpferische Geist Gottes auch heute unter den Menschen wirkt und unterschiedliche Begabungen hervorbringt. Charisma bedeutet die Zuwendung oder die Geistesgabe Gottes an Menschen. Jeder Christ hat demnach sein besonderes Charisma, das er in der Gemeinschaft entfalten soll. Diese Bewegung wird von Theologen, Priestern und Laienchristen geprägt, eine bestimmte Gründergestalt ist nicht auszumachen. Die Pfingstbewegungen sind auch in den evangelischen und protestantischen Kirchen stark verbreitet.

Die katholische Charismatische Erneuerung will zur Vertiefung des christlichen Glaubens in der Gesellschaft beitragen. Wie in den frühchristlichen Gemeinden sollen die Freude am Glauben, die Begeisterung für Jesus, das Erleben der Gemeinschaft sowie die Heilung von Verletzungen und Krankheiten erfahrbar werden. In diesen Gruppen wird regelmäßig um Heilung von Krankheit, um Umkehr von Schuld, um Versöhnung mit den Feinden und um das Wachsen des Reiches Gottes gebetet. In manchen Gruppen gibt es auch ekstatische Phänomene und mystisches Erleben. Die Gottesdienste werden mit emotionaler Begeisterung gefeiert, viele Menschen finden darin Geborgenheit und Heilung. Die Gebetsgruppen der Bewegung sind miteinander vernetzt.

Weltweit werden ca. 120 Millionen Anhänger der Charismatischen Erneuerung gezählt, vor allem in Süd- und Nordamerika. Diese Menschen wollen ihren Glauben an Jesus Christus mit Freude leben und versuchen, den Armen zu helfen, sowie Notlagen zu überwinden. Durch so genannte Alpha-Kurse, aber auch Exerzitien und Gottesdienste, soll der Glaube lebendig werden und bleiben. Dabei arbeiten Laienchristen und Kleriker eng zusammen. Oft kommt es zu Spannungen mit den Christen in den Pfarrgemeinden, die diese emotionale Begeisterung nicht teilen können oder wollen.

Communione e Liberazione

Diese italienische Basisbewegung wurde in den 1950er Jahren von dem Mailänder Priester Luigi Giussani gegründet. Er wurde 1922 geboren, wurde 1945 in Mailand zum Priester geweiht und unterrichtete an mehreren Gymnasien. Dort sammelte er die Studentenjugend (*Gioventù studentesca)* in Gruppen, aus denen später die Bewegung »Kommunikation und Freiheit« (*Communione e Liberazione*) hervorging. Giussani gelang es, Studenten und Lehrer für das Evangelium zu begeistern und sie dahin zu führen, über den Glauben zu diskutieren, miteinander zu beten, Gottesdienste zu feiern und den Glauben bewusst zu leben. Im Jahr 2005 ist der Gründer gestorben.

Seit den 1950er Jahren entstanden viele Gruppen dieser Bewegung, an der auch andere Priester sich beteiligten. Die Mitglieder gründeten Studentenheime und Wohngemeinschaften, sie unterstützten sich beim Studium und bei der Arbeit. So entstand ein Netzwerk von Gruppen in allen größeren Städten, in Italien und bald auch in anderen Ländern. Die Gruppen treffen sich regelmäßig zu Gebet und Meditation, betonen die herkömmliche Frömmigkeit und Theologie und streben nach Übereinstimmung mit der Kirchenleitung. Die Mitglieder helfen einander bei der Suche von Arbeitsplätzen und bei familiären Aufgaben. Sie orientieren sich an den kirchlichen Geboten, sind überaus kinderfreundlich und erziehen ihre Kinder im christlichen Glauben. Auch unterstützen sie sich gegenseitig bei der Erziehung. Dieser Bewegung gehören Laienchristen und Priester an, die nach den Vorgaben des Evangeliums leben wollen. Einige von ihnen bleiben unverheiratet und helfen den Verheirateten bei der Erziehung der Kinder und der Pflege von alten Menschen.[12]

Diese Bewegung stellt das katholische Apostolat in das Zentrum ihres Tuns. Der Glaube soll am Arbeitsplatz bezeugt werden. Die Mitglieder engagieren sich in der Politik, sie lehnen Abtreibung, Ehescheidung und gleichgeschlechtliche Partnerschaften ab. Sie verpflichten sich, den Vorgaben des Papstes und der Bischöfe zu folgen und sich im Glauben weiterzubilden. Die Neuevangelisierung der Gesellschaft ist ihr großes Ziel.

Couples for Christ

Diese Bewegung wurde 1981 in Manila auf den Philippinen gegründet. Ihre Mitglieder sind von der Grundmotivation bestimmt, als Ehepaare bewusst den christlichen Glauben zu leben und zu bezeugen. Die Couples for Christ streben es an, ihr Familienleben und ihren Beruf aus dem Evangelium zu formen, denn die Familie wird als Keimzelle der Gesellschaft gesehen. So soll die Gesellschaft durch die Kraft des göttlichen Geistes erneuert werden. Die Mitglieder sind miteinander vernetzt, sie wollen die Erlösung vom Bösen im Leben verwirklichen. Sie treffen sich regelmäßig zum Gebet, zur Meditation, zum Studium der Bibel sowie zum Austausch der Erfahrungen. Sie helfen sich gegenseitig bei der Erziehung der Kinder und unterstützen sozial Schwächere.

Hauptziel der Mitglieder der Bewegung ist es, die ehelichen und familiären Beziehungen im Geist des Evangeliums zu verbessern. Sie helfen einander besonders in den Krisen von Trennung und Scheidung. In den Gruppen gibt es auch Singles, die Familien bei der Arbeit helfen. Die Gemeinschaft finanziert durch Spenden Sozialprojekte in der Dritten Welt. Priester haben in den Gruppen die Aufgabe der theologischen und spirituellen Begleitung. Die Kirchenleitung hat diese Bewegung anerkannt, die heute schon in 140 Ländern verbreitet ist. Die Mitglieder werden auf 1,2 Millionen geschätzt. Wir sehen hier eine spirituelle Bewegung, die sich in der Kirche Asiens bildete und von dort nach Europa kam.

Cursillo

Cursillo (span.) bedeutet kleiner Weg. Die so genannte Bewegung bezeichnet sich also als den kleinen Weg des christlichen Glaubens und geht auf das Jahr 1947 zurück, als sich junge Christen in Spanien auf die jährliche Wallfahrt nach Santiago de Compostela vorbereiteten und dabei zu der Einsicht kamen, dass es an der Zeit war, das Evangelium wieder erlebbarer zu machen. Von da an formten sie ihr Familienleben bewusst aus christlichem Geist und wollten die Kraft des göttlichen Geistes in sich spüren. Aus dieser Gruppe junger Christen sind viele ähnliche Gruppen entstanden, die sich miteinander verbunden haben. Sie alle streben danach, das Evangelium Jesu durch ihr konkretes Leben zu bezeugen. Sie treffen sich regelmäßig zum Gebet, zur Meditation, zum Bibelgespräch sowie zum Austausch von Erfahrungen. Außerdem helfen sie sich gegenseitig im Beruf und bei der Erziehung der Kinder und setzen sich auch für sozial Schwächere ein.

Die Anhänger dieser Bewegung wollen den Glauben an Jesus Christus in ihr Leben hereinnehmen, sie wollen gemeinsam persönlich wachsen. Bei den regelmäßigen Kursen geht es darum, den Glauben und die Bibel besser kennen zu lernen, das eigene Leben neu zu verstehen und konkrete soziale Aufgaben zu übernehmen. Obwohl es keine formelle Mitgliedschaft in dieser Bewegung gibt, verbindet die daran beteiligten Priester und Laienchristen eine ähnliche Spiritualität. Ein nach der Bewegung selbst Cursillo genanntes Treffen dauert meistens drei Tage und dient der Vertiefung des Glaubens, der Meditation und der Stille sowie dem gemeinsamen Feiern.[13]

Equipes Notre Dame

Die Gemeinschaft Equipes Notre Dame bildete sich aus Ehegruppen, die zur Vertiefung und Verlebendigung des Glaubens beitragen wollten, und wurde 1939 in Paris von vier Ehepaaren um den Priester Henri Caffarel gegründet. Zehn Jahre später gab sie sich eine feste Satzung. Heute zählt sie an die 110.000 Mitglieder. Die einzelnen Gruppen bestehen aus drei bis sechs Ehepaaren und einem Priester, die sich regelmäßig zu Gebet, Meditation und zum Austausch von Erfahrungen treffen. Aus Bibellesung und Gebet schöpfen sie Kraft für ihre Arbeit im Beruf. Sie unterstützen sich gegenseitig in Problemsituationen, sie nehmen sich viel Zeit für einander und begleiten sich gegenseitig. Die beteiligten Priester sehen es als ihre Aufgabe, die Paare spirituell und theologisch zu führen.

So will diese Bewegung eine lebendige Spiritualität des biblischen Glaubens leben, Ehepaare und Familien sollen darin einen festen Halt finden. Sie wollen im Alltag den Glauben an Jesus Christus leben und bezeugen, wobei sie Verantwortung für die Glaubensmission der Kirche übernehmen. Sie sind als Verein päpstlichen Rechts anerkannt und arbeiten heute international. Alle sechs Jahre veranstalten sie große Welttreffen, um ihre Erfahrungen auszutauschen. Die Gruppen veranstalten auch Gespräche für Außenstehende, für suchende und ungläubige Menschen, um sie behutsam an den Glauben heranzuführen.

Fiat

Diese Bewegung zum Dienst an der Evangelisation entstand 1984 in Belgien, als Veronica O'Brien eine göttliche Eingebung erhielt, sich für den Glauben zu engagieren. Sie gründete mit Freunden Gruppen von Laienchristen, die regelmäßig bei ihren Treffen den Rosenkranz beteten und sich für die Erfahrung des göttlichen Geistes öffneten. Kardinal Joseph Suenens unterstützte diese Bewegung und so verbreitete sie sich schnell über Belgien hinaus. Die Anhänger wollen, wie die Apostel nach der Auferstehung Jesu, auf die Kraft des göttlichen Geistes warten, um ihren Glauben wirkungsvoll bezeugen zu können. Sie beten regelmäßig gemeinsam, hören die Lesungen der Bibel, sprechen Fürbitten für die Welt und singen den Lobpreis Gottes.

Die Freunde und Mitglieder dieser Bewegung beten zum Geheimnis der göttlichen Barmherzigkeit. Bei ihren Treffen hören sie auf das Wort Gottes in der Bibel und lesen daraus ihre persönlichen Aufgabenstellungen ab. Ihr Engagement gilt der Verwirklichung der Bergpredigt Jesu in der Kraft des göttlichen Geistes, wobei sie im Besonderen der Gottesmutter Maria vertrauen. Sie halten die stille Anbetung vor dem Allerheiligsten in den Kirchen, privat beten sie oft den Rosenkranz. Sie wollen für das Wirken des göttlichen Geistes offen sein, um das Antlitz der Erde zu erneuern. Wie Maria zum Engel Gabriel, so sagen sie Ja (*fiat*) zum göttlichen Willen in ihrem Leben, sie leben für die Pläne des göttlichen Erlösers. Dabei öffnen sie sich für die Nöte ihrer konkreten Mitmenschen und helfen diesen, so gut sie können.[14]

Foi et Lumière

Die Bewegung »Foi et Lumière« (Glaube und Licht) wurde 1971 in Frankreich von Jean Vanier und Marie Helene Mathieu gegründet und verfolgt das Ziel, vor allem Menschen mit geistiger Behinderung zu unterstützen, damit diese ein menschenwürdiges Leben führen können. Die Gründer initiierten eine Pilgerreise von geistig Behinderten nach Lourdes, die für alle Beteiligten zu einer tiefen spirituellen Erfahrung wurde. Daraufhin bildeten sich regionale Gruppen, die Behinderte betreuten und mit ihnen kleine Wallfahrten unternahmen. Heute gibt es weltweit ca. 1450 solcher Gemeinschaften in 78 Ländern, die die Liebe Christi vor allem den Mitmenschen mit körperlicher und geistiger Behinderung zugänglich machen wollen.

In diesen Gruppen werden geistig und emotional Behinderte jeden Alters betreut. Sie sollen lernen, ihre je eigenen, trotz Behinderung gegebenen Fähigkeiten zu entdecken und für die Gemeinschaft einzusetzen. Die Eltern und Familien behinderter Kinder erhalten Unterstützung bei ihrer schwierigen Betreuungsaufgabe, wie auch Lernhilfen, um etwa mit psychopathischen und soziopathischen Menschen umzugehen. Auch die Geschwister der behinderten Kinder werden in die Gruppenarbeit einbezogen. Oft beteiligen sich Freunde der betroffenen Familien an der Arbeit. Alle sollen lernen, die Grenzen des Lebens anzunehmen, wie sie sind.

So entstehen in diesen Gruppen neue Einstellungen zum Wert des Lebens. Die Mitglieder erfahren dabei immer wieder, dass auch Behinderte eine Bereicherung für die Gemeinschaft sein können. Die Betreuer holen sich die Kraft für ihre schwere Aufgabe im regelmäßigen Gebet, in der Meditation, bei der Feier der Eucharistie und bei der Bibelarbeit. Die Gemeinschaft wurde 1975 vom Papst als kirchliche Gruppe anerkannt und arbeitet heute international vernetzt. »Glaube und Licht« unterhält auch Tagesheimstätten für Behinderte und organisiert Ausflüge und Feste. Die Finanzierung erfolgt großteils durch Spenden.

Fokolare-Bewegung

Diese Bewegung von Laienchristen entstand während des zweiten Weltkriegs in Oberitalien. Zu dieser Zeit beschloss die damals 23jährige Chiara Lubich, ihr Leben in den Dienst Gottes zu stellen. Sie sammelte in Trient Freundinnen um sich, bezog mit ihnen im Jahr 1943 eine kleine Wohnung und bildete eine christliche Lebensgemeinschaft. Sie nannten diese Lebensform »Herdfeuer« (*focolare*), weil von ihr Wärme und Geborgenheit ausgingen. Diese jungen Frauen lasen gemeinsam die Bibel, beteten für den Frieden und bezeugten öffentlich ihren Glauben, auch in den Luftschutzkellern während des Krieges. Sie wollten das Evangelium, das sie mehr und mehr für sich entdeckten, schrittweise in die Tat umsetzen. Bald luden sie auch Bekannte und Freunde zu ihren Gebetskreisen ein und so entstand eine neue spirituelle Bewegung.

Neue Gebetsgruppen formierten sich in und außerhalb der Stadt Trient. Menschen schlossen sich darin zusammen, um aus dem Glauben Kraft zu gewinnen, damit sie die Nöte der Nachkriegszeit ertragen könnten. Diese Gruppen sammelten Kleider und Nahrung für die Ärmsten der Stadt. Auch in den Bauernhäusern der Umgebung bildeten sich Gebets- und Meditationskreise, die ihren Glauben nach den Schrecken des Krieges vertiefen wollten. So will diese Bewegung bis heute zum Frieden unter verfeindeten Gruppen, wie auch zum Dialog der Religionen und der Kulturen beitragen. Sie wollen alle Feindschaft überwinden, so wie es Jesus zu seiner Zeit getan hat.

Heute ist diese Bewegung in vielen Ländern der Erde verbreitet, sie wurde bereits 1962 vom Papst anerkannt und gefördert. Sie engagiert sich im Gespräch der christlichen Konfessionen, aber auch im Dialog mit fremden Religionen, mit Juden und Muslimen. Die Bewegung besteht aus spirituellen Kerngruppen, deren Mitglieder zusammenwohnen, und aus vielen Freundeskreisen. Sie wird von Laienchristen geprägt, Priester haben die Funktion der spirituellen Begleitung und Beratung. Die Gruppen treffen sich regelmäßig zum Gebet, zur Bibellesung, zur Meditation und zum Glaubensgespräch. Die Mitglieder wollen als begeisterte Christen leben, sie wollen ihren Glauben an die Erlösung vom Bösen durch konkrete Dienste der Nächstenhilfe unter Beweis stellen.

Gemeinschaft christlichen Lebens

Die Impulse für die Gemeinschaft christlichen Lebens kommen aus dem Jesuitenorden und ihre Wurzeln gehen bis ins 16. Jahrhundert zurück, denn schon damals sammelten Jesuiten viele Laienchristen um sich, um ihnen die Spiritualität des Ordensgründers Ignatius von Loyola zugänglich zu machen. Diese nahmen an den geistlichen Exerzitien der Jesuiten teil, um aus dem Geist Jesu leben und handeln zu können. Ein Schwerpunkt der Frömmigkeit war die Verehrung der Gottesmutter Maria.

Nach dem zweiten Weltkrieg wurden diese Gruppen neu belebt und im Jahr 1967 allgemeine Grundsätze für die »Gemeinschaft des christlichen Lebens« ausgearbeitet. In dieser Bewegung lassen sich Laienchristen zusammen mit Priestern auf den Weg des Glaubens ein und wollen daraus Kraft für ihr Leben schöpfen. Jesus Christus ist für sie der zentrale Bezugspunkt ihres Lebens, ihn wollen sie durch Werke der Nächstenhilfe bezeugen. Dabei sehen sie in Maria das Urbild für ihre Sendung im Dienst des Evangeliums. Die Gruppen bestehen aus Ehepaaren und aus unverheirateten Laienchristen, die ihre Fähigkeiten in den Dienst des Glaubens stellen wollen. In kleinen Gruppen besprechen sie ihre konkreten Aufgaben und geben einander Rückmeldung.

Die Mitglieder lesen täglich in der Bibel, sie meditieren über die Texte und vertiefen das Gelesene im Gebet. In der gemeinsamen Feier der Eucharistie sehen sie die Mitte ihres Lebens. Im Gespräch blicken sie gemeinsam auf Abschnitte ihres Lebens zurück, um aus Fehlern lernen zu können. Im Dienst am Evangelium engagieren sie sich für mehr Gerechtigkeit in ihrer je eigenen Lebenswelt, für die Erhaltung des Friedens in ihrer Umwelt, für die Aufrichtung der Bedrückten und für eine faire Entwicklung der Dritten Welt. Solche Gruppen des christlichen Lebens gibt es heute in mehr als 60 Ländern der Erde. Dem Zusammenhalt der weltweiten Bewegung dienen regelmäßige Partnertreffen des Gebets. Die Solidarität spiegelt sich in gegenseitiger wirtschaftlicher Hilfe wider.

Gemeinschaft Emmanuel

Die Gemeinschaft Emmanuel setzt es sich zum Ziel, die Gegenwart Gottes für moderne Menschen erlebbar zu machen. Dem entspricht ihr Name: Emmanuel bedeutet »Gott mit uns«. Wer dies begreift, für den gibt es kein sinnloses Dasein. Der französische Filmkritiker Pierre Goursat und die Ärztin Matine Catta machten 1972 in Paris die spirituelle Erfahrung, dass ihnen Gott ganz nahe sei. Sie trafen sich fortan mit Freunden regelmäßig zum Gebet und zur Meditation. In wenigen Monaten wuchs ihre Gebetsgemeinschaft auf 100 Personen an, sie alle erlebten in der Gemeinschaft des Betens die Nähe und Gegenwart Gottes.

Auch viele agnostizistische Freunde und Atheisten kamen hinzu und erfuhren in der Gemeinschaft ein Stück Geborgenheit.

Die Bewegung organisierte sich in Gebetsgruppen, deren Teilnehmer nun begannen, in den Straßen von Paris von ihren Erfahrungen zu erzählen. So kamen neue Mitglieder hinzu, auch in anderen Städten bildeten sich Gebetsgruppen, in denen Gott für seine wunderbare Schöpfung gedankt wurde. Diese Bewegung nannte sich nun Emmanuel, weil ihre Mitglieder Gottes Nähe erfahren hatten und weiterhin erfuhren. In Paray le Monial in Burgund wurde 1975 das erste nationale und internationale Treffen organisiert und durchgeführt. Der Ort war bewusst gewählt, denn dort hatte sich vor 300 Jahren Jesus Christus in einer Vision der Marguerite Marie Alacoque offenbart. Nun wurde das geöffnete Herz Jesu für die neue Bewegung zum Zeichen der göttlichen Liebe für alle Menschen.

In den Gebetsgruppen der Bewegung versammeln sich Bauern und Arbeiter, Akademiker und Politiker, Priester und Laienchristen. Sie alle wollen ihren lebendigen Glauben in einer weithin gottlosen Gesellschaft bezeugen. Sie besuchen täglich die Messe, beten gemeinsam und arbeiten für die Armen in ihrer Umwelt. Sie sammeln Geld und Kleider für Sozialprojekte in Europa und in der Dritten Welt. Durch ihren Dienst der Evangelisation wollen sie zur Einwurzelung des christlichen Glaubens beitragen. Heute ist die Gemeinschaft in 70 Ländern verbreitet und wurde 1998 vom Papst als kirchliche Einrichtung anerkannt. Die Mitglieder engagieren sich in der Stadtmission, in der Jugendarbeit und bei der Betreuung von Familien, in der Pfarrmission und für die Dritte Welt (*Fidesco*). In einigen Ländern haben sie Akademien für die Evangelisation eingerichtet.

Gemeinschaft des Franz von Sales

Diese Gemeinschaft von Laienchristen und Klerikern wurde bereits am Ende des 19. Jh. in Paris gegründet. Die Initiatoren waren der Priester Henri Chaumond und die adelige Dame Caroline Carre de Malberg. Ihr Ziel war es, die geistlichen Impulse des Ordensgründers Franz von Sales auch für Laienchristen zugänglich zu machen. Dementsprechend engagieren sich Männer und Frauen aus verschiedenen Berufen und unterschiedlichen

Lebensalters in dieser spirituellen Bewegung, deren Anliegen darin besteht, zur Verbreitung des Glaubens in einer teilweise schon glaubenslosen Zeit beizutragen. Dafür beschäftigen sie sich mit den Schriften der Bibel sowie den Lehren des Franz von Sales und nehmen an Kursen zur theologischen Bildung teil.

Zu den angestrebten Tugenden des christlichen Glaubens gehören für die Mitglieder der Gemeinschaft die Einfachheit im Lebensstil, die Liebenswürdigkeit in allen zwischenmenschlichen Beziehungen, Demut und Respekt vor den Mitmenschen, die innere Gelassenheit und ein tiefes Vertrauen in den Willen Gottes. Sie streben gemeinsam nach innerem Wachstum und nach Ausgeglichenheit der Seele. Daher treffen sie sich regelmäßig zu Gebet und Glaubensgespräch. Sie wissen sich in Freundschaft miteinander verbunden und wollen gemeinsam den christlichen Glauben bezeugen, in Krisensituationen wollen sie sich gegenseitig helfen.

Diese Gemeinschaft versteht sich als Lebensschule im Geist des Franz von Sales und der Franziska von Chantal. Sie wurde bereits 1911 vom Vatikan als kirchliche Gemeinschaft anerkannt, 1994 wurde sie als private Vereinigung von Gläubigen mit internationalem Charakter dem päpstlichen Rat für die Laienchristen zugeordnet. Die zentrale Leitung der Gemeinschaft ist in Paris, welche in ganz Europa verbreitet ist. Die sozialen Projekte werden durch Spenden der Mitglieder und Förderer finanziert, Sie organisieren regelmäßig Exerzitien, Pilgerfahrten und Wallfahrten, sowie Kurse zur theologischen Weiterbildung.[15]

Gemeinschaft Immaculata

Diese Gemeinschaft entstand 1999 in Mödling bei Wien, wo Laienchristen und Ordensschwestern ein gemeinsames spirituelles Leben begannen. Im Christkönigskloster der Trinitarierinnen wohnen verheiratete Paare mit Kindern und Ordensschwestern unter einem Dach und gestalten Zeiten des Gebets und der Meditation wie auch die Liturgie gemeinsam. Die Initiative zur Gründung der Gemeinschaft ging von dem Kaplan Andreas Schätzle und dem Ehepaar Robert und Michaela Schmalzbauer aus. Diese Gemeinschaft verbindet Familien mit Kindern und Ordensschwestern, aber auch allein lebende Frauen und

Männer sowie einige Priester stehen dieser Gemeinschaft nahe. Sie alle wollen aus dem Geist des Evangeliums leben und zur Verkündigung des Glaubens beitragen.

Der Name Immaculata drückt die besondere Bedeutung der unbefleckten Jungfrau Maria aus, denn sie hat in ihrem Leben die jungfräuliche Hingabe an Gott mit der Mutterschaft und Kindererziehung verbunden. Das Haus von Nazaret gilt als geistiges Vorbild der Gemeinschaft: Die Liebe und Geborgenheit, die Jesus in seinem Elternhaus erlebt hat, soll auch im Zusammenleben der Mitglieder von »Immaculata« spürbar werden. Die Gemeinschaft ist in der Spiritualität der Charismatischen Erneuerung verwurzelt und von der Offenheit für das Wirken des göttlichen Geistes bestimmt. Außerdem orientiert sie sich stark an Maria und an der Frömmigkeit der Gottesmutter. Die Mitglieder wollen in der Nachfolge Jesu leben und voll Vertrauen auf Maria blicken.

Die Gemeinschaft weiß sich getragen vom gemeinsamen Gebet, von der Meditation und dem Hören des Wortes Gottes, von der Anbetung und der Feier der Eucharistie sowie vom Gespräch über den Glauben. Die Gottesmutter und die Heiligen werden als Begleiter des Lebens angerufen. Das erste Ziel ist die Heiligung des Lebens vor Gott durch gegenseitige Ermutigung, durch Freundschaft und Zurechtweisung. Zum Zweiten wollen die Mitglieder aktiv an der Verbreitung des Glaubens unter jungen Familien, Jugendlichen und Kindern wirken. Das dritte Ziel ist die spirituelle Gastfreundschaft im Haus für nach dem Lebenssinn fragende und suchende Zeitgenossen.

So versucht diese Gemeinschaft, die alte Lebensform des Klosters mit den neuen Lebensformen der Movimenti zu verbinden. Laienchristen und Ordensfrauen vernetzen ihre Lebensgeschichten und Glaubenserfahrungen, sie ergänzen sich bei den missionarischen Aufgaben. In dieser Gemeinschaft sollen vor allem junge Menschen eine Orientierung finden, um in der Nachfolge Jesu leben zu können. Die Gemeinschaft wurde 2004 als privater Verein von Gläubigen von der Kirchenleitung anerkannt und steht in einer engen Beziehung zur Loretto-Gemeinschaft.

Gemeinschaft der Nachfolge Jesu

Aus mehreren Gebetskreisen ist diese Gemeinschaft entstanden, die im Geiste der Nachfolge Jesu leben will. Hier treffen sich Männer und Frauen, Laienchristen, Priester und Ordensleute regelmäßig, um ihren Glauben zu vertiefen und um christliche Gemeinschaft zu erleben. Seit 1995 leben einige Mitglieder in einer Hausgemeinschaft in der Nähe von Wien, wo Seminare zur Glaubensvertiefung angeboten werden. Die Mitglieder wollen dazu beitragen, die Liebe Christi in der Welt in kleinen Schritten zu vermehren. Sie wollen im alltäglichen Leben die berufliche Arbeit mit spiritueller Hingabe verbinden. Eine Kerngruppe wird von mehreren Freundesgruppen unterstützt.

Die Mitglieder arbeiten in den Pfarrgemeinden mit, aber sie stellen sich auch für überregionale Aufgaben zur Verfügung. Einige Personen der Kerngruppe bleiben unverheiratet, um mehr Zeit für die pastorale Arbeit zu haben. Die meisten Mitglieder leben jedoch in Familien, sie wollen in ihrer Arbeitswelt den christlichen Glauben leben und bezeugen. Ein Haus in Ottenthal bietet für Mitglieder eine zeitlich begrenzte Lebensschule an, in der das Glaubensleben vertieft wird. Die Mitglieder treffen sich regelmäßig zum gemeinsamen Gebet und zum Austausch von Lebenserfahrungen. Sie wollen ihren Beitrag leisten, um den christlichen Glauben wieder verständlicher zu machen.

Gemeinschaft Sant'Egidio

Die Gemeinschaft Sant'Egidio entstand im Jahr 1968 in Rom auf Initiative des damaligen Studenten Andrea Riccardi, der erkannt hatte, dass die Nachfolge Jesu nur durch den konkreten Dienst an den armen Mitmenschen gelebt werden kann. Er sammelte Freunde um sich, die ähnlich dachten, und gemeinsam zogen sie an den Stadtrand von Rom, um dort den Kindern aus armen Familien Lernhilfen anzubieten. Diese Freunde treffen sich seit 1973 regelmäßig in der Kirche Sant'Egidio im Stadtteil Trastevere zum Gebet und zum Gottesdienst. Nach dieser Kirche haben sie ihre Gemeinschaft benannt, die in kurzer Zeit stark gewachsen ist.

Die Mitglieder orientieren sich an den Lebensformen der frühen Christen und wollen ihren Besitz wie auch ihr Einkommen mit sozial Schwachen teilen. So helfen sie zusammen mit Freunden dieser Bewegung armen Familien mit Geld, Kleidern und Nahrungsmitteln, sie suchen Wohnmöglichkeiten für Obdachlose, sie organisieren die Betreuung von alten Menschen, die ohne Hilfe sind, oder sie helfen Einwanderern und Flüchtlingen aus fremden Ländern und Kontinenten, Arbeit und Wohnung zu finden. Sie unterstützen Menschen mit körperlicher oder geistiger Behinderung, sie besuchen Straftäter in den Gefängnissen, sie betreuen AIDS-Kranke und Suchtabhängige. Diese Bewegung ist heute in Italien, aber auch in Afrika und in Neuguinea tätig. Sie hat es sich zur Aufgabe gemacht, Not in Krisensituationen zu lindern und Kriege vermeiden zu helfen. Außerdem beteiligt sie sich am Wiederaufbau in Kriegsgebieten, wofür auch Spenden gesammelt werden.

Die Gemeinschaft Sant'Egidio ist heute in 70 Ländern der Erde verbreitet und weltweit vernetzt. Sie hat rund 50.000 Mitglieder und einen noch viel größeren Kreis von Unterstützern. Ihre Mitglieder leben aus dem Geist der Bergpredigt Jesu, sie treffen sich regelmäßig zum gemeinsamen Gebet, um daraus Kraft zu schöpfen. Sie wirken auch in gefährlichen Situationen und setzen oft ihr Leben für den Frieden aufs Spiel.

Gemeinschaft Schalom

Aus der Charismatischen Bewegung ist diese Gemeinschaft von Laienchristen entstanden, die sich als ökumenische Bewegung versteht. Sie wurde 1980 in der Nähe von Wien (Hinterbrühl) gegründet, einer der Initiatoren war Hans Tomaschek. Diese von Gott begeisterten Christen wollen mehr Frieden (hebr. *schalom*) in ihre kleinen Lebenswelten bringen. Sie orientieren sich dafür an der Predigt Jesu und vertrauen überdies dem Wirken des göttlichen Geistes. Bei ihren Treffen spielt die Musik eine wichtige Rolle, sie gestalten lebensnahe und moderne Gottesdienste. Viele junge Menschen fühlen sich davon angesprochen wie auch von dem Musik-Tanz-Theater der Gemeinschaft, bei dem einzelne Themen des Glaubens dargestellt werden. So beschreitet diese Gemeinschaft bewusst unkonventionelle Wege der Glaubensverkündigung, durch Gesang und Musik, durch Tanz und das Wort sollen die Inhalte des Evangeliums vermittelt werden.

Die Kerngruppe und der Freundeskreis treffen sich regelmäßig zu Gebet, Meditation und Glaubensgespräch. Dreimal im Jahr ziehen sie sich in ein Kloster zurück, um ihren Glauben zu vertiefen und neue Kraft für den Alltag zu sammeln. Sie zahlen monatlich einen Beitrag für Arbeitsprojekte. In ihrem Programm hat Kreativität einen wichtigen Ort. Sie suchen Kontakte zu Agnostikern und Skeptikern, zu Kirchenfernen und Randgruppen der Gesellschaft. Einige der Mitglieder betreuen Suchtkranke, Strafgefangene und Ausländer.

In ihren Gottesdiensten wollen sie die heilende Kraft des Gebets und der Liturgie erfahrbar machen. Sie bitten um Heilung und Genesung für Kranke und Leidende. Durch den Nothilfefonds Schalom wollen sie den Ärmsten in der Welt helfen.

Gemeinschaft der Seligpreisungen

Im Jahr 1973 gründeten zwei französische Ehepaare, Ephraim und Jo Croissant sowie Jean Marc und Mireille Hammel, eine spirituelle Gemeinschaft zur Vertiefung des christlichen Glaubens. Diese Gruppe nannte sich zuerst »Löwe von Juda«, ein Name für den Erlöser, das geopferte Lamm, in der Apokalypse des Johannes (Offb 5,5), von dem sie sich inspirieren ließ. Doch in den 1990er Jahren nannte man sich dann »Gemeinschaft der Seligpreisungen«. Die Gruppe will damit ausdrücken, dass sie sich in ihrer Lebensform vor allem den Zielwerten der Bergpredigt Jesu verpflichtet weiß. Gleichzeitig sieht sie die Urgemeinde in Jerusalem als das große Vorbild der Lebensgestaltung an.

In dieser geistlichen Bewegung verbinden sich Ehepaare und Familien mit Singles, Ordensleuten, Priestern und Diakonen, die gemeinsam von der Schönheit des Reiches Gottes Zeugnis geben möchten. Im alltäglichen Leben ringen sie um mehr Barmherzigkeit und Versöhnung in ihrer Lebenswelt, um mehr Gerechtigkeit und Frieden, verstehen sich als wanderndes Gottesvolk und blicken auf das Kommen Christi am Ende der Zeiten. Dabei treffen sie sich regelmäßig zum Gebet und zur Feier der Eucharistie, in ihren Gemeinschaften versuchen sie, geschwisterlich zu leben. Nach außen wirken sie für Menschen in Not, sie betreuen Kranke und Behinderte.

So haben sie eigene Schulen für die Glaubensvertiefung und für Exerzitien eingerichtet, sie betreiben eigene Radiosender und geben Zeitschriften heraus. Sie wissen sich für das Volk Israel als den älteren Brüdern im Glauben verantwortlich und engagieren sich auch für die Vereinigung der Kirchen. Ihre Niederlassungen sind offen für Gäste und Freunde, wo christliche Gemeinschaft erlebbar werden soll und auch Firmgruppen und Gebetskreise geistliche Unterstützung bekommen können. Die Gemeinschaft der Seligpreisungen wächst in der ganzen Welt, heute gibt es 75 Niederlassungen in 30 Ländern. Diese sind in Provinzen eingeteilt, die zentrale Leitung befindet sich in Toulouse.

Für die Aufnahme in eine der Kerngruppen ist eine Probezeit von sechs Jahren vorgesehen, danach erst erfolgt eine endgültige Bindung an die Gemeinschaft. In ihren Häusern werden auch Priesterkandidaten ausgebildet. Die Gemeinschaft ist ein privater Verein von Gläubigen päpstlichen Rechts und dem Rat für Laienchristen zugeordnet. Alle Niederlassungen finanzieren sich selbst und sammeln überdies Spenden für soziale Projekte in der Dritten Welt.

Integrierte Gemeinde

Diese geistliche Bewegung entstand nach 1945 in Deutschland aus der Betroffenheit über die gottlose Diktatur und den Holocaust, die unter christlichen Völkern möglich geworden waren. Sie wurde und wird von Priestern und Laienchristen getragen, die um eine neue Einwurzelung des christlichen Glaubens in der modernen und postmodernen Gesellschaft ringen. Das Evangelium Jesu soll in einer verständlichen und überzeugenden Form gelebt werden, damit auch Agnostiker und Atheisten einen Zugang zum Glauben finden können. Integration meint die Verflechtung der Lebenswelten, der Glaube soll auch in der Welt der Arbeit gelebt werden können. Die Gläubigen fühlen sich als Schwestern und Brüder und in Liebe (*agape*) einander zugetan. Sie engagieren sich für den Dialog der Religionen und der Kulturen vor Ort und in der Wohngemeinde, sie organisieren die Hilfe für Arme und Notleidende und sammeln Geld für Projekte in der Dritten Welt.

Diese Gruppen verstehen sich als wanderndes Gottesvolk, das für die Nöte der Zeit und konkreter Mitmenschen sensibel ist. Sie sind in vielen Diözesen verankert, ihre zentrale Leitung ist in Rom. Papst Benedikt XVI. hat diese Bewegung ermutigt, ihre Aufgaben und Ziele mit Zuversicht und Freude zu verwirklichen. Sie hat Gruppen in Europa, in den USA und in Israel.

Jüngergemeinschaft

Diese Gemeinschaft von Christen ist in den 1970er Jahren in Wien aus der Arbeit der katholischen Glaubensinformation entstanden. Die Mitglieder wollen, wie die Jünger Jesu, ihre konkreten Mitmenschen zur Nachfolge Jesu einladen. Sie wissen sich vom Missionsbefehl Jesu angesprochen, zu allen Menschen zu gehen, den Glauben zu bezeugen und am Reich Gottes mitzuarbeiten. Ihre geistige Ausrichtung erhielt diese Gemeinschaft vor allem von den Priestern und Brüdern des Ordens der Kalasantiner, einer Kongregation, die auf Josef von Calasanza als ihrem Gründer zurückgeht. Dieser Orden widmet sich im Besonderen der Erziehung der Jugendlichen und der spirituellen Betreuung junger Familien.

Die Jüngergemeinschaft will nun sieben Ziele bzw. Ideale der Jesusnachfolge verwirklichen. Die Mitglieder pflegen regelmäßig das persönliche und das gemeinschaftliche Gebet, sie wollen die moralischen Vorgaben des Evangeliums verwirklichen, sie wollen einfach leben und sich auf das Wesentliche beziehen, das Erleben von Freundschaft und Gemeinschaft ist ihnen wichtig. Sie wollen sehr konkret als Apostel Christi Werke der Nächstenhilfe betreuen, denn sie wissen sich dazu berufen, Jesus in einer ursprünglichen Form nachzufolgen.

Die Mitglieder legen ein Versprechen ab, sich für die Verkündigung des Evangeliums einzusetzen, sie bilden Kerngruppen und Freundesgruppen. Wichtig sind ihnen die spirituelle Formung und die Weiterbildung im Glaubenswissen. Das Versprechen, für die Gemeinschaft tätig zu sein, wird Jahr für Jahr erneuert. Es werden regelmäßig Seminare und Exerzitien veranstaltet, Fußwallfahrten und Freizeiten organisiert. Ein Ziel der

Arbeit besteht darin, kleine Hauskirchen aufzubauen, in denen sich Familien und Singles zum Gebet und zur Vertiefung des Glaubens treffen. Die Kirchenleitung hat diese Gemeinschaft als Organisation von Laienchristen anerkannt.

Kerygma-Teams

Die Kerygma-Teams entstanden in den 1960er Jahren in den USA und waren von freikirchlichen Predigern angeregt worden. Da sie konfessionsübergreifend arbeiteten, entstanden bald auch katholische Teams. Darin verbinden sich junge Laienchristen, um in bewusster und gezielter Weise an der Verkündigung des Evangeliums Jesu mitzuwirken. Sie werden in Schulungszentren ausgebildet, um fundiert und glaubhaft die Botschaft Jesu bezeugen zu können. Die katholischen und die evangelischen Teams sind heute in der ganzen Welt verbreitet. Sie wollen auf professionelle Weise dazu beitragen, den christlichen Glauben in säkularisierten Gesellschaften wieder einzuwurzeln.

Die internationalen Kerygma-Teams zählen heute rund 16.000 Mitarbeiter in 200 Ländern. Sie bemühen sich um eine gute theologische und methodische Schulung der Glaubenszeugen. Die Ausbildung erfolgt in so genannten Alphakursen und in länger dauernden Jüngerschulungen. Eine Zielgruppe der Bewegung sind junge Menschen oder Teenager, deren Leben ohne Sinn und Orientierung verläuft. Sie veranstalten Events für Jugendliche, um christliche Inhalte darzustellen. Wir haben es mit einer sehr modernen Form der Glaubensmission zu tun, die der heutigen Jugendkultur Rechnung trägt.

Kleine Brüder Jesu/Kleine Schwestern Jesu

Die Kleinen Brüder und Schwestern Jesu gehen auf die Spiritualität des französischen Priesters Charles de Foucauld zurück, der 1858 in Strassbourg geboren wurde und 1916 in Tamanrasset in Algerien starb. Im Alter von 31 Jahren trat er in den Schweigeorden der Trappisten ein, wurde dann Einsiedler in Palästina in der Nähe von Nazaret und 1901 zum Priester geweiht. Er zog zum Stamm der Tuareg nach Algerien, um unter ihnen den christlichen Glauben zu bezeugen. Dort hat er Regeln für Einsiedler und Klöster, für Säkularinstitute und Laienmissionare verfasst. Er wurde 1916 von einem Tuareg ermordet, später wurde er als Märtyrer in Frankreich bekannt.

Nach dem zweiten Weltkrieg wurden seine Schriften immer mehr gelesen und viele Christen ließen sich von ihm anregen. Nun entstanden kleine Gruppen und Gemeinschaften, die sich auf seine Ideen beriefen. Zu ihnen gehören die Kleinen Brüder und Schwestern Jesu und die Priestervereinigung Charles de Foucauld. Sie wollten durch ihr einfaches Leben der Nächstenliebe zur Glaubensverkündigung beitragen. Diese Brüder und Schwestern leben in kleinen Gruppen, nach Geschlechtern getrennt, unverheiratet zusammen. Sie wollen unter den Armen den Glauben verkünden und leben. Sie verrichten einfache Arbeiten und wissen sich mit den sozial Schwachen solidarisch. Die Gemeinschaft wurde 1957 vom Papst bestätigt und wird von einem Generalprior geleitet. Sie ist in ganz Europa wie auch in vielen Ländern Afrikas, Amerikas und Asiens verbreitet.[16]

Kreis junger Missionare

Der Kreis junger Missionare (KIM) entstand aus der katholischen Jugendarbeit, wurde von Pater Hubert Leeb 1962 in Eichstätt gegründet und will dazu beitragen, geistliche Berufungen zum Priestertum und zum Ordensstand zu wecken. Sie arbeitet eng mit dem österreichischen Canisiuswerk zusammen, das junge Männer für den Priesterberuf werben soll. In KIM schließen sich junge Christen zu Gruppen zusammen, sie bilden eine Gemeinschaft, die das Evangelium Jesu besser kennenlernen und später verbreiten helfen will. Die Mitglieder werden durch das gemeinsame Gebet, durch regelmäßige Glaubensgespräche, durch Meditation und Eucharistiefeiern geformt. In den Gesprächskreisen werden die eigenen Lebensgeschichten und Glaubensgeschichten aufgearbeitet, wobei Befähigungen und Berufungen erkannt werden. Ein wesentliches Ziel der Arbeit liegt darin, dass die jungen Menschen erkennen, ob sie vielleicht zum Priesterdienst oder zu einem Leben in einer Ordensgemeinschaft geeignet und berufen sind.

Die jungen Missionare wollen sich in den Dienst der Glaubensverkündigung stellen. Dabei müssen sie die Lebensform erst entdecken, die ihrem Leben auch wirklich entspricht. Wichtig ist die geistige und spirituelle Formung der jungen Menschen, die Vertiefung des Glaubenswissens, die Begeisterung für das Evangelium Jesu, aber auch die Befähigung und Bereitschaft zu konkreter Nächstenhilfe. Die jungen Missionare wollen mehr Licht und Leben in eine Welt bringen, die rau und hart geworden ist und in der vor allem die Maximierung des privaten Gewinnes zählt.

Legion Mariens

Die geistliche Bewegung Legion Mariens ist zu Beginn des 20. Jahrhunderts vom irischen Finanzbeamten Frank Duff gegründet worden. Er war in Dublin Mitglied der so genannten Vinzenzkonferenzen des heiligen Vinzenz von Paul, in denen für die Unterstützung der Ärmsten Kleider, Lebensmittel und Geld gesammelt werden. Hier lernte er die Not der Arbeitslosen und Obdachlosen kennen. Da er ein intensiver Marienverehrer war und sich mit den Schriften des heiligen Ludwig von Montfort befasste, wollte er aus marianischem Geist zur Linderung der Not beitragen. Er trug seine Ideen einigen Frauen der bürgerlichen Mittelschicht in Dublin vor, die sie dankbar und mit Begeisterung aufgriffen. So entstand eine Gemeinschaft von Marienverehrern, welche den demütigen Glauben Mariens mit den Taten der Nächstenhilfe verbinden wollten.

Diese Menschen wollten durch ihre persönliche Heiligung zur Verherrlichung Gottes beitragen. Sie trafen sich zum regelmäßigen Gebet und bezeugten ihren Glauben an Jesus. Sie wollten am Aufbau des Leibes Christi mitwirken, wobei sie sich von Maria leiten ließen. Sie erkannten, dass Gott auch die schwächsten Menschen zu seinen Werkzeugen erwählen kann. Heute zählt die Legion Mariens an die drei Millionen Mitglieder in der ganzen Welt. Diese arbeiten meist innerhalb der Pfarreien an konkreten Projekten der Glaubensverkündigung. Wöchentlich soll jeder von ihnen mindestens zwei Stunden für die Arbeit an sozialen Projekten zur Verfügung stellen.

Die Legionäre und Legionärinnen Mariens wenden sich auch den Randgruppen der Gesellschaft zu. Ein weiteres ihrer Ziele ist es, den Ungläubigen und Agnostikern die Botschaft Jesu zu bezeugen. Die missionarische Arbeit wird durch das Gebet unterstützt.

Loretto-Gemeinschaft

Auch diese Gemeinschaft entstand aus der Charismatischen Bewegung und aus der kirchlichen Jugendarbeit heraus. Auch hier verbinden sich Laienchristen, Ordenschristen und Kleriker zu gemeinsamen Aufgaben und Diensten. Frauen und Männer, Verheiratete und Singles, Jüngere und Ältere wollen am Aufbau des Reiches Gottes und an der Verkündigung des Glaubens mitarbeiten. Sie folgen der göttlichen Berufung, ihr Leben zu heiligen und den Glauben in der Welt der Arbeit zu bezeugen. Daher treffen sich die Mitglieder regelmäßig zum Gebet, zur Meditation, zur Lesung der Bibel und zur Feier der Eucharistie. Der Name Loretto bezieht sich auf das Haus der Familie Jesu, das nach einer Legende aus dem Mittelalter durch ein Wunder aus dem Heiligen Land nach Italien umplatziert worden sein und seither in Loretto stehen soll. Es ist als Haus von Loretto seit langem Ziel vieler christlicher Wallfahrten.

Das Haus der Familie Jesu dient dieser Gemeinschaft als Vorbild, die Mitglieder wollen wie Maria zum Wirken des göttlichen Geistes Ja sagen. Sie sind sehr kinderlieb und wollen ihren Nachwuchs im Glauben erziehen, andere Mitglieder leben zölibatär und asketisch. In dieser Gemeinschaft sollen Räume entstehen, in denen Menschen wieder zum Glauben an Gott und an Jesus Christus finden können. Im gemeinsamen Angelus-Gebet wird die Geschichte der Erlösung auf meditative Weise angeeignet. Die Mitglieder helfen einander bei der moralischen Formung durch das Gespräch.

So bildet diese Gemeinschaft Gebetskreise für Jugendliche und Gruppen für Familien mit Kindern, die sich regelmäßig treffen. Sie orientiert sich stark an der Charismatischen Erneuerung und an der Marienverehrung, auch die eucharistische Frömmigkeit hat einen hohen Stellenwert. Die Mitglieder und Sympathisanten wollen den christlichen Glauben wieder mit Begeisterung leben, sie wollen Christus auch agnostizistischen und skeptischen Zeitgenossen verkünden. Sie streben darüber hinaus den Austausch mit Christen anderer Konfessionen für ihre Arbeit der Glaubensverkündigung an und fühlen sich durch die spirituellen Vorgaben Papst Benedikts XVI. in ihrer Tätigkeit ermutigt.[17]

Marriage Encounter

Diese kirchliche Erneuerungsbewegung entstand nach dem II. Vatikanischen Konzil. Der spanische Jesuitenpater Gabriel Calvo lud verheiratete Paare regelmäßig an den Wochenenden zu Seminaren zur Glaubensvertiefung ein, wobei auch die ehelichen und familiären Beziehungen besprochen wurden. Von dieser Praxis wurde später der US-amerikanische Jesuitenpater Chuck Gallagher angeregt, der die weltweite Bewegung des Marriage Encounter ins Leben gerufen hat. Bei den Begegnungen der Ehepaare dieser Bewegung geht es darum, die eigene Lebensgeschichte und die Inhalte des christlichen Glaubens besser zu verstehen. Diese Paare wollen ihre Beziehung zu Jesus Christus vertiefen, aber auch ihre Partnerbeziehung verbessern. Hier verbindet sich die Beziehungsarbeit mit der Glaubensverkündigung auf besonders enge Weise.

In den 1970er Jahren kam diese Bewegung von den USA zurück nach Europa und wurde von Kardinal Joseph Suenens gefördert. Heute ist sie in 88 Ländern verbreitet und zählt über 30.000 Mitglieder, ca. 350 Priester arbeiten darin mit. Die regelmäßigen Gesprächstreffen dienen dem Austausch von Lebenserfahrung, dem Erkennen und Lösen von Problemen in der Ehe und Familie, persönlichen und sozialen Lernprozessen, aber auch der Vertiefung des christlichen Glaubens im Blick auf Jesus Christus. Zu den Treffen werden auch Priester und Ordensleute eingeladen, die ihre persönlichen Erfahrungen einbringen können. So entsteht eine Atmosphäre wechselseitigen Verstehens und Helfens.

Die Gruppen pflegen das gemeinsame Gebet, die Meditation über Geheimnisse des Glaubens, die Lesung der Bibel und das offene Gespräch über Glaubensfragen. Die Bewegung ist als gemeinnütziger Verein organisiert und finanziert ihre sozialen Projekte durch Spenden von Mitgliedern und Sympathisanten. Alle Mitarbeiter sind ehrenamtlich tätig, viele von ihnen sind therapeutisch ausgebildet und arbeiten auch in Heilberufen. So will die Bewegung zur Vertiefung des Familienlebens und zur Stabilisierung der Ehen im Geist Jesu Christi beitragen. Hier verbinden sich therapeutische Elemente mit Impulsen der Glaubensverkündigung.[18]

Missionarische Heilig-Geist-Gemeinschaft

Die Missionarische Heilig-Geist-Gemeinschaft (MHGG) ist spirituell und institutionell eng mit den Steyler Ordensgemeinschaften verbunden. Die Mitglieder sind Laienchristen, die sich der Führung des göttlichen Geistes anvertrauen und die durch ihr Glaubenszeugnis zur Verbreitung des Reiches Gottes beitragen wollen. Sie kommen zu regelmäßigen Gebetstreffen, Bibellesungen und Glaubensgesprächen zusammen. Dabei wissen sie sich mit der großen Familie der Steyler Missionare und Missionsschwestern verbunden, deren soziale Projekte sie tatkräftig unterstützen. Sie sind überzeugt, dass viele Nöte der Menschen durch das Wirken des göttlichen Geistes und durch einen demütigen Glauben gemindert werden können, denn wenn Christen ein offenes Herz für die Nöte und Leiden konkreter Mitmenschen der Umgebung haben, dann verändert sich eine ungerechte Lebenswelt in kleinen Schritten. Die Mitglieder dieser Gemeinschaften beschäftigen sich auch mit anderen Religionen und Kulturen, überall dort, wo sie als Missionare tätig sind. Sie kümmern sich um Notleidende in ihrer Umgebung, sammeln aber auch Spenden für Projekte in der Dritten Welt. Mit ihrer Arbeit ringen sie um den Frieden in der Welt und in den Familien. Sie engagieren sich für die Bewahrung der Schöpfung. Sie wollen offen sein für das Wort Gottes und das Wirken des göttlichen Geistes auch in einer religionsskeptischen Lebenswelt.[19]

Oase des Friedens

Diese Gemeinschaft ist aus den Pilgern und Freunden des Wallfahrtsortes Medjugorje in der Herzegowina entstanden. An diesem Ort erschien nach ihrer Überzeugung seit 1981 die Gottesmutter Maria regelmäßig einigen Kindern und jungen Menschen. Sie fordert dort die Wallfahrer regelmäßig zur Umkehr vom sündhaften Leben und zum Gebet auf. Seit dieser Zeit pilgern viele Menschen aus aller Welt zu diesem Ort, einige von ihnen haben sich organisiert und eine besondere Art der Marienverehrung entfaltet. Sie treffen sich an ihren Wohnorten zum Gebet, zur Meditation und zum Glaubensgespräch. Sie wollen die Botschaft der Gottesmutter in ihr Leben übersetzen und vor allem die moralischen Zielwerte der Bergpredigt Jesu verwirklichen.

Die Freunde von Medjugorje haben sich an vielen Orten zu Gruppen mit dem Namen »Oasen für den Frieden« zusammengeschlossen. Sie wollen durch konkrete Aktionen, aber auch durch Gebet und Fasten, zur Herstellung und Erhaltung des Friedens in Bosnien-Herzegowina beitragen. Aber sie mühen sich auch um den Frieden in anderen Regionen der Welt, vor allem leisten sie aktive Versöhnungsarbeit in ihrer je eigenen Umwelt. Die Gemeinschaft setzt sich aus Klerikern, Ordensleuten und Laienchristen zusammen, die alle die Botschaften der Gottesmutter in unserer Zeit verständlich machen wollen. Es ist im Grunde die Botschaft Jesu von der Versöhnung mit den Feinden und vom Reich Gottes.

Regnum Christi

Diese internationale Apostolatsbewegung wurde 1959 von Pater Marcial Maciel gegründet, um die kirchliche Glaubensverkündigung durch Laienchristen wirkungsvoll zu unterstützen. Hier stellen sich Frauen und Männer in den Dienst des Evangeliums, indem sie ihren Glauben bewusst und missionarisch zu leben versuchen. Sie schauen dabei auf Jesus Christus, der ihr Leben prägen soll. Sie ringen um die Nachfolge in der Form der gelebten Nächstenliebe. Auch sie bilden Gruppen und treffen sich regelmäßig zum Gebet, zur Bibellesung, zur Meditation und zum geistlichen Austausch. Sie fassen täglich konkrete Vorsätze, die sie verwirklichen wollen. Die Laienchristen werden von Priestern spirituell begleitet, gemeinsam wollen sie dazu beitragen, dem Evangelium Jesu näher zu kommen und die Zielvorgaben der Bergpredigt in Ansätzen zu verwirklichen. Ihr Name besagt, dass sie mit ihrem Leben ganz der Vermehrung des »Reiches Gottes« (*regnum Christi*) dienen wollen.

Salesianische Familie

Diese Familie von Laienchristen geht auf Anregungen des Ordensgründers Johannes Don Bosco zurück, der im Jahr 1876 eine Vereinigung der Salesianischen Mitarbeiter gegründet hat. Diese Vereinigung hat sich in viele Gruppen verzweigt, heute bestehen weltweit 24 verschiedene Gemeinschaften, welche die Salesianische Familie bilden. Diese Laienchristen unterstützen die Arbeit der Kleriker und Ordensschwestern, sie engagieren sich in der Kindererziehung und in der Jugendarbeit. Viele von ihnen arbeiten in der Ausbildung der Jugend, andere widmen sich der Familienarbeit. Sie wollen in der Spiritualität des Gründers zu einer besseren Welt beitragen.

Je nach ihren Begabungen und Fähigkeiten bemühen sich die Mitarbeiter um die Vertiefung ihres Glaubens und um ein verstehbares Glaubenszeugnis in der Welt der Arbeit. Sie wollen in der Nachfolge Jesu leben, so gut sie können, und den jungen Menschen ein Vorbild des Glaubens sein. Sie leben in der Überzeugung, dass alle Menschen einen kleinen Beitrag zu mehr Nächstenhilfe und Nächstenliebe leisten können, wenn sie nur wollen. Das Evangelium Jesu lädt alle Menschen dazu ein, in jeder Lebenssituation etwas mehr an Gerechtigkeit, Barmherzigkeit und Versöhnung zu verwirklichen. Da die Regeln der Bergpredigt ihre Aktualität in jeder Zeit und Lebenssituation behalten, gilt es auch heute, sie kleinen Gruppen zu verwirklichen.

Die Gemeinschaften der Salesianischen Familie wissen sich getragen von der Kraft des Gebetes, vom Wort Gottes und von der Feier der Eucharistie. Sie blicken auf Johannes Don Bosco, der ihnen einen fröhlichen und heiteren Glauben vorgelebt hat.

Schönstatt-Bewegung

Diese Erneuerungsbewegung des christlichen Glaubens wurde 1914 von Pater Josef Kentenich in Schönstatt bei Vallendar am Rhein gegründet. Sie umfasst Laienchristen und Kleriker und ist geprägt vom starken Glauben an die Führung Gottes im täglichen Leben. Aus dieser Spiritualität des Gründers sind 25 verschiedene Gruppierungen entstanden, die sich alle in der

Schönstatt-Familie verbunden wissen. Es sind Gruppen für Jugendliche und Erwachsene, für Frauen und Männer, für Familien und Singles, für Laienchristen und Priester. Sie alle leben in einer besonderen Beziehung zur Gottesmutter Maria, mit der sie ein Liebesbündnis schließen.

Heute ist die Schönstatt-Bewegung auf allen Erdteilen verbreitet, sie will zur Vertiefung des christlichen Glaubens beitragen. Der Glaube an die Gegenwart Gottes im alltäglichen Leben prägt ihre Frömmigkeit. »Jesus und seine Mutter Maria fordern von uns Christen jeden Tag Taten der Nächstenliebe« ist einer ihrer Wahlsprüche. Die alltägliche Arbeit in allen Berufen soll durch das Gebet geheiligt werden, dann werden die Christen zu Zeugen des Evangeliums Jesu. Die Mitglieder wissen sich von Maria geschützt und begleitet und von ihr zu Aposteln des Glaubens geformt. Jeder Einzelne soll seine persönliche Berufung entfalten können.

In der Schönstatt-Familie sind Säkularinstitute und Kerngemeinschaften des religiösen Lebens zusammengeschlossen. Die Mitglieder leben ohne formelle Gelübde, doch sie folgen zumeist den evangelischen Räten. Sie wissen sich zur Weitergabe des Glaubens verpflichtet, das Evangelium Jesu soll auch in modernen Lebenswelten neu Wurzeln schlagen können. Heute gibt es 175 Schönstatt-Zentren in 80 Ländern der Welt. Von dieser Bewegung geht eine intensive spirituelle Ausstrahlung aus.[20]

Um Gottes Willen

Die spirituelle Gemeinschaft »Um Gottes Willen« umschließt Laienchristen verschiedener Lebensalter und Konfessionen. Zu ihr gehören Familien mit Kindern sowie Singles, Berufstätige und Jugendliche, Schüler und Studenten. Ihre Mitglieder sind vor allem in der Jugendarbeit tätig und organisieren Jugendfreizeiten. Wichtig ist das wöchentliche Treffen zum Gebet und zum Gottesdienst im Kloster St. Gabriel in Mödling bei Wien. Beim gemeinsamen Feiern fühlen sich die Jugendlichen bei Gott und in der Gemeinschaft geborgen und laden ihre Freunde zu Gebetskreisen ein.

Die Gruppe ist ökumenisch tätig, sie will katholische und evangelische Christen miteinander verbinden. Die Mitglieder arbeiten in ihren eigenen Kirchen mit, treffen sich aber darüber hinaus überkonfessionell zu Gebet und Gottesdienst. Alle zwei Wochen finden Gebetskreise in Kleingruppen statt, wo jeder Teilnehmer über seine persönlichen Probleme und Nöte offen sprechen kann. Diese jungen Menschen holen sich innere Kraft aus ihrer Beziehung zu Gott und zu einander, sie orientieren ihr Leben an den Lehren der Bibel. Sie veranstalten Nachtgebete, Wallfahrten oder 24–Stunden-Gebete. »Um Gottes Willen« wächst dank seiner Offenheit für Außenstehende sehr schnell, befindet sich aber weiterhin in der Aufbauphase.

Umkehr zum Herrn

Auch diese spirituelle Gemeinschaft ist ökumenisch ausgerichtet und versammelt katholische und evangelische Christen in ihren Reihen. Sie ist um 1977 aus der Charismatischen Bewegung hervorgegangen, junge Menschen schlossen damals mit Gott einen »Bund« und bauten gleichzeitig Gemeinschaften auf. Sie wollen ihr Leben unter die Führung Gottes und die Kraft des göttlichen Geistes stellen. Seit sie den Ruf Jesu zur moralischen Umkehr gehört und angenommen haben, nehmen sie an den Zielvorstellungen des Evangeliums ihr Maß für die Lebensgestaltung. In diesen Gemeinschaften arbeiten auch freikirchliche Gruppen mit.

Inzwischen sind die meisten Jugendlichen verheiratet und haben Familien mit Kindern. Man unterstützt sich gegenseitig bei der Betreuung und Erziehung der Kinder. Die Mitglieder von »Umkehr zum Herrn« bilden Wohngemeinschaften, in denen Familien und Singles zusammenleben und sich die Aufgaben teilen. Wichtig ist ihnen die Nachbarschaftshilfe, sie unterstützen auch Familien in wirtschaftlichen Notlagen. Bewusst wollen sie als Jünger Jesu leben und die Grundsätze der Bergpredigt verwirklichen. Sie vernetzen sich mit spirituellen Gruppen in ganz Europa, mit dem Netzwerk geistlicher Gruppen, mit der Plattform Versöhnung und der Evangelischen Allianz.

Diese Gemeinschaft hat ein Leitungsteam von zehn Personen, das demokratisch für fünf Jahre gewählt wird. Die Mitglieder und Sympathisanten treffen sich alle zwei Wochen zu Gebetskreisen, meist am Sonntagnachmittag, dabei wird die Betreuung der Kinder organisiert. Sie feiern gemeinsam Wortgottesdienste, da eine ökumenische Mahlfeier ihnen von der Kirchenleitung verwehrt ist. Ungefähr zehn Prozent ihres Einkommens zahlen sie für soziale Projekte und für gemeinsame Aktivitäten, mit denen sie viele Mitmenschen zum Weg des Evangeliums einladen. Sie wollen als überzeugte und begeisterte Christen leben und damit in kleinen Schritten zum Aufbau des Reiches Gottes beitragen.[21]

Zur Bedeutung der aktuellen Bewegungen

Alle diese und viele andere geistliche Bewegungen versuchen, den christlichen Glauben zu leben und in der modernen und postmodernen Welt zu bezeugen. Die Lebensformen und die Methoden weisen wohl Unterschiede auf, doch die Grundintentionen sind überall dieselben. Es sind vor allem die Zielvorgaben der Bergpredigt, die aus der Kraft des Glaubens verwirklicht werden sollen. Im Blick auf Jesus Christus sollen Nächstenhilfe und Nächstenliebe nachhaltig geleistet werden. Dadurch – so lautet die Hoffnung – wächst in kleinen Schritten das von Jesus als schon angebrochen verkündigte Reich Gottes unter modernen Bedingungen. Diese Bewegungen sind weltweit die Keim- bzw. Frischzellen der katholischen Kirche. Vom Absterben der Religion kann hier keine Rede sein.

10. Ausblick: Zur Situation der Orden heute

Die Klöster und Orden haben fast über 1500 Jahre das kirchliche und weltliche Leben maßgeblich mitgeformt. Sie haben im Mittelalter einen wesentlichen Beitrag zur Missionierung und Christianisierung Europas und in Neuzeit und Moderne auf anderen Kontinenten geleistet. Darüber hinaus haben sie die europäische Kultur in zahlreichen Bereichen wie der Wissenschaft und Bildung, der Kunst und Musik, aber auch des Handwerks, der Landwirtschaft und des Handels über lange Zeit wesentlich mitgeprägt. Die Klöster waren und sind bis heute deutliche Zeichen und Zentren des christlichen Glaubens. Die meisten Orden und geistlichen Gemeinschaften haben in ihrer langen Geschichte auch überaus wichtige soziale Aufgaben erfüllt, ob in der Krankenpflege, bei der Erziehung von Kindern und Jugendlichen oder der Betreuung von alten Menschen, ob in der Seelsorge oder in der Glaubensverkündigung.

Ohne Zweifel gibt es auch in der modernen Lebenswelt mit ihrem wirtschaftlichen Druck und ihren sozialen Defiziten nach wie vor viele Aufgaben für Ordenschristen. Die moderne Gesellschaft erzeugt sogar weit mehr Arbeitsfelder, als die Ordenschristen je abdecken könnten. Diese bestehen auch in der Seelsorge am Einzelnen, gerade in Grenzsituationen, die in der heutigen kapitalistischen Leistungsgesellschaft immer häufiger werden. Dazu kommen schließlich auch die spirituellen Aufgaben des stellvertretenden Gebets und der Meditation, denen alle Orden von jeher nachkommen, ausschließlich sogar die beschaulichen oder kontemplativen Gemeinschaften.

Dass Orden und Klöster auch und gerade heute wichtige Aufgaben erfüllen, ist also nicht von der Hand zu weisen. Sie leisten unverzichtbare religiöse und soziale Arbeit, sind als Inseln der Spiritualität und Orte des sozialen Engagements in überaus vielen, auch veränderten und sich verändernden Aufgabenfeldern aus der modernen oder postmodernen Gesellschaft nicht wegzudenken.

Nachwuchssorgen und kultureller Wandel

Doch diese vielfältigen Aufgaben sind von den Orden gegenwärtig kaum mehr zu leisten, denn in Europa hat die Zahl der Ordensmitglieder in den letzten Jahrzehnten deutlich, ja drastisch abgenommen. Angesichts des eklatanten Mitgliederrückgangs steht die Zukunft der Orden in Europa geradezu auf dem Spiel: Es wächst viel zu wenig Nachwuchs heran und ganze Kloster- und Ordensgemeinschaften stehen angesichts dessen vor dem Aus. Mancher Abt und manche Äbtissin, mancher Vorsteher und manche Vorsteherin einer geistlichen Gemeinschaft sieht seine bzw. ihre Hauptaufgabe inzwischen schon nicht mehr in der Leitung des Konvents, sondern in der Sterbebegleitung, nota bene der Begleitung des Sterbens der von ihm oder ihr geführten Gemeinschaft. Zwar sind keineswegs alle Orden und Gemeinschaften von dieser Entwicklung betroffen – gerade einige kontemplative, also beschauliche Orden wie die Karmeliten und Karmelitinnen erleben aufgrund ihres Gegenmodells zum aktuellen gesellschaftlichen Leben durchaus einen beachtlichen Zulauf –, trotzdem sehen die Prognosen für die Orden überaus düster aus. Und realistisch betrachtet, zeichnet sich hier in naher Zukunft auch kein Umschwung ab, denn diese Entwicklung steht im Zusammenhang mit einem tief greifenden kulturellen Wandel, der auch auf Klöster und Orden seine Auswirkungen hat.

Dieser Prozess wurde von anthropologischen Überzeugungen begünstigt, die seit der Aufklärung, vor allem nach dem Zweiten Weltkrieg in einem besonders starken Schub, immer größere gesellschaftliche Akzeptanz erhalten haben und sich mit den Stichworten Individualismus und Menschenwürde verbinden. Der mit den allgemeinen Menschenrechten und -pflichten verbundene Trend zur individuellen Selbstverwirklichung ist für Ordensberufungen alles andere als günstig. Menschen, die sich ein Leben lang an die drei Evangelischen Räte binden und damit ihre grundsätzlichen Lebensmöglichkeiten einzuschränken bereit sind, sind rar geworden, zumal sie unter Rechtfertigungsdruck kommen, da sie doch nach einem antiken Modell leben, das noch keineswegs Ausdruck der allgemeinen Menschenrechte war. Warum Keuschheit leben, wo man sich sexuell selbst bestimmen kann, wozu Gehorsam, noch dazu unbedingten – vom Kadavergehorsam ganz zu schweigen –, wo man doch gelernt hat, mit Traditionen im Allgemeinen sowie Vorgaben und Meinungen Dritter im Speziellen kritisch umzugehen? Wozu Armut, wo einem doch, zumal als einem Jugendlichen, die ganze Welt offen steht und Leistung auch so belohnt werden sollte, dass man sich etwas leisten kann?

Dass die schwindende Akzeptanz von Religion, die ihren Ausgang ebenfalls in der Aufklärung nahm, die Basis für Ordensberufungen schmälert, ist schließlich auch nicht von der Hand zu weisen. »Orden? – Nein, danke! Das ist doch alles antiquiert.«

Die Basics der klassischen Orden

Die meisten der Orden und geistigen Gemeinschaften sind in der Tat von einem Lebensmodell bestimmt, das in Antike und Mittelalter entwickelt wurde und nur bis in die Vormoderne gesellschaftlich allgemein akzeptiert war. Dieses Lebensmodell setzt gerade nicht auf individuelle Selbstverwirklichung, sondern auf das Leben »für« – Leben für Gott, Leben im Einsatz für die Mitmenschen, Leben für den »Himmel«, ein stellvertretendes, Zeugnis gebendes, gleichsam »außerhalb der Welt« als auf die von Gott her kommende zukünftige Welt hinweisendes Leben, oder Leben im Sinne aller drei Möglichkeiten.

Dieses Leben »für« setzt die Entscheidung voraus, die eigene Freiheit zur Selbstbestimmung und -verwirklichung in mehrfacher Hinsicht einzuschränken. »Für das Himmelreich, für Gott und für die Menschen leben« erfordert Verzicht auf andere Möglichkeiten der Lebensgestaltung und Selbstverwirklichung.

Dieser von den Ordensregeln her auferlegte Verzicht artikuliert sich in den so genannten Evangelischen Räten. Der Mönch und die Nonne verspricht persönliche Armut, Ehelosigkeit und Gehorsam. Mit dem Verzicht auf persönliches Eigentum macht sich das Ordensmitglied frei von den aus Besitz resultierenden Zwängen und solidarisiert sich damit aus freiem Entschluss mit den Armen und Elenden. Mit dem Verzicht auf Ehe macht sich das Ordensmitglied frei für Gott, lebt ein Stück jenseits dieser Welt und ihrer Gesetzmäßigkeiten und ist damit frei, die Beziehung zu Gott selbst in die Mitte seines Lebens zu stellen. Mit dem Verzicht auf die Autonomie in allen Entscheidungen gibt sich das Ordensmitglied vertrauensvoll in die Hand seiner Ordensgemeinschaft. Sie tritt für ihn oder sie an die Stelle der Familie, und er oder sie fügt sich in diese Familie als ein Glied in Vertrauen und Gehorsam ein.

Dieses Leben »für« ist unter den in Europa gegenwärtig propagierten und herrschenden anthropologischen Werteinstellungen zu einem Rand- oder Außenseitermodell geworden und dementsprechend ist eine Entscheidung für das Ordensleben nicht mehr so einfach oder normal, wie sie es ehemals war. Wie kann nun dieser veränderten Situation Rechnung getragen werden? Drängen die »Zeichen der Zeit« zu einer tief greifenden

Veränderung des Ordenslebens und der Regeln wie Strukturen des monastischen Zusammenlebens oder gilt es auch und gerade heute, »Zeichen gegen die Zeit« zu setzen und die alten Ideale des Mönchtums als Gegenmodell zu heutigen Lebensentwürfen und geläufigen anthropologischen Vorstellungen ursprünglich und authentisch zu leben?

Bedingungen für Ordensberufungen

Egal, wie man sich in dieser Frage entscheiden mag, eine wesentliche Aufgabe für die heutigen Orden besteht auf jeden Fall darin, ihre Nachwuchsprobleme wahrzunehmen und wenn möglich zu lösen. Dafür ist es nötig zu fragen, wie unter den gewandelten Umständen Bedingungen geschaffen werden können, die auch heute Ordensberufungen in hinreichender Zahl ermöglichen. Was dieses Problemfeld betrifft, ist in den Orden in den vergangenen Jahrzehnten schon viel geschehen.

Was drängt einen Menschen zur monastischen Lebensform? Was sind die Bedingungen dafür, dass die Mitgliederzahlen der Klöster wieder ansteigen, und welche Veränderungen können von Seiten der Orden vollzogen werden? – Es müssen wohl mehrere Bedingungen erfüllt sein, damit sich Menschen in ihren je eigenen Lebenssituationen wieder vermehrt dem Ordensberuf zuwenden. Nimmt man bei einer herkömmlichen individuellen religiösen Sozialisation seinen Ausgangspunkt, kann Folgendes gelten: Zuerst muss beim Einzelnen eine feste und auf Entwicklung ausgelegte Basis des christlichen Glaubens gelegt sein. Um sein Leben nach den Evangelischen Räten auszurichten, bedarf es darüber hinaus auch einer starken emotionalen Bindung, und gerade bei jüngeren Menschen auch der Begeisterung für die Botschaft Jesu und das Leben nach dem Ethos der Bergpredigt. Was die Wahl einer Ordensgemeinschaft betrifft, müssen für den Interessenten klare berufliche und menschliche Aufgaben erkennbar sein, für die es sich lohnt, sein Leben einzusetzen oder hinzugeben. Und schließlich sind die persönliche Reife des Einzelnen und Bindungsfähigkeit an eine Gemeinschaft eine wesentliche Voraussetzung für das Ja zum Ordensleben.

Im Blick auf die gesellschaftliche Realität zeigt sich hier bereits auf den ersten Blick, wo das fundamentale Problem liegt, nämlich gleich am Anfang. Schon die erforderliche Basis für die Ermöglichung von Ordensberufungen wird immer seltener gelegt, nachdem die Familie als primärer Ort des Glaubenslernens dieser Aufgabe kaum mehr nachkommt und jeglicher Religionsunterricht als Glaubensschule ohne diese Grundlage versagen muss. Wo der Glaube nicht mehr eingewurzelt ist, wird der Ruf Gottes aber für immer weniger Menschen hörbar. Es stimmt schon: Je kleiner die Menge, aus der die Auswahl getroffen werden kann, um so kleiner die ausgewählte Menge.

Auf einer allgemein kommunikativen und zwischenmenschlichen Ebene betrachtet, sind die gelebten Vorbilder von wesentlicher Bedeutung für das Wachsen von Ordensberufungen: Ob sich jüngere und ältere Menschen zum Ordensleben eingeladen fühlen, hängt essentiell von Persönlichkeiten mit Vorbildfunktion ab. Wo starke Persönlichkeiten mit geistlicher und menschlicher Ausstrahlung wirken, da fehlt es vielfach auch nicht an Interessenten für das Ordensleben. Hier können die Orden eigentlich mit einem großen Pfund wuchern, finden sich doch in ihren Reihen viele charismatische Persönlichkeiten, die gerade in einer Domäne der Ordensaufgaben, der Jugendarbeit, ihre Schützlinge beeindrucken und so zur Nachahmung ihres Lebens einladen können.

Um eine Atmosphäre für Berufungen zu schaffen, haben die Orden schon längst entsprechende Maßnahmen getroffen. Viele Klöster öffnen ihre Pforten, laden zu Tagen der offenen Tür oder zum Urlaub im Kloster ein und bieten Außenstehenden, auch dezidiert Interessenten, die Möglichkeit, »Kloster auf Zeit« zu erleben. Im Mitleben und Erleben klösterlichen Lebens kann das Interesse daran geweckt werden und bei Einzelnen auch das Bewusstsein der persönlichen Berufung heranwachsen. »Warum eigentlich nicht ich?«, »Bin ich von Gott zu einem solchen Leben berufen?«, »Ist das die Gemeinschaft, in der ich mein ganzes Leben verbringen will?« – Solche Fragen stellen sich aufgrund des Erlebens konkreter Konvente viel eher als durch die Lektüre von einschlägigen Werbeschriften.

»Unter der Asche ein heimliches Feuer«

Doch alles auf eine Mitgliederwerbung zu setzen, wäre auch der falsche Weg. Für viele Ordensleute ist das nicht einmal der wichtigste Aspekt in der Situation des klösterlichen Nachwuchsmangels in Europa wie in den Vereinigten Staaten. Natürlich ist es für viele Ordenschristen bedrückend, mit ansehen zu müssen, dass nur mehr wenige junge Menschen ihre Berufung im Ordensleben entdecken und ihre Konvente dadurch überaltern und zu sterben beginnen. Doch die Hoffnung stirbt bekanntlich zuletzt. Viele Mönche und Nonnen sind der Überzeugung, dass es Gott selbst ist, der durch seinen Sohn Jesus Christus Menschen zum Ordensleben beruft. Deswegen vertrauen sie darauf, dass die Berufungen einmal wieder zahlreicher werden. Gott wird Arbeiter in seinen Weinberg schicken, wenn er es will. Immer wieder hat es in der Geschichte der Kirche und der Orden Auf- und Abwärtsbewegungen gegeben. Warum sollte nicht in der Zukunft eine neue Hinwendung zu Ordensberufen möglich sein?

Wenn dies zurzeit nicht der Fall ist, gilt es nicht, »auf Teufel komm raus« Mitglieder zu akquirieren, vielmehr muss es darum gehen, diese Situation anzunehmen und sie zum Anlass zu nehmen, den eigenen Weg zu reflektieren und die Spiritualität des Ordenslebens zu bedenken. In dieser Weise hat schon vor einigen Jahren die Benediktinerin Joan Chittister in ihrem Buch »Unter der Asche ein heimliches Feuer« wesentliche Fragen zum Ordensleben heute gestellt. Dass ihre Anregungen kontrovers diskutiert werden, zeigt, dass sie Wesentliches angestoßen hat. Chittister stellt im abschließenden Kapitel ihres Buches unter der Überschrift »Höchste Zeit, ein neues Volk zu werden« sieben zentrale Fragen zur monastischen Lebensform und Spiritualität, die ihres Erachtens dafür entscheidend sind, ob es eine Zukunft der Orden überhaupt noch geben wird. Auf dem Hintergrund der aktuellen Problemlagen diagnostiziert sie einleitend einen Werteverlust im Blick auf die Evangelischen Räte: »Wir haben gerade die Gelübde, die uns befreien sollten, in institutionelle Annehmlichkeiten verdreht, die uns nun ihrerseits mit Blick auf Wirtschaftsnormen, steril gemachte Gesellschaftsschichten und patriarchale Systeme versklaven, für die wir laut eigener Aussagen Zeichen des Widerspruchs sein sollen.«[1] Wie kann man über den Symbolwert von Armut hinter Sicherheit und Schutz gewährleistenden Klostermauern reden, wo um die Klöster herum die Welt hungert? Ist die Keuschheit noch ein Wert, da sie die Ordenschristen einerseits nicht inspiriert, andererseits aber isoliert? Und was soll ein Gehorsam, der letztlich nur zur Anpassung an bestehende gesellschaftliche und institutionelle Verhältnisse führt?

Chittisters eigentliche Fragen sind die 1. nach der Lebensfähigkeit innerhalb der Orden (Bieten die Orden überhaupt eine Lebensform, die heute noch lebbar ist?), 2. nach dem Wert des Ordenslebens (»Warum soll man nicht in einen Orden eintreten?«), 3. nach dem Verhältnis zur Institution Kirche (Warum entfalten die Orden gegenwärtig gegenüber der Institution Kirche nicht das in der Geschichte immer wieder verwirklichte erneuernde Potenzial?), 4. nach dem Feminismus (Gilt es nicht auch für Männer, die Frauenfrage im Sinne einer neuen Weltsicht zu lernen, weil dadurch andere wesentliche Werte und Einsichten die herrschenden patriarchalen ergänzen oder ganz ersetzen können?), 5. nach neuen Diensten (Welche neuen Aufgaben können, sollen und müssen sich die Orden stellen?), 6. nach der Spiritualität der Orden als der gewichtigsten aller Fragen (Aus welchen Wurzeln leben wir eigentlich unsere Lebensform?) und schließlich 7. die Frage nach dem Verhältnis von alten und neuen Werten (Was gilt es zu bewahren, von welchen Einstellungen muss man sich verabschieden?). Die Auseinandersetzung mit diesen sieben Fragen soll der Richtungsweisung auch für die künftige Ausbildung der Ordensleute dienen: Wozu und zu welchem Zweck sollen sie ausgebildet werden? – Joan Chittister tritt entschieden für das prophetische Charisma der Orden ein. Wer weiß, ob bei der Realisierung dieser Gnadengaben nicht das Feuer, das unter der Asche des heutigen Ordenslebens unsichtbar, aber vielleicht doch noch als Glut besteht, wieder entfacht wird?

Neue Wege des geistlichen Zusammenlebens

In der aktuellen Situation des Sterbens der Orden rücken diese enger zusammen. Durch Konzentration, Reduzierung der bestehenden Gemeinschaften oder deren Zusammenlegung und Kooperation wird der Vereinzelung der Ordensleute entgegengearbeitet. Man kann über diese und weitere Kriseninterventionen hinaus natürlich auch nach völlig neuen Wegen des geistlichen Zusammenlebens Ausschau halten. Man kann dies fragend tun, z. B. im Blick auf das Keuschheitsgelübde: Hängt dessen Formung nicht ursprünglich auch mit einer Leibfeindlichkeit zusammen, welche die Askese als hohen Wert christlicher Existenz zum Ausdruck brachte? Ist Ehelosigkeit als Grundvoraussetzung für Ordensexistenz wirklich nötig, könnte es nicht auch denkbar sein, dass diese in den Orden zwar angezielt und gelebt wird, aber nicht lebenslänglich, sondern solange diese Lebensform eben trägt, so dass dem Einzelnen immer noch die Möglichkeit bliebe, sein Ja zur Keuschheit zu revidieren und trotzdem Teil der Gemeinschaft zu bleiben?

Man kann dies aber auch auf empirischer Grundlage tun: In dieser Hinsicht hat sich in den vergangenen Jahrzehnten ebenfalls schon Einiges bewegt, man denke nur an die zahlreichen Movimenti, die teilweise Alternativen zu den klassischen Orden entwickelt haben und in denen auch schon neue Formen des geistlichen Zusammenlebens gleichsam experimentell erprobt werden. In manchen dieser Bewegungen leben und arbeiten schon heute Mönche, Nonnen und Laienchristen, Familien wie Singles zusammen, ohne dass Letztere durch irgendwelche Gelübde gebunden wären. Wenn und solange die Lebensform ihnen entgegen kommt und für sie sinnvoll ist, wird sie gelebt. Wenn es aber nicht mehr stimmig ist, dann kann man die Gemeinschaft auch wieder verlassen. Auch die so genannten Evangelischen Räte werden hier nicht jedem Mitglied auferlegt, die Gehorsamspflicht ist sogar generell aufgehoben. Statt den Vorstehern unbedingten Gehorsam zu leisten, werden die für die Gemeinschaft wesentlichen Entscheidungen im Grunde demokratisch getroffen. Unterordnung ist natürlich auch hier unverzichtbar, aber das gilt für jede menschliche Beziehung und hat mit dem Gelübde des Gehorsams dem Oberen gegenüber in seiner strengen Form noch rein gar nichts zu tun. Vieles ist in dieser Hinsicht denkbar.

Solche Ansätze zur Wiederbelebung der Orden auf anderer Ebene könnten auf längere Sicht verhindern, dass die Klöster geschlossen oder zweckentfremdet genutzt werden müssen.

Warum nicht ein alternatives, von Spiritualität geprägtes Zusammenleben von Mönchen, Nonnen, Familien und Singles in den großen und heute bereits vielfach leer stehenden Klostergebäuden? Warum sollten dort nicht Menschen mit unterschiedlicher Lebensgestaltung zusammen beten und feiern, gemeinsam soziale und religiöse Aufgaben und Dienste übernehmen? – Die Klöster blieben so Orte geistlichen Lebens, Orte auch des sozialen und persönlichen Lernens, von dem viele nach Sinn suchende Zeitgenossen profitieren könnten,[2] und dies in einer Vielfältigkeit und Flexibilität des Glaubenslebens, das in der Spiritualität der Orden wurzelt und sich daraus speist, aber in ihnen selbst gegenwärtig noch kein Gegenstück hat.

Anhang

Männerorden in deutschsprachigen Ländern

Augustiner Chorherren: Weilheim, St. Florian (A), Reichersberg (A), Klosterneuburg (A), Herzogenburg (A), Neustift/Brixen (I), Vorau (A), Martingny (CH), Econe (CH), Montfleury (CH).

Benediktiner:

- a) Bayerische Kongregation: St. Stefan, Augsburg; Stift Ettal; Abtei Metten; St. Bonifaz, München; St. Mauritius, Niederaltaich; Ottobeuren; Plankstetten; Braunau in Rohr; Schäftlarn; Scheyern; Weltenburg.
- b) Beuronen Kongregation: St. Martin, Beuron; St. Josef, Gerleve; Grüssau in Bad Wimpfen; Maria Laach; St. Ulrich und Afra in Neresheim; St. Bartholomäus in Neuburg; St. Ansgar in Nütschau; St. Mauritius in Trier; St. Martin in Weingarten;.Seckau (A).
- c) Kongregation St. Ottilien: Königsmünster in Meschede; Münsterschwarzach; St. Ottilien; Schweiklberg.
- d) Kongregation der Verkündigung: St. Matthias in Trier; Huysburg bei Halberstadt.
- e) Sublazenzer Kongregation: Kornelimünster in Aachen; Michaelsberg in Siegburg.
- f) Österreichische Kongregation: Admont; St. Lambrecht; St. Paul; Schottenstift Wien; Seitenstetten; Kremsmünster, Lambach; Göttweig u. a.

Claretiner: Würzburg.

Comboni-Missionare: Ellwangen/Jagst; Messendorf bei Graz (A)

Deutscher Orden: Frankfurt; Wien (A).

Dominikaner:

- a) Provinz Teutonia: Köln; Düsseldorf u. a.
- b) Oberdeutsch-Österreichische Provinz: Augsburg, München, Wien (A), Graz (A), Friesach (A).

Eucharistiner: Retzstadt.

Franziskaner:

- a) Bayerische Provinz: München.
- b) Kölnische Provinz: Düsseldorf.
- c) Sächsische Provinz: Werl.
- d) Thüringische Provinz: Fulda.
- e) Österreichische Provinz: Wien (A), Graz (A).
- f) Tiroler Provinz: Innsbruch (A) u. a.

Franziskaner-Minoriten: Würzburg; Wien (A), Graz (A).

Franziskaner Dritter Orden: Gaggenau.

Gemeinschaft von den Engeln: Kloster Banz.

Herz Jesu Priester: Bonn.

Jesuiten:
- a) Niederdeutsche Provinz: Köln.
- b) Oberdeutsche Provinz: München.
- c) Österreichische Provinz: Wien, Innsbruck.

Kamillianer: Essen
Kapuziner:
- a) Bayerische Provinz: München.
- b) Rheinisch-Westfälische Provinz: Koblenz.

Karmeliten:
- a) Oberdeutsche Provinz: Bamberg.
- b) Niederdeutsche Provinz: Essen.
- c) Österreichische Provinz: Wien, Graz.
- d) Unbeschuhte Karmeliten: München.

Kartäuser: Bad Wurzach, Engelhartszell (A).
Kreuzherren: Bonn.
Lazaristen: Wien (A), Graz (A).
Legionäre Christi: Bad Münstereifel.
Marianisten: Fulda.
Marianhiller Missionare: Würzburg.
Maristen Patres: Fürstenzell.
Mill-Hill-Missionare: Münster.
Missionare vom Hl. Herzen Jesu:
- a) Norddeutsche Provinz: Münster.
- b) Oberdeutsche Provinz: Freilassing.

Missionare vom Hl. Johannes dem Täufer: Leutesdorf.
Missionare vom kostbaren Blut: Traunstein.
Missionare von der Hl. Familie: Düren.
Monfortaner: Bonn.
Oblaten der Makellosen Jungfrau Maria: Mainz.
Oblaten des Hl. Franz von Sales: Mülheim; Eichstätt.
Pallotiner:
- a) Norddeutsche Provinz: Limburg.
- b) Süddeutsche Provinz: Friedberg/Schwaben.

Pauliner: Mainburg.
Passionisten: München; Marienmünster.
Arnsteiner Patres: Aachen.
Prämonstratenser: Duisburg; Speinshart; Tepl-Obermedlingen/Magdeburg; Windberg.
Redemptoristen:
- a) Kölner Provinz: Köln.
- b) Münchner Provinz: München.
- c) Österreichische Provinz: Wien, Leoben.

Regularkanoniker vom Hl. Kreuz: Köln.; München.
Salvatorianer:
- a) Norddeutsche Provinz: Köln.
- b) Süddeutsche Provinz: München.
- c) Österreichische Provinz: Wien, Graz.

Schönstatt-Patres: Vallendar.

Serviten: Düsseldorf.
Spiritaner: Dormagen.
Steyler Missionare:
- a) Norddeutsche Provinz: Bottropp; St. Augustin/Siegburg.
- b) Süddeutsche Provinz: St. Wendel.
- c) Österreichische Provinz: St. Gabriel/Mödling.

Trappisten: Heimbach.
Vinzentiner: Köln.
Zisterzienser: Himmerod/Großlittgen; Marienstatt; Langwaden/Grevenbroich; Rosenthal; Stiepel/Bochum.

Brüderorden

Alexianer-Brüder: Aachen; Neuss.
Arme Brüder des Hl. Franz: Düsseldorf.
Barmherzige Brüder von Maria Hilf: Trier.
Barmherzige Brüder von Montabaur: Niederelbert; Montabaur.
Brüder der christlichen Lehre: Ettenheim.
Brüder der christlichen Schulen: Illertissen.
Brüdergemeinschaft der Canisianer: Münster.
Brüder vom Hl. Paulus: Völkersweiler.
Franziskusbrüder vom ~~Hl.~~ Kreuz: Hausen/Wien.
Hospitalorden der Barmherzigen Brüder:
- a) Bayerische Provinz: München.
- b) Rheinische Provinz: Frankfurt.
- c) Österreichische Provinz: Wien, Graz, Linz, St. Veit, Salzburg, Schärding.

Maristen Schulbrüder: Furth/Landshut
Missionsbrüder des Hl. Franziskus: Haselünne.
Schönstatt-Institut Marienbrüder: Vallendar.

Frauenorden

Arme Dienstmägde Jesu Christi: Dernbach.
Arme Schulschwestern Unserer Lieben Frau: Berlin; Brakel; München; Rottenburg.
Arme Schwestern vom Hl. Franziskus: Aachen; Frankfurt, Frechen.
Arme Schulschwestern von Völkabruck: Völklabruck (A), Brandenburg.
Augustinerinnen: Neuss.
Barmherzige Schwestern der Hl. Elisabeth: Essen.
Barmherzige Schwestern vom Hl. Franziskus: Arnsdorf.
Barmherzige Schwestern vom Hl. Kreuz: Allensbach.
Benediktinerinnen: St. Gertrud/Alexanderdorf; Engelthal/Altenstadt; Heilig Kreuz/Beverungen; Burg Dinklage; Siessen/Ammersee; St. Walburg/

Eichstätt; Frauenwörth/Frauenchiemsee; St. Maria/Fulda; Marienrode/ Hildesheim; St. Erentraud/Berg; Mariendonk/Kempen; Marienburg/ Wutöschingen; Habsthal/Ostrach; St. Hildegard/ Rüdesheim; St. Gertrud/Tettenweis; Maria Frieden/Zapfendorf; Nonnberg/Salzburg (A); Bertholdstein(Fehring (A).
Benediktinerinnen der Anbetung: Ortenburg.
Benediktinerinnen der Hl. Lioba: Freiburg.
Benediktinerinnen vom Hl. Sakrament: Bonn; Dülmen; Köln; Neuss; Osnabrück; Trier; Warendorf.
Birgitinnen: Altomünster.
Blaue Schwestern der Hl. Elisabeth: München.
Borromäerinnen: Schmallenberg; Trier.
Cellitinnen: Düren; Köln.
Christenserinnen: Stolberg.
Clemensschwestern: Münster; Kevelaer.
Deutsch-Ordens-Schwestern: Passau.
Dienerinnen Christi: Königsbrunn.
Dienerinnen der göttlichen Vorsehung: Schönbrunn.
Dienerinnen der Hl. Kindheit Jesu: Zell am Main.
Dienerinnen des Hl. Herzens: Niederfell.
Dienerinnen des Herzens Jesu: Brühl.
Dominikanerinnen: Augsburg; Bad Wörishofen; Bühl; Donauwörth; Düsseldorf; Kammeltal; Klausen; Koblenz; Landsberg/Leech; Niederviehbach; Regensburg; Speyer.
Dominikanerinnen der Hl. Katharina von Siena: Neustadt/Main; Röding; Schlehdorf.
Dominikanerinnen von Bethanien: Schwalmtal.
Dominikanerinnen vom Hl. Grab: Bamberg.
Don Bosco Schwestern: München.
Elisabethinerinnen: Bad Kissingen; Neuburg/Donau; Aachen.
Elisabethinnen: Straubing, Graz (A).
Englische Fräulein: Augsburg; Bamberg; Mainz; München; Passau, Würzburg, St. Pölten (A).
Franziskanerinnen: Aitershofen; Au am Inn; Maria Stern/Augsburg; Bad Waldsee; Bamberg; Dillingen; Ingolstadt, Kaufbeuren; Mallersdorf-Pfaffenberg; Mödingen; Sachsenkam; Salzkotten; Sasbach; Saulgau; Schramberg, Staffelstein; Waldbreitbach.
Franziskanerinnen der Buße: Lüdinghausen.
Franziskanerinnen der ewigen Anbetung: Köln; Olpe; Schwäbisch Gmünd.
Franziskanerinnen der Familienpflege: Essen.
Franziskanerinnen der Hl. Familie: Mayen.
Franziskanerinnen vom göttlichen Herzen: Gengenbach.
Franziskanerinnen vom Hl. Herzen Jesu: Bonn.
Franziskanerinnen vom Hl. Josef: Bad Honnef.
Franziskanerinnen vom Hl. Märtyrer Georg: Thuine.
Frauen vom Hl. Grab: Baden-Baden.
Gemeinschaft der Elisabethschwestern: Freiburg.

Hedwigschwestern: Berlin.
Heilig Geist Schwestern: Königstein.
Hildesgardisschwestern: Neustadt/Weinstraße.
Immakulataschwestern: Dietenheim.
Johannesschwestern Maria Königin: Leutesdorf/Rhein.
Josefschwestern: Trier.
Kamillianerinnen: Asbach.
Kapuziner-Trinitarierinnen: Köln.
Karmelitinnen: Aachen; Auderath; Berlin; Bonn; Dachau; Düren; Duisburg; Essen; Kirchzarten; Köln; Speyer; Stolberg; Tübingen; Weimar; Witten; Würzburg; Wien (A), Graz (A), Maria Zell (A).
Karmelitinnen vom göttlichen Herzen Jesu: Berlin.; Vechta.
Katharinenschwestern: Berlin; Münster.
Katholische Schwesternschaft: Dormagen.
Klarissen: Bad Neuenahr; Bocholt; Dingolfing; Düsseldorf; Hannover; Kevelaer; Köln; Münster; Paderborn; Wilnsdorf.
Klarissen-Kapuzinerinnen: Erftstadt; Limbach, Trier; Waldfeucht.
Klarissen von der ewigen Anbetung: Bautzen.
Kleine Schwestern Jesu: Neuenkirchen; Maria Zell (A).
Krankenschwestern des Hl. Franziskus: Kamp-Lintfort.
Kreuzschwestern: Bingen/Rhein; Klagenfurt (A); Graz (A), Ingenbohl (CH).
Liebfrauenschwestern: Belm.
Mägde Mariens von der Unbefleckten Empfängnis: Köln.
Magdalenerinnen: Vilsbiburg.
Maria-Martha-Schwestern: Senheim.
Marienschwestern: Langweiler.
Marienschwestern der Unbefleckten Empfängnis: Berlin.
Marienschwestern vom Karmel: Regensburg.
Missionarinnen Christi: München
Missionarinnen Mariens: Neuss.
Missionsärztliche Schwestern: Frankfurt.
Missions-Benediktinerinnen: Tutzing.
Missionsschwestern vom Hl. Erlöser: Kirchheim.
Missionsschwestern vom Hl. Herzen Jesu: Münster.
Missionsschwestern vom Hl. Namen Mariens: Osnabrück.
Missionsschwestern vom Hl. Paulus: Düsseldorf.
Missionsschwestern vom Kostbaren Blut: Paderborn.
Missionsschwestern von der Unbefleckten Empfängnis: Münster.
Nazareth Schwestern: Goppeln.
Norbertusschwestern: Rot an der Rot.
Ordensfrauen vom Hl. Herzen Jesu: Hamburg.
Pallotinerinnen: Limburg.
Regulierte Chorfrauen vom Hl. Augustinus: Essen; Hagen, Paderborn.
Ritaschwestern: Würzburg.
Salesianerinnen: Dietramszell; Eurasburg; Niedernfels; Obermarchtal; Rottenburg; Pielenhofen.
Schönstätter Anbetungsschwestern: Vallendar.

Schönstätter Marienschwestern: Borken; Koblenz; Künzell Rottenburg, Vallendar
Schwestern vom Armen Kinde Jesu: Aachen
Schwestern der christlichen Liebe: Paderborn.
Schwestern der dienenden Liebe: Gütersloh.
Schwestern der göttlichen Vorsehung: Aschaffenburg; Kevelaer; Münster; Oberursel.
Schwestern der Hl. Elisabeth: Berlin, Dresden; Halle/Saale; Hofgeim/Taunus; Reinbek.
Schwestern der Hl. Familie: München.
Schwestern der Hl. Maria Magdalena: Bestwig; Heiligenstadt; Herxheim.
Schwestern der katholischen Heimatmission: München.
Schwestern der Liebe Gottes: Köln.
Schwestern des Erlösers: Würzburg.
Schwestern Unserer Lieben Frau: Coesfeld; Vechta.
Schwestern vom Erlöserbund: Bonn.
Schwestern vom gemeinsamen Leben: Weilheim.
Schwestern von göttlichen Erlöser: Bühl; Esthal; Neumarkt.
Schwestern vom göttlichen Heiland: Kerpen.
Schwestern vom göttlichen Herzen: Zülpich.
Schwestern vom göttlichen Willen: Wolfsburg.
Schwestern vom guten Hirten: Würzburg; Münster.
Schwestern vom Hl. Geist: Koblenz.
Schwestern vom Hl. Herzen Jesu: Berlin.
Schwestern vom Hl. Josef: Münstertal.
Schwestern vom Hl. Kreuz: Altötting.
Schwestern von der Unbefleckten Empfängnis: Stadtbergen.
Schwestern von Jesus-Maria: Seeligenstädt.
Schwestern zum Zeugnis der Liebe: Hattingen.
Servitinnen: Düsseldorf.
Solanusschwestern: Landshut.
St. Anna Schwestern: Ellwangen, Kochel.
Steyler Missionsschwestern: Laupheim; Nettetal.
Theresienschwestern vom katholischen Apostolat: Mering.
Töchter vom Allerheiligsten Heiland: Obernzell.
Töchter vom Herzen Mariä: Dortmund.
Trappistinnen: Dahlem; Dannenfels.
Ursulinen: Attendorn; Bad Münstereifel; Bielefeld; Bornheim; Dorsten; Duderstadt; Düren; Freiburg; Fritzlar; Geisenheim; Hofheim/Taunus; Köln; Königstein/Taunus; Landshut; Mannheim; Niederaltaich; Offenbach; Osnabrück; Straubing; Werl; Würzburg; Linz (A); Graz (A).
Vinzentinerinnen: Augsburg; Freiburg; Fulda; Hildesheim, Köln; München; Paderborn.
Zisterzienserinnen: Baden-Baden; Landshut; Thyrnau; Waldsassen.

Säkularinstitute

Ancillae Sanctae Ecclesiae: München.
Caritas Christi: Speyer.
Christkönigs-Institut: Meitingen.
Gemeinschaft apostolischen Lebens: Warburg.
Gemeinschaft der Missionshelferinnen: Gerbrunn.
Gemeinschaft Unserer Lieben Frau vom Wege: München.
Heilig-Geist-Gemeinschaft: Königstein.
Institut der Schönstatt-Familien: Vallendar.
Institut St. Bonifatius: Detmold.
Institut Vita: Rietberg.
Säkularinstitut Ancilla: Benediktbeuern.
Säkularinstitut der Schönstätter Marienschwestern: Vallendar.
Säkularinstitut Frauen von Schönstatt: Vallendar.
Säkularinstitut Schönstatt Patres: Vallendar.
Schönstatt Institut Marienbrüder: Vallendar.
Servitium Christi: Düren.
Servitianisches Säkular-Institut: Bielefeld.

Geistliche Gemeinschaften

Bewegung für eine bessere Welt: Bondorf.
Bruderschaft Charles de Foucauld: Gräfelfing; München; Werne; Kempen; Duisburg; Frankfurt; Mönchengladbach.
Charismatische Erneuerung: Karlsruhe.
Christkönigsbund: Miltenberg.
Cursillo-Arbeitsgemeinschaft: Oberdischingen; Berlin.
Dominikanische Gemeinschaft: Düsseldorf; München; Augsburg.
Franziskanische Gemeinschaft: Augsburg; Osnabrück.
Deutschherrenbund: Lübeck; Münster.
Equipes Notre Dame: Karlsfeld.
Franziskusschwestern der Familienpflege: Essen.
Fraternität der Körperbehinderten: Limburg.
Fokolare-Bewegung: Friedberg/Schwaben; München; Wien (A).
Gemeinschaft Christlichen Lebens: Augsburg.
Gemeinschaft des Hl. Franz von Sales: Köln.
Gemeinschaft St. Ägidius: Würzburg.
Johannesbund: Leutesdorf.
Michaels-Gemeinschaft: Münster.
Missionarische Heilig-Geist-Gemeinschaft; Nettetal.
Teresianische Karmel-Gemeinschaft: München.
Theresienwerk: Augsburg
Winfriedbund: Paderborn.

Anmerkungen

1. »Neues im Osten« – Von Eremiten, Anachoreten und Koinobiten

1) Chr. Markschies, Das antike Christentum. Frömmigkeit, Lebensformen, Institutionen. München 2006, 158–162.
2) Chr. Markschies, Das antike Christentum, 160–164; P. Stockmeier, Altertum, in: J. Lenzenweger u. a. (Hg.), Geschichte der katholischen Kirche. Ein Grundkurs, Graz u. a. 1986, 126–132.
3) Chr. Markschies, Das antike Christentum, 162–166.
4) W. Röd, Der Weg der Philosophie, Bd. 1, München 1996, 189–210.
5) Chr. Markschies, Das antike Christentum, 157–160; P. Meinhold, Kirchengeschichte in Schwerpunkten. Ein ökumenischer Versuch, Graz u.a. 1982, 94–98.
6) Chr. Markschies, Das antike Christentum, 157–166; P. Meinhold, Kirchengeschichte, 94–98.
7) P. Marval, Das Mönchtum im Osten, in: L. Pietri (Hg.), Geschichte des Christentums. II, Freiburg 1996, 816–825.
8) P. Stockmeier, Das Altertum, 127–130; P. Marval, Das Mönchtum, 820–825.
9) P. Marval, Das Mönchtum, 822–825.
10) P. Stockmeier, Das Altertum, 128–132; P. Marval, Das Mönchtum, 825–830.
11) B. Altaner/A. Stuiber, Patrologie, Freiburg 1996, 290–299.
12) P. Meinhold: Kirchengeschichte, 94–98.
13) P. Marval, Das Mönchtum, 830–836; P. Stockmeier, Das Altertum, 127ff.
14) P. Meinhold, Kirchengeschichte, 94–98; P. Marval, Das Mönchtum, 835–842.
15) J. Biarne, Das Mönchtum im Westen, in: L. Pietri (Hg.), Geschichte des Christentums II. Freiburg 1996, 848–851.
16) P. Stockmeier, Das Altertum, 127–130.
17) J. Biarne, Das Mönchtum im Westen, 856–859.
18) J. Biarne: Das Mönchtum im Westen, 856–860.
19) A. Demandt, Die Spätantike. München 1989, 455–470.

2. Ordensväter im Westen

1) P. Stockmeier, Das Altertum, 129ff.; J. Fontaine, Martin von Tours, in: LThK VI, Freiburg 2006, 1427–1428.
2) B. Altaner/A. Stuiber, Patrologie, Freiburg 1987, 392–395.

3) M. Durst, Hieronymus, in: LThK V, Freiburg 2006, 91–93; B. Altaner/A. Stuiber, Patrologie, 394-404.
4) A. Schöpf, Aurelius Augustinus, in: O. Höffe (Hg.), Klassiker der Philosophie I, München 1981, 154–176.
5) A. Altaner/A. Stuiber, Patrologie, 412–440; J. Biarne, Das Mönchtum im Westen, 860–870.
6) B. Altaner/A. Stuiber, Patrologie, 412–440; W. Röd, Der Weg der Philosophie I, München 1996, 298–306.
7) W. Röd, Der Weg der Philosophie I, 298–308.
8) P. Meinhold, Kirchengeschichte 96–98; R. Nürnberg, Johannes Cassianus, in: LThK V, Freiburg 2006, 888–889.

3. Das Mönchtum im Mittelalter

1) P. Meinhold, Kirchengeschichte, 63–67.
2) W. Nigg, Sie lebten Jesu Botschaft neu. Die großen Ordensgründer, Mainz 1981, 34–40.
3) A. Angenendt, Das Frühmittelalter, Stuttgart 1990, 98–105.
4) J. Biarne, Der Aufschwung des abendländischen Mönchtums, in: L. Pietri (Hg.), Geschichte des Christentums III, Freiburg 2001, 970–978.
5) J. Biarne, Der Aufschwung, 990–1000.
6) P. Meinhold; Kirchengeschichte, 94–98; J. Biarne, Der Aufschwung, 1000–1006.
7) W. Röd; Der Weg der Philosophie I, München 1996, 311–313.
8) W. Röd, Der Weg der Philosophie I, 312–316.
9) P. Riche, Das Christentum im karolingischen Reich, in: L. Pietri (Hg.). Die Geschichte des Christentums IV, Freiburg 1994, 699–702.
10) A. Angenendt, Das Frühmittelalter, 64–84; P. Riche, Das Christentum, 700–704.
11) A. Angenendt, Das Frühmittelalter, 84–110; P. Riche, Das Christentum, 700–704.
12) M. Parisse, Die lothringische Reform, in: L. Pietri (Hg.), Die Geschichte des Christentums IV, Freiburg 1997, 789–796.
13) M. Parisse, Die lothringische Reform, 789–795.
14) M. Parisse, Innerhalb und außerhalb der Klostermauern, in: L. Pietri (Hg.), Die Geschichte des Christentums IV, Freiburg 1997, 136–148.
15) P. Meinhold, Kirchengeschichte, 100–108.
16) P. Meinhold, Kirchengeschichte, 107–114.
17) D. Berg, Johanniter-Orden, in: LThK V, Freiburg 2006, 982–984.
18) K. Elm, Templer, in: LThK IX, Freiburg 2006, 1331–1333.
19) H. Bookmann, Deutscher Orden,in: LThK III, Freiburg 2006, 130–134.

4. Die Ordensgründer im Mittelalter

1) G. Winkler, Mönchtum und Ordenswesen, in: J. Lenzenweger (Hg.): Geschichte der katholischen Kirche, Graz 1991, 255–260; J. Lang, Die großen Ordensgründer, Freiburg 1990, 10–15.

2) J. Lang, Die großen Ordensgründer, 45–51.
3) G. Winkler, Mönchtum und Ordenswesen, 255–260; J. Biarne, Der Aufschwung, 994–996.
4) P. Stockmeier, Das Altertum, 127–131; J. Lang, Die großen Ordensgründer, 54–56.
5) J. Lang, Die großen Ordensgründer, 54–60.
6) W. Nigg, Sie lebten Jesu Botschaft neu, 48–63.
7) J. Hogg, Kartäuser, in: LThK V, Freiburg 2006, 1268–1271; W. Nigg, Sie lebten Jesu Botschaft neu, 64–68.
8) G. Winkler, Mönchtum und Ordenswesen, 260ff.; W. Nigg, Sie lebten Jesu Botschaft neu, 64–67.
9) J. Hogg, Kartäuser, 1268–1270; W. Nigg, Sie lebten Jesu Botschaft neu, 64–68.
10) G. Winkler, Mönchtum und Ordenswesen, 260ff.; M. Parisse, Innerhalb und außerhalb, 136–140.
11) A. M. Altermatt, Zisterzienser, in: LThK X, Freiburg 2006, 1466–1470; M. Parisse, Innerhalb und außerhalb, 136–148.
12) W. Röd, Der Weg der Philosophie I, 323ff.
13) W. Röd, Der Weg der Philosophie I, 322–324.
14) G. Winkler, Mönchtum und Ordenswesen, 260–262; W. Nigg, Sie lebten Jesu Botschaft neu, 68–72.
15) W. Nigg, Sie lebten Jesu Botschaft neu, 80–84; G. Winkler, Mönchtum und Ordenswesen, 260ff.
16) G. Winkler, Mönchtum und Ordenswesen, 260ff.; L. Horstkötter, Norbert von Xanten, in: LThK VII, Freiburg 2006, 903–905.
17) W. Nigg, Sie lebten Jesu Botschaft neu, 85–89.
18) I. W. Frank, Dominikus, in: LThK III, Freiburg 2006, 320f.; J. Lang, Die großen Ordensgründer, 60–66.
19) I. W. Frank, Dominikanerorden, in: LThK III, Freiburg 2006, 309–318; J. Lang, Die großen Ordensgründer, 66–68.
20) J. Lang, Die großen Ordensgründer, 65–72.
21) A. Walz, Dominikus, in: W. Nigg, Sie lebten Jesu Botschaft neu, 90–96.
22) W. Röd; Der Weg der Philosophie I, 340–344; J. Lang, Die großen Ordensgründer, 114–119.
23) W. Röd, Der Weg der Philosophie I, 344–356; J. Lang, Die großen Ordensgründer, 114–120.
24) W. Röd, Der Weg der Philosophie I, 384–386; J. Lang, Die großen Ordensgründer, 115–120.
25) G. Winkler, Mönchtum und Ordenswesen, 264–267; J. Lang, Die großen Ordensgründer 155–161.
26) K. S. Frank, Franziskaner, in: LThK IV, Freiburg 2006, 30–37; J. Lang, Die großen Ordensgründer 160–169.
27) K. S. Frank, Franziskaner, 30–36; S. Clasen, Franziskus von Asissi, in: W. Nigg, Sie lebten Jesu Botschaft neu, 97–107.
28) J. Lang, Die großen Ordensgründer, 160–169. S. Clasen, Franziskus von Assisi, in: W. Nigg, Sie lebten Jesu Botschaft neu, 97–107.
29) J. Lang, Die großen Ordensgründer, 160–165.
30) W. Röd; Der Weg der Philosophie I, 357–359.

31) W. Röd; Der Weg der Philosophie I, 366–374.
32) W. Röd; Der Weg der Philosophie I, 375–378.
33) D. Berg, Klarissen, in: LThK VI, Freiburg 2006, 113f.

5. Orden und Klöster der Neuzeit

1) W. Röd, Der Weg der Philosophie I, 404–419.
2) P. Meinhold, Kirchengeschichte, 154–164; F. W. Graf; Der Protestantismus, München 2006, 24–36.
3) O. H. Pesch, Martin Luther, in: LThK VI, Freiburg 2006, 1129–1140; F. W. Graf, Der Protestantismus, 31–40.
4) O. H. Pesch, Martin Luther, 1129–1139; F. W. Graf, Der Protestantismus, 31–38.
5) J. Lenzenweger, Geschichte, 353–360; P. Meinhold, Kirchengeschichte, 165–180.
6) P. Meinhold, Kirchengeschichte, 170–185. J. Lenzenweger, Geschichte, 365–370.
7) M. Venard, Persönliche Formen des religiösen Lebens, in: L. Pietri (Hg.); Die Geschichte des Christentums VIII, Freiburg 1992, 1031–1059.
8) M. Venard, Persönliche Formen, 1050–1056.
9) J. Lenzenweger, Geschichte, 383–389; P. Meinhold, Kirchengeschichte, 209–216.
10) P. Meinhold, Kirchengeschichte, 209–215; J. Lenzenweger, Geschichte, 389–394.
11) H. Küng; Das Christentum. München 1996, 760–770; J. Lenzenweger, Geschichte, der katholischen Kirche 377–380.
12) H. Küng, Das Christentum, 773–780; J. Lenzenweger, Geschichte, 388–396.
13) J. Lenzenweger, Geschichte, 396–409.
14) W. Röd, Der Weg der Philosophie II, München 1996, 100–127; H. Küng, Das Christentum, 763–770.
15) H. Küng, Das Christentum, 763–770; W. Röd, Der Weg des Philosophie II, 100–120.
16) W. Röd, Der Weg der Philosophie II, 100–127.
17) W. Röd, Der Weg der Philosophie II, 106–122; H. Küng, Das Christentum, 770–785.
18) H. Küng, Das Christentum, 836–844; J. Lenzenweger, Geschichte, 404–410.
19) H. Küng, Das Christentum, 845–860; P. Meinhold, Kirchengeschichte, 261–270.

6. Ordensgründer der Neuzeit

1) K. S. Frank, Angela Merici, in: LThK I, Freiburg 2006, 647; A. Konrad, Ursulinen, in: LThK X, Freiburg 2006, 489f.
2) L. Lehmann, Ignatius von Loyola, in: LThK V, Freiburg 2006, 410f.; J. Lenzenweger, Geschichte, 361–370.

3) J. Lang, Die großen Ordensgründer, 170–175; L. Lehmann, Ignatius, 410f.
4) L. Lehmann, Ignatius, 410f.; J. Lang, Die großen Ordensgründer, 170–176.
5) J. Lang, Die großen Ordensgründer, 200–210; G. Switek; Jesuiten, in: LThK V, Freiburg 2006, 794–798.
6) J. Lenzenweger, Geschichte, 365–375; H. Küng, Das Christentum, 550–570.
7) G. Switek, Jesuiten, 795–800; J. Lang, Die großen Ordensgründer, 209–220.
8) J. Lang, Die großen Ordensgründer, 212–218; G. Switek, Jesuiten, 795–800.
9) G. Switek, Jesuiten, 796–800; J. Lang, Die großen Ordensgründer, 209–222.
10) K. S. Frank, Johannes von Gott, in: LThK V, Freiburg 2006, 912–913.
11) C. Frings, Camillo de Lellis, in: LThK II, Freiburg 2006, 912.
12) G. Bitter, Filippo Neri, in: LThK VII, Freiburg 2006, 740–741; S. Fölz, Oratorium, in: LThK VI, Freiburg 2006, 1088f.
13) A. Raffelt, Pierre de Berulle, in: LThK II, Freiburg 2006, 306.
14) K. S. Frank, Franz von Sales, in: LThK IV, Freiburg 2006, 52–54; L. Weber, Salesianer, in: LThK VIII, Freiburg 2006, 1484–1485.
15) J. Wetter, Englische Fräulein, in: LThK III, Freiburg 2006, 672f.
16) B. Krabbe, Vinzenz von Paul, in: LThK X, Freiburg 2006, 799–800. K. S. Frank, Lazaristen, in: LThK VI, Freiburg 2006, 695–696.
17) B. Häring, Alfons de Liguori, in: LThK I, Freiburg 2006, 387–389.

7. Ordensgründer im 19. und 20. Jahrhundert

1) H. Küng, Das Christentum, 571–580. J. Lenzenweger, Geschichte, 429–450.
2) J. Lenzenweger, Geschichte, 438–450. H. Küng, Das Christentum, 584–588.
3) K. S. Frank, Guillaume Chaminade, in: LThK. II, Freiburg 2006, 1004f.; K. S. Frank, Marianisten, in: LThK VI, Freiburg 2006, 1360–1362.
4) O. Rieg, Vincenzo Palotti, in: LThK VII, Freiburg 2006, 1300f.; O. Rieg, Palottiner, in: LThK VII, Freiburg 2006, 1300f.
5) K. Popp, Giovanni Don Bosco, in: LThK II, Freiburg 2006, 603–604; L. Weber, Salesianer, in: LThK VIII, Freiburg 2006, 1484f.
6) K. S. Frank, Daniele Comboni, in: LThK II, Freiburg 2006, 1270.
7) K. S. Frank. Weiße Väter, in: LThK X, Freiburg 2006, 1050ff.
8) K. J. Rivinius, Arnold Janssen, in: LThK V, Freiburg 2006, 745f.; K. Müller, Steyler Missionare, in: LThK IX, Freiburg 2006, 996f.
9) K. S. Frank, Marianhill, in: LThK VI, Freiburg 2006, 1361f.

8. Ordensgründerinnen im 19. und 20. Jahrhundert

1) J. Lang, Klara Fey, in: LThK III, Freiburg 2006, 1268; F. Hemmerle, Wo Gott aufgeht, Aachen 1994, 27–34.
2) J. Lang, Klara Fey, 1268.
3) K. S. Frank, Madeleine Sophie Barat, in: LThK I, Freiburg 2006, 1400f.; Die Gesellschaft vom Heiligen Herzen Jesu, Éditions du Signe, Strasbourg 1999.
4) K. S. Frank, Madeleine Sophie Barat, 1400f.
5) S. Frank, Schulschwestern, in: LThK IX, Freiburg 2006, 299ff.
6) Homepage Kloster Ingenbohl 2006.
7) M. A. Petz; Kongregation der Franziskanerinnen von der Unbefleckten Empfängnis. Graz 1993, 68–84.
8) J. Kard. Suenens, Krise und Erneuerung der Frauenorden. Salzburg 1962, 59–68.
9) M. Puzicha, Scholastica, in: LThK IX, Freiburg 2006, 198f.
10) W. Haubrichs, Hrosvith von Gandersheim, in: LThK V, Freiburg 2006, 293f.
11) F. C. Alvarez, Die brennende Vernunft, Bad Canstatt 1991, 98–110: M. Schmidt, Hildegard von Bingen, in: LThK V, Freiburg 2006, 105–107.
12) M. Schmidt, Hildegard, 105ff.
13) M. Schmidt, Gertrud von Helfta, in: LThK IV, Freiburg 2006, 538f.
14) A. Paus, Mystik, in: LThK VIII, Freiburg 2006, 583–586.
15) M. Bangert. Mechtild von Hackeborn, in: LThK VII, Freiburg 2006, 24f.
16) M. Heimbach-Steins, Mechtild von Magdeburg, in: LThK VII, Freiburg 2006, 25f.
17) B. Acklin-Zimmermann, Katharina von Siena, in: LThK V, Freiburg 2006, 1333f.
18) B. Henze, Jeanne de Chantal, in: LThK II, Freiburg 2006, 1005f.
19) U. Dobhan, Theresia von Avila, in: LThK IX, Freiburg 2006, 1487–1490.
20) U. Dobhan, Theresia von Avila, 1487ff.
21) M. Jakel, Therese von Lisieux, in: LThK IX, Freiburg 2006, 1490ff.
22) E. Endres, Edith Stein, München 1987, 13–40.
23) E. Endres, Edith Stein, 241–267.

9. Movimenti und Säkularinstitute

1) G. Pollak, Aufbruch der Säkularinstitute; Vallendar 1986, 46–60; G. Pollak, Säkularinstitute, in: LThK VIII, Freiburg 2006, 1465f.
2) G. Pollak, Säkularinstitute, 1465f.; G. Pollak, Aufbruch, 100–112.
3) J. Wrba, Pierre de Cloviere, in: LThK II, Freiburg 2006, 1234.
4) G. Pollak, Aufbruch, 80–104; G. Pollak, Säkularinstitute, 1465f.
5) K. Steigleder, Das Opus Dei, Zürich 1991, 86–98; D. Le Tourneau, Das Opus Dei, Stein am Rhein 1988, 11–24.
6) E. Garhammer, Opus Dei, in: LThK VII, Freiburg 2006, 1079; D. Le Tourneau, Das Opus Dei, 24–40.

7) J. L. Illanes, Das Opus Dei in der Kirche, Paderborn 1997, 65–80.; D. Le Tourneau, Das Opus Dei, 62–80.
8) K. Steigleder, Das Opus Dei, 56–70; D. Le Tourneau, Das Opus Dei, 80–91.
9) K. Steigleder, Das Opus Dei, 106–116; D. Le Tourneau, Das Opus Dei, 167–220.
10) Kirchliche Bewegungen und neue geistliche Gemeinschaften. Hg. v. Pastoralamt Wien, Wien 2006, 3–5; Bewegung für eine bessere Welt; Salzburg 1992, 5–22.
11) Bewegung für eine bessere Welt; Klagenfurt 2002, 7–33.
12) Kirchliche Bewegungen, 26ff.
13) Kirchliche Bewegungen, 6–11.
14) Kirchliche Bewegungen,12–18.
15) Kirchliche Bewegungen, 28–44.
16) R. Greshake, Charles de Foucauld, in: LThK III, Freiburg 2006, 1372f.
17) Kirchliche Bewegungen, 30–40.
18) Kirchliche Bewegungen, 18–26.
19) Kirchliche Bewegungen, 40–50.
20) Kirchliche Bewegungen, 38–48.
21) Kirchliche Bewegungen, 56–68.

10. Ausblick: Zur Situation der Orden heute

1) Joan Chittister, Unter der Asche ein heimliches Feuer. Spiritueller Aufbruch heute, Frauenspuren, München 2000, 246.
2) E. G. Parrinder, Sexualität in den Religionen der Welt, Olten 1991, 46–60; A. Grabner-Haider, Sexualität und Religion. Lernprozesse der postmodernen Kultur, Gösing/Wien, 134–144.

Weiterführende Literatur

U. Adams/E. Purk (Hg.), Option für die Armen – Orden im Aufbruch, Köln 1994.

V. Codina/N. Zevallos, Ordensleben, Bibliothek Theologie der Befreiung. Die Kirche, Sakrament der Befreiung, Düsseldorf 1991.

A. Grabner-Haider, Sexualität und Religion. Lernprozesse der postmodernen Kultur. Gösing/Wien 2006.

A. Herzig, »Ordens-Christen«. Theologie des Ordenslebens in der Zeit nach dem Zweiten Vatikanischen Konzil, Studien zur systematischen und spirituellen Theologie 3, Würzburg 1991.

L. Holtz, Geschichte des christlichen Ordenslebens, Zürich ^{2}1991.

Z. M. Isenring, Die Frau in den apostolisch-tätigen Ordensgemeinschaften. Eine Lebensform am Ende oder an der Wende?, Praktische Theologie im Dialog 8, Freiburg/Schweiz 1993.

K. Loewit, Die Sprache der Sexualität, Fischer Taschenbuch 10909, Frankfurt/Main 1992.

J. B. Metz, Zeit der Orden? Zur Mystik und Politik der Nachfolge, Freiburg 1977.

J. B. Metz/T. R. Peters, Gottespassion. Zur Ordensexistenz heute, Freiburg 1991.

G. Parrinder, Sexualität in den Religionen der Welt, Olten 1991.

G. Schwaiger (Hg.), Mönchtum. Orden, Klöster. Von den Anfängen bis zur Gegenwart, ein Lexikon, München 1993.

J. Sudbrack, Das Charisma der Nachfolge. Um die zukünftige Gestalt geistlicher Gemeinschaften, Würzburg 1994.

J. Weismayer (Hg.), Mönchsväter und Ordensgründer. Männer und Frauen in der Nachfolge Jesu, Würzburg 1991.